U0547566

TopBook
一个人，遇见一本书　饕书客

特战争典
宋毅 主编

权力世界
002

毅品文

"山不走到我这里来，我就走到它那里去"

ALEXANDER
THE GREAT

天生王者
亚历山大

刘啸虎 著

TopBook
薯书客

陕西新华出版传媒集团
陕西人民出版社

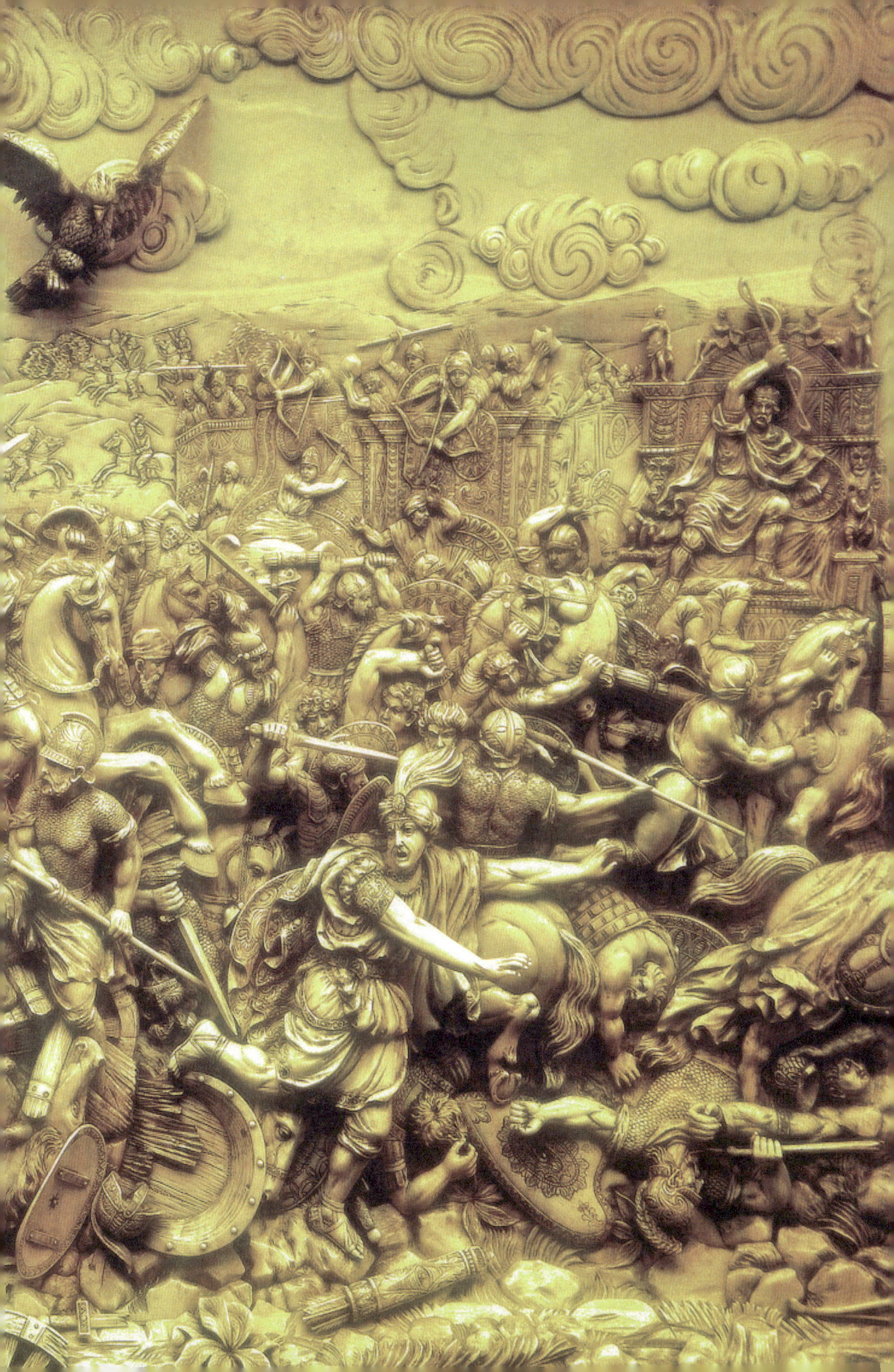

Alexander the Great

目录

总　　序　|　001
第一章　生而为王者　|　003
第二章　喀罗尼亚——希腊命运的决定时刻　|　014
第三章　底比斯的毁灭　|　034
第四章　东方的远征　|　060
第五章　戈尔迪翁的绳结　|　082
第六章　伊苏斯会战　|　098
第七章　阿蒙之子　|　117
第八章　高加米拉——永恒的胜利　|　139
第九章　世界的尽头　|　161
第十章　血战吉达斯浦河　|　184
第十一章　归乡之途　|　207
第十二章　沙丘上的帝国　|　223

PREFACE 总序

打开世界地图,人们会发现,埃及尼罗河三角洲有一座宏大的港口城市,名叫亚历山大。这是座异常古老的城市,距今已有2300多年的历史。如果翻开2000年前的古代地图,人们会发现,从尼罗河河口到两河流域,延伸到伊朗高原和波斯湾沿岸,直至阿富汗兴都库什山区和印度河流域,曾星罗棋布地坐落着一座又一座名叫"亚历山大"的城市。历经20多个世纪,这些城市有的早已更改了名字,更多的则湮没于千年黄沙之下,就像那逝去的漫长岁月。如果把这些城市连接起来,人们会发现一条历史的足迹。那也是一个人的足迹,一个古代最伟大的征服者的足迹。

◇ 亚历山大像

这位征服者从20岁起便开始了自己的事业。他先后统一希腊全境,进而占领埃及全境,荡平强大的波斯帝国,横扫中亚,率军开进印度河流域。他将世界四大文明古国占据其三,在古希腊人看来,他算得上征服了整个亚洲。经过他的努力,一个前所未有的庞大帝国出现在人类历史上,这个帝国西起古希腊,东至印度河和恒河流域,南到埃及尼罗河第一瀑布,北到

◇ 史诗巨片《亚历山大大帝》中，由美国演员科林·法瑞尔饰演的亚历山大

多瑙河南岸和药杀水，首都设在巴比伦。这个帝国是当时世界上领土面积最大的国家，全境约 500 万平方公里。

这位征服者在短短的 13 年时间里创下了前无古人的辉煌业绩，年仅 32 岁就完成了征服世界的梦想，至今无人超越。他促进了古希腊文化的向外扩展和东西方文化的交流，并且鼓励民族间通婚，倡导民族间地位平等，对人类社会产生了重大的影响。

这个征服者自称是神的儿子，他的确是最接近神的凡人。他自称是荷马史诗《伊利亚特》中阿喀琉斯的后代，人们继而称他是天神宙斯之子。不过也有人说，他更像是为人类盗来天火的普罗米修斯，用自己的所作所为改变了世界。他兴建的十八座亚历山大城自西方延伸到东方，这是一个帝国，不是用黄金或土地打造的帝国，而是以思想造就的文明。他真正将希腊文明发扬光大，使之无远弗届，影响深远。不过，他本人严格来说并不算希腊人。

甚至有人说，在他之前，从西向东的人类只是一盘散沙；在他之后，一切都有了可能。西方人开始明白，世界可以由一个帝王来统治，去造福全人类。这个理念由他而始，但后来却有人将他称作暴君。

他的名字叫作——亚历山大。

第一章

生而为王者

  很少有做儿子的不希望父亲打胜仗，除非他准备谋杀父亲。少年亚历山大十分热爱和钦佩智勇双全的父亲——马其顿国王腓力二世。可是每当听到父亲征战获胜的消息，亚历山大就愁眉不展，满怀心事。王后奥林匹娅斯发觉后很奇怪，问儿子为什么这样。少年王子回答："母后啊，父王要是这么不断地胜利下去，征服世界的伟大事业哪还有我的份啊！"

  奥林匹娅斯凝视着儿子，眼里闪耀着惊喜的光。她费尽心力要在儿子心中点燃的火炬，如今终于开始发出火光了。

  王后奥林匹娅斯是个雄心勃勃的女人，出身名门。她来自希腊西方的"蛮国"伊庇鲁斯，是伊庇鲁斯最强大的部落之一摩罗西亚的首领涅俄普托勒摩斯的女儿。公元前358年，摩罗西亚人成为登基不久的马其顿新国王腓力二世的盟友。出于加强联盟的考虑，双方安排了一桩政治婚姻——公元前357年，奥林匹娅斯成为腓力二世的妻子。

  腓力二世第一次见到奥林匹娅斯的时候，她正在一座小岛上举行古老而秘密的宗教仪式——酒神狄俄尼索斯的祭典。腓力二世也参加了这次祭典，他发现这个祭典比他以前所看到的任何祭典都刺激和狂野。伊庇鲁斯的宗教祭典原始且带有浓厚的地方色彩，参加这种祭典的人很容易进入一种亢奋状态。众人在酒神狄俄尼索斯面前狂饮乱舞，最后在半醉半醒的状态中使神灵附体。这种祭典注重官能的快感，对年轻的腓力二世来说具有十分强烈的诱惑力。腓力二世在这场祭典中享受到无比的刺激，更为欣赏奥林匹娅斯的野性之美。两人婚后一年多，公元前356年，三件大事几乎同时发生：腓力二世派去参加奥林匹克运动会的一辆战车赢得了冠军；马其顿军队攻克希腊北部重镇波提狄亚；最重要的是第三件事——在马其顿的都城佩拉，奥林匹娅斯的第一个儿子出生了，这就是后来的亚历山大大帝。

在古希腊，人们相信一个伟大人物出生之时会有一系列预兆伴随。古希腊历史学家普鲁塔克在他为亚历山大写下的传记中如此记载：

"在腓力和奥林匹娅斯完婚之夜，奥林匹娅斯梦见一道闪电打中了她并且在她身上燃起了大火。火在她身上蔓延开来，之后逐渐熄灭。而腓力在他结婚后经常梦见他妻子的身体被一个狮子的图案所封印。"

希腊神话中，雷电是众神之王宙斯的武器。其间的意义是什么，不言自明。更有甚者，根据普鲁塔克的记载，亚历山大出生在百牛大祭期中的第六日（即相当于7月和8月之间），那一天以弗所的阿尔忒弥斯神庙神秘失火，被烧成了平地。这是一个巨大的灾难，深感恐惧的希腊人开始传言——这象征着在世界上的某一地方已经点燃了一支火炬，这支火炬有朝一日会把整个世界烧掉。在东方的亚洲，尤其是波斯帝国境内，一些预言家同样认为神庙被焚是一场灾难的征兆。预言家们满城乱跑，一边打着自己的脸一边高声喊叫："这不幸的日子从上天降下可怕的祸害，将来要为整个亚洲带来苦楚和绝灭！"

王子亚历山大的出生并未让腓力二世夫妇的关系变得更加紧密。奥林匹娅斯激情而狂野的个性不适合家庭生活，这一点显而易见。与腓力二世结婚后，奥林匹娅斯仍按照伊庇鲁斯的习俗，在宫中养了许多大大小小的蛇。在伊庇鲁斯的祭典中，会用一些驯养的大蛇当作道具，蛇从常春藤掩盖的神秘竹篓中爬出来，盘绕在圣矛和妇女的花环上面，让人看起来有不寒而栗之感。甚至会有献祭者头戴常春藤，抱着血淋淋的毒蛇狂舞。奥林匹娅斯竟然将这种野蛮的祭典带到了腓力二世的王宫中。有一天晚上，腓力二世甚至看到他的妻子和一条巨蛇一起睡觉，他顿感恐怖又厌恶。从此，腓力二世再也不愿与奥林匹娅斯同床共枕。

有趣的是，腓力二世看到令人毛骨悚然的异象之后，特意派人去德尔斐神庙，向那里供奉的太阳神阿波罗请示神谶。阿波罗的神谶是，有朝一日腓力二世会失

◇ 腓力二世侧面像

去一只眼睛，因为他竟敢从门缝中偷窥与他的妻子做伴的巨蛇，那条蛇乃是神明的化身。果然，公元前354年，腓力二世在率军攻打迈锡尼时右脸颊受伤，被迫挖去右眼。

奥林匹娅斯的性格偏激，常常陷入幻想之中。她将自己做的梦讲给丈夫听，认为那是神的暗示。腓力二世简直无法理解，为什么这个女人总是生活在自己的幻想里。他们之间的距离一天比一天大，腓力二世越来越疏远自己的妻子。

腓力二世后来相继又娶了三个女子，但她们都没有生育。一直到公元前337年之前，奥林匹娅斯作为马其顿王后的地位从未动摇，亚历山大也一直是国王腓力二世的嫡子。在军事上、外交上腓力二世都是智勇兼备的人物，奥林匹娅斯却能与诸神结盟，连叱咤一时的腓力二世也不是她的对手。

亚历山大的童年时期和青少年时期，是在双亲感情不睦的氛围下度过的。王后奥林匹娅斯将自己的全部感情都倾注到儿子身上。对亚历山大而言，在他的性格形成之初，母亲给他的影响实在太大。奥林匹娅斯的祖先，据说就是荷马史诗《伊利亚特》中攻打特洛伊城的希腊联军将领、希腊神话中的英雄阿喀琉斯。而对奥林匹娅斯来说，这不是什么"据说"，而是确凿不移的事实。她的血管里涌流着英雄祖先的血液，脑子里萦怀着建功立业的梦想。不幸她是一个女人，即使在尚武之风特甚的古代希腊，她也只能待在家里。于是她把自己不能实现的梦想和激情，统统灌输给了年幼的儿子。

奥林匹娅斯再三教育小亚历山大："你的体内有着无比尊贵的血统，你所做的任何事情，都必须符合你的身份。你的母系，是《荷马史诗》中享誉最高的英雄阿喀琉斯的后裔。你的身上流着英雄的血液，将来你必须要轰轰烈烈地做出一番大事业。"

自认为是古希腊神祇的后裔，在当时的希腊世界已经是荒唐无稽的事情。那时的希腊人已经接受了哲学的训练，一切讲求理性。位于希腊边境的伊庇鲁斯则被视为文化落后的蛮荒未辟之地。那里深处森林之中、大湖之畔，伊庇鲁斯人在神秘的自然中生活，更容易将神话世界与现实世界加以混合。他们充满了想象力，深信自己的民族就是希腊众神的后裔。奥林匹娅斯为儿子请了一位名叫黎西玛克斯的启蒙老师，这位老师的教学方法是让学生对任何事物都保持想象与激情。他从不叫亚历山大的名字，而直接称呼亚历山大为"阿喀琉斯"，他自己则以阿喀琉斯的老师菲尼克斯自比。现在，阿喀琉斯成了亚历山大的另外一个名字，古希腊英雄对他而言已不再是虚无缥缈的形象，而是与现实混为一体。亚历山大在幼小的心灵中暗暗发誓，要成为阿喀琉斯那样伟大的英雄。

亚历山大还有一位启蒙老师李奥尼达斯，他是奥林匹娅斯王后的亲戚，也是亚历山大的长辈。如果说黎西玛克斯教会了亚历山大要有英雄的梦想，李奥尼达斯则教会了他如何过刻苦而律己的生活，以不断的坚持和努力来实现这一梦想。李奥尼达斯以律己甚严著称，他实际充任着亚历山大的监护人，要求亚历山大也要学会自

◇ 佩拉遗址出土的马赛克镶嵌画，表现了年轻的体格健壮的马其顿贵族子弟们外出狩猎的场景

律的品格。他着重培养亚历山大的自制力和意志。这位老师经常到亚历山大的房间去搜查橱柜，看看他的母亲是否为他留下精美或奢华的东西。他不许亚历山大过奢侈的生活，不许贪食，杜绝酒色，严禁享乐，必须集中全部精力学习和锻炼自己。

亚历山大沉浸在英雄与征服的梦想之中，坚持着艰苦的体格锻炼，不知不觉长到了13岁。这年是公元前343年，母亲所能给予他的都给予他了，但要做一个伟大的国王和征服者，这些显然还不够。也就是在这一年，腓力二世与波斯帝国皇帝阿尔塔薛西斯三世缔结了盟约，双方承诺结束希波战争以来的仇恨，恢复和平友好。事实上，这是腓力二世远交近攻的政策体现。为防止希腊诸城邦和波斯帝国联手对付马其顿，腓力二世事先用此种方式与波斯取得默契，即马其顿王国与波斯帝国言明互不干涉。如此，腓力二世一统希腊诸城邦的霸业将不受波斯的牵制。这是腓力二世防患于未然的策略，更是他远征东方、灭亡波斯这一庞大构想的第一步。在别人看来，腓力二世将全部热情都奉献给了自己的野心，似乎很少有精力去顾及年幼的亚历山大。

其实，父亲腓力二世对孩子的关心并不在奥林匹娅斯之下，尤其对亚历山大的教育更有一套详细的计划。腓力二世希望小亚历山大能够离开家庭，远离经常争吵不休的父母。他担心奥林匹娅斯那种狂热、偏激的个性会带给亚历山大不良影响。他不希望刚刚进入少年时期的孩子变得感情脆弱、多愁善感。

有一次，一个商人将一匹取名为"布西法拉斯"的骏马带到腓力二世面前，准备以13泰伦（希腊古典时代的黄金计量单位，大约相当于今天的30公斤）的高价出售给他。腓力二世到原野试骑，发现这匹马的性子暴烈，根本无法驾驭。只要有人想要骑上去，它就高举两条前腿直立，拼命要将人甩下来。腓力二世身边的人无论如何安抚，这匹马完全不理会。这样看来，这匹野性未驯的好马没有什么用处，只能让商人把它牵走。这时，站在一旁的亚历山大说道："多么好的一匹骏马，只因为缺乏驾驭的本领和胆量，大家只有空手而返！"

腓力二世训斥他："听你这种口气，竟敢指责那些比你年长的人，难道你比他们更会调教这匹劣马？"

亚历山大回答道："要说这方面，我是比他们更行。"

腓力二世来了兴趣，打算看看儿子的本事。他故意激亚历山大："如果做不到，你说说看，这种莽撞的行为应该怎样办？"

亚历山大当即回答："我愿意支付这匹马的价钱。"

在场的人听到后都大笑起来。等到打赌的事说定，亚历山大立即跑到马的旁边，先抓住缰绳，把马头转到对着太阳的方向。他观察到，"布西法拉斯"害怕自己在太阳下的影子。看到自己的影子在移动，这匹马便会产生畏惧，惶恐不安。亚历山大引导它向前走几步，仍旧将缰绳握在手里。当发现这匹马开始急躁要使性子，亚历山大用手轻轻抚摩它的躯体，低声呼唤它的名字；接着，亚历山大不动声色脱掉上衣，身手敏捷一跃上了马背，坐定以后稍微拉紧缰绳，无须鞭策也不用马刺，就将它制得服服帖帖。不过一会儿工夫，亚历山大发觉胯下的坐骑不再倔强反抗，已经耐不住要尽力疾驰。亚历山大策马疾行，大声呼喝，让它用全速奔跑起来。

亚历山大大声激励"布西法拉斯"，用脚后跟的压力驱策它，所有的动作非常自然而且平顺。腓力二世和左右众人开始保持沉默在一旁观望，为亚历山大的安全担忧。等到亚历山大飞驰到尽处转过马头，带着得意洋洋的神色回到他们的身旁，所有人都爆发出一阵喝彩之声。

腓力二世流下兴奋的眼泪。亚历山大刚跳下坐骑，腓力二世就去亲吻他，难以自抑地说道："我的儿子，找一个与你相称的王国吧！马其顿对你来说太小了！"

父亲的赞许有如一句神谕，庇护着这位伟大的征服者，让他在自己短短的人生中坚定而无畏地扩展自己帝国的版图。腓力二世清楚，一定要给儿子最好的教育、最好的老师。作为亚历山大的老师，此人必须是学养丰富的大学者，这是一项先决条件。而且，腓力二世希望这位老师对马其顿的风土民情足够了解，同时还能热爱这个国家。符合上述两个条件的人，只有一个。于是，亚历山大13岁这年，父亲腓力二世为他请来了古希腊最伟大的学者之一——亚里士多德。

亚里士多德，一个全世界无人不知的名字，世界古代史上最伟大的哲学家、科学家和教育家之一，古希腊哲学的集大成者，大哲学家柏拉图的学生。亚里士多德出生于色雷斯的斯塔基拉，这座城市是希腊的一个殖民地，与正在兴起的马其顿相邻。亚里士多德的父亲是腓力二世的父亲、马其顿先王阿明塔斯二世的宫廷御医。公元前347年，亚里士多德的老师柏拉图去世后，亚里士多德离开了雅典的"柏拉图学园"，开始自成一家之言。他埋首小亚细亚的岛屿，全部精力用于研究自然科学。由于父亲的缘故，亚里士多德与小自己两岁的马其顿王子腓力自儿时起就是好友。现在，早已是国王的腓力二世正式邀请亚里士多德来做自己儿子的老师，教育一位未来的国王。

腓力二世给亚里士多德的聘书如此写道:"我有一个儿子,与其感谢神灵把他赐给我,还不如感谢让他出生在你所在的时代。我希望你能用你的关怀和智慧让他配得上我,以及无负于他未来的王国。"

考虑再三,亚里士多德接受了腓力二世的聘请。

起初,亚历山大在马其顿都城佩拉读书求学。这显然不太适宜。宫廷之中处处隐藏着政治的阴谋和诱惑的种子,何况王后奥林匹娅斯给儿子施加的影响也太过强烈。腓力二世为亚里士多德和亚历山大准备了一个适宜学习的最佳环境。在佩拉西南的山中,有一处宁静之所,那里是山林水泽女神宁芙斯的神庙。神庙坐落于阿拉皮斯塔河畔,附近丘陵起伏,树木掩映,山泉环绕。亚历山大与亚里士多德在那里,雨则避入敞阔的宁芙斯神庙之内,晴则沐浴地中海明媚的天光。而亚里士多德身后,有远比地中海更辽阔的哲学与科学的海洋。

◇ 伟大的古希腊先哲亚里士多德

亚历山大就在这片宁静的地方追随亚里士多德学习。按照马其顿的风俗,身份高贵的贵族家庭要选出自己的年幼子弟,来侍奉年龄相仿的王子,陪伴王子一起学习,一起玩耍,一起成长。这些与王子从小一起长大的朋友,被称作"伙友"。王子日后将成为国王,伙友们也将成为国王需要倚重的文臣武将。伙友与国王有着深厚的交情,深受信任,马其顿甚至有"伙友节"来彰显国王与伙伴之间的神圣关系。亚历山大的同学,便是他的伙友们,包括日后同样彪炳史册的托勒密、费罗塔斯、赫菲斯提昂、卡山德等人。亚里士多德讲课时有一个习惯,他边讲课,边随处漫步。正是因为如此,日后亚里士多德的哲学被称为"漫步的哲学"或"逍遥的哲学",他的学派也被冠名为"逍遥学派"。那时,亚历山大与朋友们正是徜徉在大自然中,一边漫步一边接受名师的指教。

那一年，亚里士多德40岁，正值学识和经验的成熟期。他精心指导年轻王子学习哲学、科学、医学和其他各类学科，并激发王子对于诗和希腊文化的热爱。当时年轻的王子与同学们往往对几何学和形而上学感到乏味，最能吸引这些少年的是亚里士多德热衷研究的植物学和动物学。一直到多年后，亚历山大对医学和动物学仍抱有很大的兴趣，这些兴趣正是从此时发轫。他不但深谙医学理论，而且具有实际经验。亚历山大曾亲自为生病的朋友开处方，写下各项应当注意的调养事项和饮食禁忌。远征亚洲期间，他更对自己一度身患的重病心中有数。这都有赖于亚里士多德的教导。

事过多年，亚里士多德回忆起当年的教学情景，他认为这批初长成的孩子们对风云诡谲的政治学无法产生很大的兴趣，也许是由于他们缺乏实际经验，对政治缺乏更深一层的认知。后来，亚里士多德按照亚历山大的要求写下了政治学著作《王权论》和《殖民论》，可是这些政治学说似乎没有给亚历山大带来直接的影响。天才与天才相会，却无法为对方留下改变的痕迹。

不过，亚里士多德为亚历山大注解了一本史诗《伊利亚特》。这本《伊利亚特》从此成了亚历山大最珍爱的东西，在以后的征战中一直携带在身边。他一度每天晚上都把这本《伊利亚特》和护身用的短剑一起放在枕头下。对亚历山大而言，父亲腓力二世给了他生命，而亚里士多德却教会他过一种高尚的生活，为他开启了知识之门。亚历山大对希腊文化充满了浪漫的热情，这让他多年后的远征在某种意义上成为文明的传播途径。随着他的东征，小亚细亚一带纷纷实现了"希腊化"，其流风余韵历经三百年而不衰。这使得亚历山大之名可以同时被镌刻在希腊文明、埃及文明和波斯文明的神殿之上。由此看来，亚里士多德与亚历山大虽无法改变对方，这两个古典世界最伟大灵魂的相遇，却改变了西方历史的面貌。

亚历山大对亚里士多德的尊敬保持终生。在亚历山大学业有成之后，亚里士多德回到雅典，在那里建立了自己的"吕克昂学园"。亚历山大以大量金钱、实物和土地资助亚里士多德。当年"柏拉图学园"只能开在雅典郊外的橄榄林里，亚里士多德建立"吕克昂学园"时却能把雅典城内最豪华的运动场据为己有。亚历山大还在远征中特意命令部下为亚里士多德收集动植物标本和其他资料，千里迢迢运回雅典。所以，"吕克昂学园"收集到许多珍贵的手稿、地图和动物。这不仅是一所学校，还是雅典城内最大的图书馆、博物馆和动物园。当然，亚里士多德在雅典同样一直都肩负着政治使命，他帮助亚历山大说服雅典人效忠马其顿。

可以说，身为老师，亚里士多德一直在帮助着自己的学生。

另外，值得注意的是，除了知识之外，亚里士多德传授亚历山大的东西还有仇恨。伟大的哲人也无法超越人类的感情。由于早年的同窗好友赫尔米阿斯被波斯人惨杀，亚里士多德无比憎恨波斯人。赫尔米阿斯同样是柏拉图的学生，是小亚细亚北部阿塔内斯城邦的领袖。亚里士多德受邀在他那里从事研究多年，赫尔米阿斯还将自己的侄女嫁给了亚里士多德。小亚细亚的希腊殖民城邦受波斯人统治多年，赫尔米阿斯一直密谋使阿塔内斯摆脱波斯的控制。后来秘密泄露，赫尔米阿斯被波斯人掳去，受刑而死。亚里士多德永远无法忘记赫尔米阿斯留给自己的遗言："请告诉我的朋友和伙伴，我没有屈服，没有做有损于哲学的事。"为了纪念这位朋友，亚里士多德在特尔斐为赫尔米阿斯立了像，亲自撰写了铭文。对波斯人和东方蛮族的恨意贯穿亚里士多德终生，他将这些也全部传给了亚历山大。

彼时在安逸的阿拉皮斯塔河畔，亚历山大惯于听亚里士多德带着某种厌弃讲述东方那些蛮族的落后、原始和残忍。听着这些故事，亚历山大却有不一样的想法。亚里士多德跟他讲过，柏拉图，亚里士多德所尊敬的老师，曾经说过这样一个故事：有一群生活在山洞中的人，因为从未有人走出洞穴，他们听见洞外的雷声看到偶然射入的光线，便认为外面的世界只有可怕的声响与陆离的光芒；直到有一个人壮着胆子出去一探究竟，才发现世界根本不是那个样子。听着这样的故事，亚历山大头脑中渐渐有了不一样的想法。他要像希腊神话中的大力神赫拉克勒斯那样，不惜跋涉千山万水，完成十二件功绩，直至征服天涯海角。这个世界太大，亚历山大决定去认真看看。

三年时间过去了，亚历山大已经长成一个健壮的青年。白皙的皮肤，英俊的面庞，大而明亮的眼睛闪烁着热情、智慧、果敢的光芒，鬈曲的金发犹如狮子鬃毛一般披拂在肩上。按照古希腊关于物质世界组成的学说，一切事物皆由土、风、水、火四种元素构成。古希腊哲学家泰奥弗拉斯托斯说，亚历山大的体质与生命属于火元素，所以对外部世界时刻充满着激情，只是性格有时会略显急躁。

长大后的亚历山大最与众不同之处在于他强烈的使命感、钢铁般的意志和近乎完美的自制力。亚历山大没有父亲腓力二世酗酒好色的毛病。他从不贪图肉体的快感，唯一的嗜好是打猎，闲暇时以读书打发时间。亚历山大将身体的本能和情感置于理智的严格控制之下，整个生命似乎只为自己的事业燃烧。这在习惯于纵情声色的现代人眼里,实在显得不可思议。

他个子不是很高,但体格匀称、肌肉发达,就像是奥林匹克大会上的运动员。的确,亚历山大的身体经过严格而全面的训练,投掷、摔跤、持械格斗、骑术、游泳、长跑,凡是一个优秀的希腊战士应该具有的本领,他无一不精。此外,亚历山大还具有一个普通战士所没有的才能——统兵作战,那是他孜孜不倦追求的目标。

健壮的体魄,英武的相貌,非凡的本领,高贵的出身,这些特质为远大志向和献身精神的内在光芒所映照,便带上了尊严的王者气度,

◇ 长大成人的亚历山大

使得托勒密、费罗塔斯这些与他从小一起玩耍嬉戏的伙伴,在他面前开始感到惶恐和拘束了。虽然他待他们仍如过去那样亲密和随便,但他们私下敬畏地议论说:"他是生而为王的。"

希腊人崇尚体育,这是造就一个战士的基础。马其顿深受希腊文化的影响,同样对赛跑和投掷充满了热情。一次奥林匹克运动会前,一位伙伴对亚历山大说:"殿下,您怎么不去参加赛跑呢?您跑得那么快,一定可以取胜。"亚历山大笑了笑说:"我知道我可以取胜。但我不会去参加比赛,除非所有参加运动会的都是国王。"那个伙伴惊异地望着他,说不出话来。

是的,他是生而为王的,他要和国王们竞赛,他要征服他们。但不是在运动场上,而是在真正的战场上。

从16岁,也就是亚历山大结束在亚里士多德那里的学习时起,亚历山大便参加了父亲腓力二世的军队,跟随父亲东征西讨,学习指挥战争的艺术,积累实战经验,朝他的征服者梦想迈出了第一步。腓力二世远征拜占庭期间,任命16岁的亚历山大为他的部将,留在马其顿主持国政,并且将印玺交给他保管。主政期间,

16岁的亚历山大领军平定了密迪人的叛乱,强袭攻占密迪人的城市,将密迪人驱离出境,由忠于马其顿的部族向密迪人的城市移民定居。此战之后,亚历山大第一次用自己的名字命名了自己征服的地方——亚历山德罗波里斯。

第二章

喀罗尼亚
——希腊命运的决定时刻

  当时的希腊早已不复昔日的光荣了。经过公元前431年到公元前404年历时27年的伯罗奔尼撒战争，希腊诸城邦都大大地伤了元气。曾经鼎盛一时的希腊文明不可避免地走向衰落。居住在希腊半岛北部和巴尔干半岛北部的马其顿王国乘机崛起。

  马其顿王国位于希腊北方，领土面积大概相当于整个希腊南部城邦的总和。马其顿的国土由两个地形迥异的部分组成：东部的低地和西部的高原。东部的阿克修斯河下游冲积平原土地肥沃，适合灌溉农业；西部中上游的河谷丘陵地区在崇山峻岭包围中，适合畜牧业。公元前25世纪，希腊人的分支多里亚人进入该地区，同当地人通婚而形成后来的马其顿人。虽然马其顿人讲希腊语的多里亚方言，但他们的体貌和生活方式都深受蛮族影响，因此在注重血统的希腊人眼里和蛮族无异；马其顿也从来不是希腊城邦联盟的成员。多年后雅典的反马其顿派领袖、著名演说家德摩斯梯尼甚至说马其顿国王腓力二世只是个野蛮人，他的国家甚至连

给雅典提供像样的奴隶都不配。

马其顿王国形成于公元前8世纪,政体一直是部落联盟,八个小邦各自为政,名义上向马其顿国王效忠。由于马其顿东部经济以农业为主,西部以畜牧业为主,地理和经济的差异造成了国内政治经济的不平衡,致使马其顿内乱连年,无法形成集中的政权和发达的商业。此外,马其顿还经常受到西北游牧民族的侵扰,常年战事不断。

◇ 马其顿与希腊位置示意图

希波战争期间的国王亚历山大一世,是马其顿历史上的首位明君。他对内巩固中央集权,对外加强与希腊城邦的关系。公元前496年,亚历山大一世首次接到邀请参加奥林匹克运动会。因为只有希腊人才有资格参加运动会,这意味着马其顿至少名义上被接纳成为希腊的一员。经过几代马其顿国王的努力,马其顿国家终于初具规模。历代国王文武兼修,改革军事,开辟道路,兴建城寨,发展教育,大力提倡希腊文化。到公元前4世纪中叶,马其顿逐渐走上强盛之途。

正是在公元前4世纪中叶,马其顿与刚刚崛起的希腊中部强国底比斯爆发战争。马其顿战败,被迫向底比斯割让领土,贡献马匹和奴隶,并要派出王子到底比斯做人质。于是,一位年仅15岁的年轻马其顿王子被送到了底比斯。这位年轻的王子到了底比斯,被安排住在王宫的马棚里,与马夫们一同生活,一起干活。由一个王子变成异国他乡的阶下囚，其耻辱可想而知。

但这位王子勤奋好学，顽强好胜，聪明过人。更重要的是，王子一到底比斯，立即为先进的希腊文化所折服。他潜心研究学习，并结识了底比斯的执政者、当时希腊最杰出的军事家伊巴密浓达。伊巴密浓达出身贵族世家，外表粗鲁，性格暴躁，对这位王子却极有耐心，与战场上的伊巴密浓达判若两人。年轻的王子与伊巴密浓达过从甚密，通过他，王子掌握了底比斯的战争艺术。从那时起，这位王子就暗暗确立了自己终生的奋斗目标：做全希腊的主人，把希腊文化输入马其顿。

公元前369年，马其顿国王阿明塔斯三世在与伊利里亚人作战时身亡，马其顿宫廷内随即展开残酷的权力斗争，至亲骨肉间互相残杀。这场斗争历时十年，连这位年轻的王子也在伊巴密浓达的帮助下返回马其顿，投入权力之争。最终，在公元前359年，这位从底比斯归来的王子，阿明塔斯三世的第三个儿子，踩着自己叔侄的尸体成功独揽了大权。他就是著名的马其顿国王腓力二世。

腓力二世即位后，果断而坚决地在政治、经济和军事方面进行了一系列改革。他在政治上削除部落首领的军事力量，限制贵族会议的权力，把军政大权集中到自己手里。在经济上，腓力二世实行货币改革，兼用金币和银币，两种货币按固定价格兑换。当时希腊用银币，波斯用金币，马其顿金币银币并用，既便于通商，又可以和两种货币势力抗衡。货币改革促进了马其顿商业的发展，加强了国家的经济力量。

◇ 腓力二世的画像

为了改变马其顿人文化落后的形象，腓力二世以重金聘请包括亚里士多德在内的希腊学者前来讲学，甚至命令马其顿贵族全部学说雅典口音的希腊语。最重要的措施在军事上，腓力二世建立了马其顿常备军，创造出日后威震天下的"马其顿方阵"。大刀阔斧的连串改革，使马其顿在短时间内由一个落后的山国迅速发展成为威震全希腊的强国。腓力二世气粗胆壮，开始虎视眈眈地盯着希腊。

公元前356年，第三次"神圣战争"爆发，希腊中部的诸城邦为特尔斐神庙

◇　卓越的统帅腓力二世

的财产互相争斗。腓力二世抓住这一机会，出兵干预。希腊中部强国底比斯和希腊南方的雅典背后支持弗希斯雇佣军，与马其顿对抗。刚开始仗打得并不顺利，马其顿军队一度被横行霸道的弗希斯雇佣军打败。腓力二世暂时退回马其顿本土过冬，他向对手宣布："我不会就这样逃跑，而会像公羊般，会一次比一次猛烈地抵回来。"

公元前352年夏季，腓力二世在马其顿重新聚集大军，再度率军进入帖撒利亚。由于弗希斯雇佣军居然胆敢掠夺供奉太阳神阿波罗的特尔斐神庙，腓力二世已经站在了全希腊道义的制高点上。马其顿军队与弗希斯雇佣军在克罗库斯平原展开大战，腓力二世令马其顿士兵头戴月桂冠进入战场，这象征阿波罗的荣耀，宣示自己是对亵渎神灵者的复仇者。据说很多弗希斯雇佣军士兵看到这种情景，惊慌得丢弃兵器盔甲，跪地忏悔自己的罪行。此战腓力二世赢得决定性胜利，弗希斯雇佣军士兵纷纷逃往海边，与赶来接应的雅典舰队会合。马其顿军队全力追击败兵，大批弗希斯雇佣军士兵被杀，也有许多人因急着要攀上雅典船只而溺死于

◇ 弗希斯雇佣军的覆灭

海里。总共有6000名弗希斯雇佣军士兵战死，包括主帅奥诺马尔库斯在内的3000人被俘。为惩罚他们掠夺阿波罗神庙的罪过，也为了在全希腊扬刀立威，腓力二世下令残酷处决奥诺马尔库斯，将3000名战俘全部淹死。此战之后，帖撒利亚同盟选举腓力二世为终身执政官，可以掌控帖撒利亚同盟的财政收入，领导帖撒利亚军队。腓力二世完全控制了希腊的中北部。

腓力的浑水摸鱼和马其顿军队显示的惊人实力，在希腊各城邦引起了强烈的反响，很多城邦内部都分裂出亲马其顿和反马其顿两派。亲马其顿派感慨世风日下、人心不古，各城邦连年混战，国力衰颓，想借助这支强悍、富于进取的新生力量统一全希腊，重振雄威；反马其顿派则要维持各城邦的独立和传统的贵族民主制，不愿接受马其顿的专制统治。两派如同水火，互相争斗不已。

尤其是在希腊文明的中心雅典，以德高望重的哲学家、年迈的演说家伊索克拉底为代表的亲马其顿派，主张联合马其顿，希望腓力二世能把自相残杀的希腊各城邦团结起来，一致对外，去报复宿敌波斯、掠夺东方。伊索克拉底将这一主张发展为"泛希腊主义"，并提出了"把希腊的战争带到亚洲去，把亚洲的财富

◇ 德高望重的哲学家、年迈的演说家伊索克拉底一直坚持希腊诸城邦团结起来，共同讨伐宿敌波斯帝国。他曾公开拒绝波斯帝国皇帝阿尔塔薛西斯三世的巨额黄金贿赂，因而在全希腊名望甚高

带回希腊来"的口号。伊索克拉底经历过伯罗奔尼撒战争，亲眼见证了希腊人的兄弟阋墙与希腊文明的衰落。他对希腊城邦无休无止的内战纷争深感失望，所以提出"泛希腊主义"理念，号召希腊人停止自相残杀，团结在一位强有力的统帅周围，同仇敌忾，向波斯帝国开战，征服亚洲以后大量殖民，以解决希腊贫民没有出路的社会问题。腓力二世崭露头角以后，伊索克拉底眼前一亮，感觉终于找到了他心目中理想的统帅。公元前346年，90岁的伊索克拉底发表题为《致腓力辞》的演说，呼吁腓力二世将整个希腊当作自己的祖国，担当起这个历史重任，领导希腊人推翻波斯帝国，建立一个希腊人和平共处、繁荣富强的邦联制国家。

雅典反马其顿派的领袖德摩斯梯尼是年轻的演说家和政治家，他以青年人的政治敏锐性，看到野心勃勃的腓力二世终将成为雅典的大患。德摩斯梯尼多次登上雅典公民大会的讲坛，发表反马其顿的演说，声讨腓力二世。他曾发表过5篇反对腓力二世的演说（统称为《反腓力辞》），将腓力二世称为"暴君"和"野蛮人"，指出腓力二世不但不能拯救希腊，反而会摧毁希腊的独立，扼杀希腊的自由。

德摩斯梯尼的演讲水平雄冠一时，早年为了能成为一流的雄辩演说家，他先后抄写《伯罗奔尼撒战争史》8遍，五十年如一日地口含石子朗读，迎着大风和波涛讲话。每当他发表演讲，全雅典都会听得如痴如醉，为之疯狂。他的5篇《反腓力辞》中，以公元前341年发表的那篇最为著名。在这篇演说里，德摩斯梯尼大声疾呼："当雅典的船尚未覆没之时，舟中的人无论大小都应动手救亡。一旦巨浪翻上船舷，那一切都会同归于尽，一切努力都是枉然！"据说，当腓力二世读到这篇演说辞时，竟然说："如果我自己听德摩斯梯尼的演说，我自己也会投票赞成选举他当我的反对者的领袖。"

无论如何，雅典和希腊各城邦的分裂使腓力二世眉开眼笑。事实上，即使没有分裂，他也会去制造分裂的。腓力二世可不是只会打仗的鲁莽武夫，玩弄阴谋诡计同样是行家里手。他的格言是：阴谋先行，最后实力决定一切。腓力二世趁此良机，施展出浑身解数，挑拨离间，策反，收买，分化，欺骗，到处培植亲马其顿势力，制造混乱；同时又不失时机地使用武力，或鲸吞，或蚕食，不断扩大马其顿的版图。

如此这般折腾了几十年，搞得希腊各城邦穷于应付，疲惫不堪。他们恼怒万分，终于痛下决心，组成反马其顿同盟，组织联军与马其顿决一死战。德摩斯梯尼在其中起了不

◇ 中世纪画家所绘的伊苏斯战役

小的作用，他全力整顿雅典舰队，将剧院演出的一切费用都充作军费。德摩斯梯尼有一句名言："辞令的灵魂就是行动，行动，再行动。"希腊人的确是遵照这句话去做的。于是就有了决定希腊命运的喀罗尼亚会战，这也为亚历山大崭露头角提供了机会。

会战发生在公元前338年夏天，会战地点是希腊中部的喀罗尼亚。当时腓力二世先下手为强，率军进至伊拉提亚，距离雅典仅三天路程，雅典陷入一片恐慌。危急时刻，德摩斯梯尼挺身而出，号召雅典人不要放弃希望，然后亲赴底比斯，请求底比斯出兵。尽管马其顿大军迫近，且腓力二世已经派来使者劝说底比斯加入自己一方，底比斯人仍决定要与宿敌雅典结盟对抗马其顿，来捍卫希腊城邦的自由。两国合军一处，固守从赫利孔山进入波奥蒂亚的道路。谁知腓力二世用兵不循常规，径直攻陷中立的阿姆菲萨。此举使得雅典、底比斯联军有退路被切断的危险，联军被

◇ 古希腊重步兵

迫后撤至喀罗尼亚。腓力二世成功迫使雅典、底比斯联军放弃先前的有利地势，在基本无险可守的喀罗尼亚与自己决战。公元前338年8月，腓力二世继续沿着主要道路向希腊联军进击，双方随即在喀罗尼亚附近展开会战。

马其顿方面有3万步兵和2000骑兵，希腊联军以底比斯和雅典的军队为主，总兵力比马其顿多一些。希腊联军方阵左翼跨到山麓，右翼紧邻河流并靠近山脉突出处。地形限制之下，希腊联军两翼都相对安全。希腊联军方阵总长约4公里，方位东北向倾斜横跨整个平原。希腊联军没有与马其顿军队方阵方向笔直，目的是预防腓力二世集中一翼来对付希腊联军右翼。当时的人崇尚右，因此腓力二世亲自指挥马其顿军队的右翼。左翼以前由老将帕曼纽指挥，这次腓力二世则让儿子亚历山大当此重任。左翼指挥实际上就是军队的统帅。

古希腊世界中的早期战斗模式，主要是在贵族出身的战士们之间进行的单兵格斗战。在荷马时代以前，步兵打起仗来像一窝蜂似的杂乱无章。随着盔甲护具逐步从皮革制过渡到青铜制，士兵们的防护力得到了增强，动作却变得愈加迟钝。

特别是古希腊军队广泛装备的青铜圆盾沉重无比，必须以数道皮带绑缚在左臂上才能支撑得住，使用时甚为不便，且只能防护身体的左侧面。为了克服上述缺点，让战士们互相掩护缺乏防护的身体右侧并有效进行战斗，古希腊的方阵战术在公元前7世纪左右应运而生。

典型的希腊方阵是由步兵列队相互紧靠组成，前排步兵将盾牌举在身体前方组成人墙，以长矛为武器。游击步兵、弓箭手和骑兵为辅助部队，协助方阵作战。方阵步兵通常会以锥形或长方形的方阵前进，游击步兵会在方阵两侧投掷短矛骚扰敌人。方阵在防卫上拥有很大的优势，不过缺乏机动性。在腓力二世这里，方阵战术发展到了极致。他按照自己的想法对方阵进行了大胆改良，创造出影响人类战争史的"马其顿方阵"；更建立了常备军，引发了希腊半岛上的军事革命。

◇ 古希腊重步兵

处于蛮荒之地的马其顿，受希腊军事文化的影响较小，希腊方阵本不是马其顿军队的传统战术。腓力二世之前的马其顿军队，更像一支蛮族军队，是由各部落贵族率领的骑兵为核心，加上大批临时征召的农牧民组成的乌合之众。由于马其顿经常遭到北方蛮族的侵袭，马其顿骑兵百炼成钢，骁勇善战，在希腊半岛首屈一指；步兵则缺乏组织和训练，不值得一提。

腓力二世首先建立了一支常备军，而不是希腊城邦民兵性质的公民军队。此前希腊半岛的职业军队，除了斯巴达以外，就只有雇佣军。职业性质的军队在训练和纪律方面有了保障，因此能够发展出比较复杂的战术。但职业军队的军费开

◇ 战斗中的古希腊步兵方阵队列

支巨大，腓力二世为了养活这支军队，不得不连续发动扩张战争，掠夺财富。后来亚历山大向东方发起远征，事实上亦有同样的考虑在其中。

马其顿方阵则是腓力二世对传统希腊方阵战术思想的全新变革。马其顿方阵这种军事编制跟现代军队的编制极其相似。通常64名重装步兵组成一个小队，128人组成一个中队，256人组成一个大队，1024人组成一个团队，4096人组成一个单独的方阵。方阵是自成体系的多兵种作战部队，它除了重步兵外，还包括2048名游击步兵、1024名辅助兵和一个1024人的骑兵团队，总计8192人。每个联合方阵由四个方阵组成，共3万多人。这就是后来亚历山大远征东方时典型的军队编成情况。

马其顿方阵要求全军作战时排成很长的横队，纵深8—16列，士兵与士兵之间有着较大的间隔。腓力二世也对方阵中的步兵长矛进行了改良，用新型的萨利沙长矛来取代先前的希腊长矛。希腊长矛通常有9英尺（约2.7米）长，萨利沙长矛竟长达12—21英尺（约3.6—6.4米）。萨利沙长矛仅矛尖长度就有1.6英尺（约0.5米），铁制矛尖呈叶形，长矛尾部装有矛尾钉。矛尾钉是铜制，可以

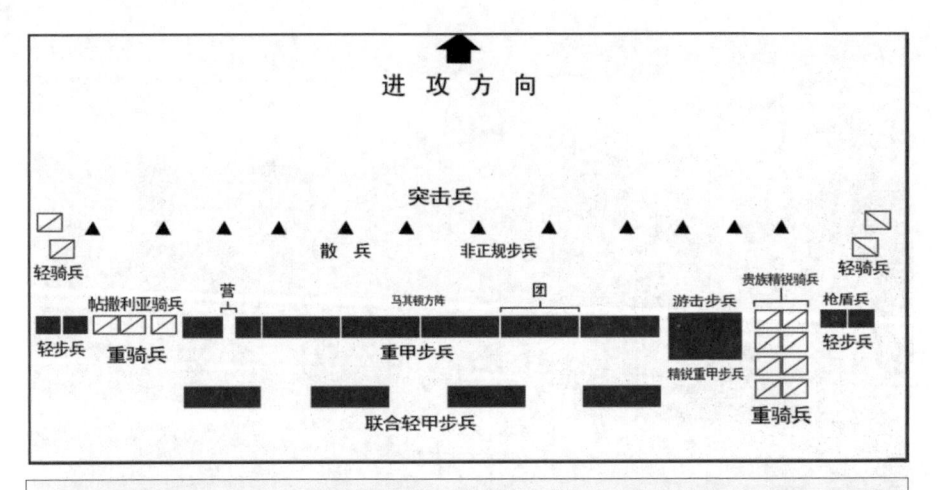

◇ 马其顿方阵的作战队形

钉在地上来抵抗敌人步兵冲锋。另外步兵在持矛时，矛尾钉也可以使矛头矛尾重心后移，保持平衡以利使用。当矛尖折断后，步兵可以迅速用矛尾继续作战。又因萨利沙长矛相当长，需要一个金属环把两根普通长矛相接而成。萨利沙长矛通常握在离柄端3—6英尺（约0.9—1.8米）的位置，一般来说方阵前面五排的矛头都可以攻击敌人。每列正面前五排士兵的矛头对准前方，后面各排士兵握矛的姿势有的倾斜，有的垂直于地面，各不相同。由于每列前面都有5个矛头，就算敌人躲过第一支矛头，后面仍有4支等着他。方阵中后五排的士兵把矛架在前方士兵的肩膀上，使长枪倾斜，一来准备替补前方战友，二来也可以阻挡箭矢。更后排的士兵则把萨利沙长矛立于地上，作阻挡箭矢用。每个纵列的排头三人和末尾一人属于关键位置，须选用骁勇善战而技术高强的士兵。作战时，整个方阵常常以坚固的密集队形跑步向前推进，像一把攻城锤猛烈冲击敌人的队伍，其正面攻势之锐利几乎无人可敌。

当敌人面对马其顿方阵时，要同时面对5支萨利沙长矛，这些长矛无论是在数量还是密集程度上，都能让面对它的敌人如同面对庞大的荆棘一般被彻底震慑。想象一下，无数支长矛互相撞击，密集的方阵组成一道长矛之墙，金属怪兽般攻向敌人。方阵后面和中间的士兵也不空闲，他们举起盾挡住射来的弓箭，并用肩膀向前推进到前排士兵阵中。后方士兵在作战时，无数摇动的长矛也会在混乱中对敌人造成不可避免的伤害。在密集矛阵的攻击之下，作为靶子的敌方士兵对那

些矛尖来说简直是供不应求。

只要马其顿士兵能保持这道密不透风的长矛之墙，同时由后面的同伴帮助他们往前推进，剩下的便是屠杀。确实，一旦方阵顺利开动，长矛之墙开始进攻，简直没有任何东西能抵挡马其顿方阵的恐怖力量。方阵士兵很少能听到"终止前进"的命令，一般都是一往无前地碾压过去。一场战斗结束后，战场上往往只剩下被长矛千戳万刺撕成碎片的敌人尸体。

当然，马其顿方阵亦有缺陷——方阵转换正面方向速度较慢，当侧翼受到攻击时没法迅速回应。侧翼薄弱原本就是步兵方阵战术天生的缺陷，为了保持阵形完整，再加上萨利沙长矛的长度，马其顿方阵在战斗时根本无法迅速改变方向，侧面变得更加脆弱。若敌人只攻其两翼或背面，而不攻其正面，就能让马其顿方阵陷入极其危险的境地。马其顿方阵对付密集箭阵的能力同样很弱，无论是轻骑射兵还是步射集团，列阵的马其顿步兵其实几乎都是任凭其射杀。而且，马其顿

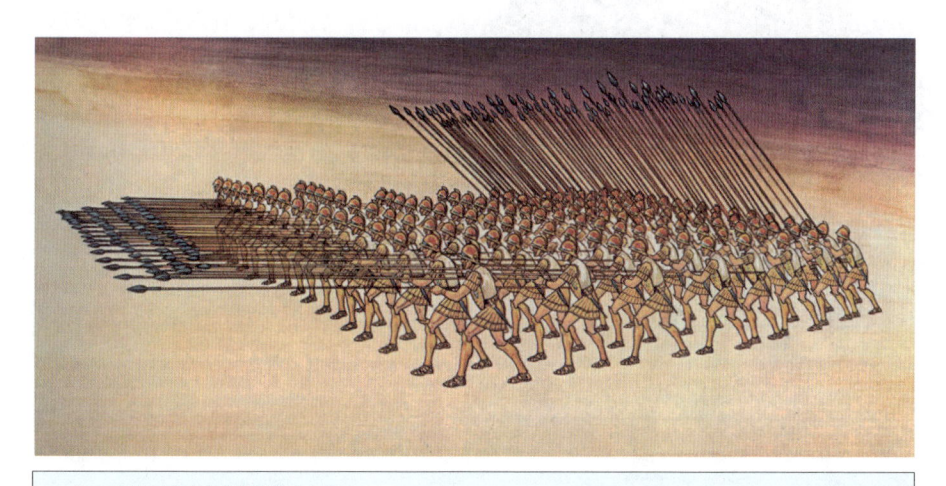

◇ 萨利沙长矛组成的马其顿方阵

士兵装备沉重、机动力较差，不适合在复杂地形上发动。沟渠、树林、山脊、河流等等障碍，常使得密集方阵被分割或者队形前进受阻。一旦因此等原因阵形被破坏，那么产生的空隙很容易被敌人的近战部队利用。最悲惨的命运莫过于此——若马其顿方阵被敌人突破或阵形被破坏，手持刀剑的敌人杀入方阵，方阵中的步兵根本无法用萨利沙长矛与敌人近身搏斗，只能靠没有什么作用的短剑护身，甚

025

至是引颈就戮。敌人会大肆杀戮，直到整个方阵分崩溃散，血尸遍地。

当然，可以借由严格的训练来加快方阵转向的速度。马其顿军队是常备军，常年接受训练。在腓力二世的严酷训练下，马其顿士兵能够快速举起萨利沙长矛，整齐划一改变矛头方向，灵活变换各种阵形。腓力二世喜欢向异邦使节和盟友展现这种经过严格训练的军事操演，让对方看得目瞪口呆。但无论如何，侧翼薄弱是马其顿方阵天生的缺陷，需要辅助兵种来保护侧翼。换言之，马其顿方阵需要骑兵的配合。

古希腊军队作战，全都以重装步兵方阵为进攻和防御的中坚，骑兵作为辅助兵种，只担负侦察、联络、突袭一类的任务。如前文所言，马其顿骑兵本就强悍，有数百年的军事传统，战术素养在希腊首屈一指。腓力二世更早早预见到骑兵在未来战争中的重要作用，他建立了一支纪律严明、效率极高的骑兵部队，这便是著名的马其顿近卫骑兵。马其顿近卫骑兵的核心人员均为伴随国王一起长大的贵族子弟，即伙友，因此也被称为"伙友骑兵"或"伙伴骑兵"。最初的"伙友骑兵"只是马其顿国王的骑兵卫队，人数不过800。腓

◇ 马其顿近卫骑兵（直译为"伙友骑兵"）

力二世大规模扩充"伙友骑兵"，除马其顿8个小邦的贵族子弟外，还将一些负担得起马匹和武器的上层阶级公民纳入其中。经过他的扩充，"伙友骑兵"成为真正的马其顿近卫骑兵。此时马其顿近卫骑兵共有8个骑兵大队，共约2000人。

同时代的其他骑兵只能作为侦察兵、通信兵和轻骑射兵存在，即使近战也只能在骑兵之间展开，无法冲击步兵方阵，对步兵威胁不大。而马其顿近卫骑兵大概是西方历史上第一支真正的冲击骑兵，能够对步兵大队发起有效的强力冲锋。近卫骑兵战斗时通常以大队或中队为单位组成阵列，集群行动。战斗队形多种多样，有矩形、正方形、正三角形、倒三角形、楔形和菱形等等，各有不同的战术目标。比如冲击敌阵时采用正三角形或楔形以利突破；敌人溃退时用矩形或倒三角形以追求宽大的冲击面；菱形则可以迅速改变攻击方向，左冲右突变换自如，非常适合混战。

古希腊骑兵的战马品种源于南俄草原，体形较小但吃苦耐劳，骑兵通常撑矛跳跃上马。马其顿近卫骑兵披鳞片甲保护上身，胸背关键部位加佩整片的青铜胸甲，小腿正面着胫甲，不带盾牌，左手佩戴镶嵌铁片的绵织长筒手套以保护整条手臂。连胯下坐骑也配有青铜制成的额面甲保护头面，鳞片甲保护头颈，整块打造的青铜胸甲保护前胸，前大腿也要包裹鳞片甲，最薄弱的两肋和腹部由镶嵌铁片的毛毯或兽皮包裹。当时没有马镫，也尚未发明出真正的马鞍，近卫骑兵们会在骑乘处安放大块的皮毯坐垫。

马其顿近卫骑兵的主要武器是绪斯同骑矛，其长度和形制与标准型号的萨利沙长矛相差无几。如此长度的武器，在后世有高桥马鞍和马镫的情况下也极难以普通姿势使用。所以，他们使用骑矛攻击的方法不同于后世装备了高桥马鞍和马镫的骑兵夹枪冲锋的姿态。等待作战时，马其顿近卫骑兵们往往将长矛搁在肩上，矛头稍向下。冲锋时，矛尖基本向下倾斜，矛身举过肩部，握矛的手法是反握。突刺时，长矛向下方刺出，实际上类似于钉刺，刺中敌人后立即松开长矛，让长矛留在敌人的身体里不再拔出，或者长矛就此折断。然后，近卫骑兵有时会返回本阵取备用长矛，更多时候则是抽出刀剑继续战斗。

除了近卫骑兵，马其顿军队还有一批轻骑兵，主要来源于希腊各盟国和色雷斯，总共约1000人。这些轻骑兵佩戴头盔，但身上不被甲，装备一面盾牌和几支标枪。他们的任务是进行侧翼掩护，侦察敌情，以及远距离投掷标枪骚扰敌人。另外，腓力二世还将原先的近卫步兵进行了扩编，总编制达到3个团队共3000人。近卫步兵是步战精锐，士兵都是从其他部队中精选出来的，个个百里挑一。他们不但要誓死保护马其顿国王的安全，还担负攻城、突袭、掩护骑兵进攻等高机动性作战任务。

◇ 马其顿近卫步兵（直译为"持盾步兵"）

腓力二世清楚，单纯依靠方阵是不容易取胜的。他在作战时会把马其顿方阵排成斜线阵，以期可以重点突破。所谓斜线阵，即直角三角形或直角梯形阵，斜面向外，这样马其顿方阵就会根据具体需要从某一侧包围敌人。但是，马其顿方阵并不是突破部队，一般敌人在马其顿方阵面前不会被杀得四散奔逃，而是会被马其顿方阵拖住，竭尽全力躲避众多的矛头，这恰恰是腓力二世所要的。在腓力二世的构想中，马其顿方阵的功能正是以声势赫赫的前进威慑敌人，吸住敌人，压住阵脚，像一块铁砧。骑兵则取代方阵作为冲锋突击的主要力量，扮演铁锤的角色。方阵为砧，骑兵为锤，方阵作为骑兵行动的基础，正面挤压对方阵地，以助骑兵冲击；骑兵侧翼包抄，然后与方阵前后夹击，形同锤砧，将夹在中间的敌军粉碎。这样的战术，才是马其顿方阵破敌的真谛。这要求步骑高度协同，不能晚也不能早。腓力二世则以常年的严酷练兵，让马其顿军队完全做到了这一点。

现在，希腊中部的喀罗尼亚，两军隔着一片开阔地列阵相向。亚历山大骑在自己的爱驹"布西法拉斯"背上，穿戴着亮闪闪的胸甲和头盔，腰间挂着一柄短剑，左手扣着缰绳，右手提着一支长矛。他静静地坐在马上，遥望着对面希腊联军的阵地。经过这两年出生入死的戎马生涯，他已经脱尽了原本不多的年轻人的稚气，脸部的线条鲜明刚毅，长时间一动不动，犹如一尊大理石的雕像。其实他内心充满激动：这是他第一次在大会战中独立指挥马其顿军队左翼，成败在此一举。但他的自制力已经锻炼到超凡入圣的地步，他不让一丝紧张和激动流露出来，他要让他的部下，让那些几乎都比他年长的将领和士兵感受到，他就是钢铁意志和必胜信念的化身，他就是战神的化身。

在亚历山大身后，正是腓力二世精锐的近卫骑兵，统兵将领是绰号"黑人"的巨人克雷塔斯。他是腓力二世的第一员骁将，也是亚历山大乳母兰妮斯的弟弟。亚历山大虽然理解父王把克雷塔斯放在左翼的良苦用心，心里总还是有些不快，但他没有任何表示。在近卫骑兵将领中，还有他儿时的伙伴托勒密、费罗塔斯等人，费罗塔斯即是老将帕曼纽的长子。

在骑兵右方稍后，也就是马其顿军队中央，正是所有人身披重甲的马其顿方阵。这时尚未开始进攻，几万支长矛朝天竖立着，宛如一片片钢铁的丛林。除了风吹动旗帜的哗哗声和间或的马嘶声外，整个战场一片沉寂，在这沉寂中却充满肃杀迫人的气氛，有些初次参加大战的士兵已经紧张得快喘不过气了。

在静寂中，突然响起了低沉的号角声——会战开始了。亚历山大举起手中的长矛一挥，所有的矛林唰地朝前倒下，第一排士兵双手持矛前挺，第二排士兵将长矛放在第一排肩上，第三排再将长矛放在第二排肩上……

如前文所言，方阵第一横排士兵是各列的列长，是全列武艺最高强的勇士，他们对于方阵犹如刀剑的剑刃。第二排和第三排也是勇猛的战士，以便保护和接替列长。方阵最后一列则是各行仅次于列长的另一位勇士，以便对付来自背后的攻击。方阵士兵都戴头盔，穿胸甲，打绑腿，左肩上挂着圆盾。圆盾直径2英尺（约0.6米），盾牌在保护自身左侧的同时也掩护了相邻战友身体的右侧。一旦最前排的士兵倒下，原先位于第二排的士兵将迅速填上前排留下的缺口。整个方阵战术的精髓就在于全部士兵同心协力、齐头并进，临阵脱逃者会受

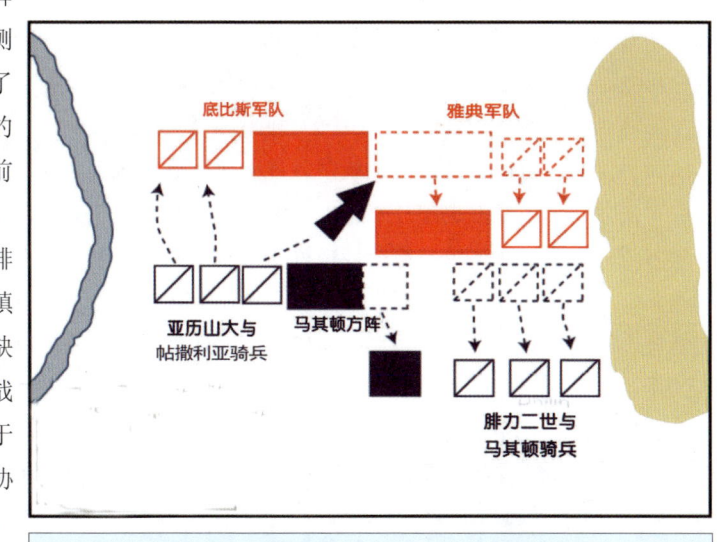

◇ 喀罗尼亚会战双方对阵形势图

到最为严厉的惩罚。

方阵开始缓慢、沉默地向前移动。如林的长矛和无数的头盔、胸甲、圆盾在阳光下闪着金属的光泽,远远望去,就像一只巨大的浑身长满尖刺的金属怪物。他们缓慢地、不可阻挡地向前推进,带着一种怪诞的恐怖的气息。

随着方阵的推进,两翼的骑兵也开始向前运动。对面的希腊联军也在全线推进。当两军接近到一定距离时,便开始发出战斗的呐喊,前进的速度也加快了。就在两军快要接战时,马其顿军队的右翼似乎为敌军的气势所慑,开始畏缩不前,继而又开始后退。可是左翼却丝毫不受其影响,依然向前推进,甚至中央也没停下来,只不过速度放慢了而已。这样一来,马其顿军队的阵形便绕着中央顺时针旋转,由具有纵深的横阵变成斜楔形阵。

希腊联军左翼(即马其顿军队右翼所对)是雅典的军队,其统帅见敌人不战而逃,大喜过望,立即下令全军追击。位于中央的各城邦联军也不甘落后,跟着冲向左翼,这就带动了右翼的底比斯军队,希腊联军的阵形出现了混乱和断裂。亚历山大瞅准战机,一马当先,率领近卫骑兵发起冲锋,与底比斯骑兵展开了激战。

亚历山大高声呐喊,挥舞长矛左冲右突,把敌人一个个刺落马下。他的卫士们紧随他奋力搏杀,保护少帅。亚历山大的矛折了,立即有卫士把自己的矛抛给他。他的马伤了,立即有卫士为他换马。马其顿近卫骑兵强悍的战斗力被完全激发出来,见王子奋不顾身,一个个都发了狠,拼命砍杀。战场上人喊马嘶,尘土飞扬,鲜血四溅,到处都是尸体、毙马、断矛和破碎的头盔。

这是一场苦战。底比斯是希腊三大强国之一,其实力尚在雅典之上。底比斯军队骁勇善战,在伊巴密浓达任统帅时曾所向无敌。这次会战即由底比斯军队充任联军主力,在数量上也超过亚历山大统率的马其顿军队左翼。希腊联军方阵右翼最右边的位置,在传统上留给最精锐的部队,眼下这个位置上是著名的底比斯"圣军"。所谓底比斯"圣军",由300人即150对同性恋人组成。士兵们从底比斯各个军团里面挑选而出,皆出身贵族。挑选"圣军"的标准是:同性恋、恋人关系、战斗力强悍。"圣军"的一位指挥官曾说:"同一氏族或同一部落的人在危急时刻很少互相帮助,一个军团应该将相爱的战士编在一起,这样才能组成牢不可破、坚不可摧的部队,因为一个人是绝不愿在爱人面前丢脸的,而且他会为了保护所爱的人牺牲自己的性命。"所以,底比斯人将他们单独组成一个军团。同性恋人们要在底比斯神圣的伊阿摩斯之墓前互相宣誓,忠于爱情与友谊,这个

◇ 底比斯"圣军"的覆灭

军团因而得名"圣军"。当年在伊巴密浓达的统率下，底比斯"圣军"作为全军先锋一举挫败斯巴达军队的"震撼冲击"战术，将称雄希腊的斯巴达人打得大败，几乎结束了斯巴达在希腊世界的霸业。现在，底比斯"圣军"与马其顿方阵用长矛进行对决，亚历山大无法率骑兵正面朝底比斯"圣军"冲锋。于是，亚历山大率领左翼骑兵绕过雅典军队和底比斯军队中间的缺口，绕到底比斯"圣军"后方，全力发起冲锋。此前未有过任何败绩的底比斯"圣军"腹背受敌，仍死战不退，最终300人全员战死于阵前。

　　经过血腥的拼杀，胜利的天平渐渐开始倾斜。底比斯人抵挡不住马其顿人的凶猛进攻，开始向后退却。这时，马其顿军队主力所在的右翼突然停止退却，向追击的雅典军队发起了反击。这一切正是腓力二世高超的用兵之道：他将部队做大规模调度，以中央为枢纽，右翼后撤，诱使敌方左翼雅典军队追击；同时命左翼与敌军右翼迎战，抵挡敌军前进；结果希腊联军左翼前去追击马其顿军队右翼，使阵列拉长，方阵变得混乱，加上右翼被阻挡而无法跟上，这个缺口使雅典军队右侧翼暴露，让希腊联军中央部分产生松动。现在，腓力二世命令马其顿军队右翼回头反击。轻敌冒进的雅典人更不是马其顿勇士的对手，没过多久便败退下去，陷入溃退。希腊联军右翼的底比斯军队则遭到亚历山大率马其顿军队左翼骑兵背

031

后突击。马其顿方阵在前，骑兵在后，双方前后夹击，底比斯军队随之崩溃。马其顿军队左右两翼随即向中央夹击，战斗没有持续多久便告结束。希腊联军中央部分几乎被全歼，其余的惊恐溃散。马其顿军队大获全胜。

希腊历史学家普鲁塔克曾描述道："胜利后的腓力二世视察战场，他停在300位勇士的尸体前，看到每个战士的胸前都有致命的伤口，每两具尸体紧紧挨在一起，于是知道这就是著名的全部由相爱的勇士组成的'圣军'，他抑制不住眼泪，说道：'无论是谁，只要怀疑这些人的行为或者经历是卑劣的，都应该被毁灭。'"

喀罗尼亚会战被认为是古代历史上最具决定性的战役之一。此役之后，希腊各城邦精锐丧尽，再也无力阻止腓力二世前进。绝境中的雅典人已经开始修复城墙，准备在守城战中做最后一搏。腓力二世却无意围攻任何城市，也不想完全征服希腊诸城邦。他只是要希腊人能在自己远征波斯时做马其顿的盟友，确保自己的后方。打扫完战场，腓力二世朝底比斯进军，底比斯随后向他投降。腓力将底比斯反马其顿派的领导人驱逐出境，召回被驱逐的底比斯亲马其顿温和派领袖。腓力二世还在底比斯的卫城驻扎了一支部队，派驻了官员。他允许底比斯人花钱赎回战俘，但同时重建在过去的战争中被底比斯摧毁的城邦塞斯比阿和普拉蒂亚，对底比斯加以监视和制衡。

经此一战，雅典的反马其顿派遭遇重创。德摩斯梯尼在喀罗尼亚会战中亲自上阵，身着盔甲以方阵中普通士兵的身份与马其顿军队作战，战败后侥幸逃得一条性命，流亡海外去了。对于雅典，腓力二世非常宽容。他无条件释放雅典战俘，允许雅典人保留他们在萨摩斯岛的领地。他需要一个友善的条约来笼络雅典人。因为马其顿没有海军，腓力二世希望能在与波斯作战时利用雅典的舰队。作为回报，雅典将自己的海上同盟解散，自动放弃博斯普鲁斯海峡的控制权，正式成为马其顿的盟国。

然后，腓力二世相继与其他交战城邦缔结和约，在战略位置重要的科林斯和哈尔基斯两地驻扎军队。只有斯巴达拒绝与马其顿缔约。斯巴达没有参加反马其顿的战争，相反，借其他城邦衰弱之际，攻击伯罗奔尼撒半岛附近的城邦。腓力二世以武力对斯巴达进行震慑，没有直接出兵攻打。对于希腊各城邦，他有更宏伟的计划。

公元前337年，腓力二世在科林斯召集全希腊诸城邦会议。全希腊45个城邦代表到场，只有斯巴达未参加。会议决定，希腊诸城邦与马其顿之间订立永久的

攻守同盟，即科林斯同盟。盟约规定，所有的城邦彼此间和马其顿都是盟友，各城邦享有免受攻击的自由、航海自由、免受干涉的自由，而马其顿军队以"和平守护者"的名义驻扎希腊。科林斯同盟以腓力为盟主，不许没收财产，不许重新分配土地，不许废除债务，不许因政变而解放奴隶。腓力二世通过科林斯同盟保证希腊的和平，更为自己提供军事协助来对抗波斯帝国。盟约规定，若与波斯帝国开战，全同盟将会推举腓力二世为希腊联军统帅，率领希腊人作战。科林斯会议标志着希腊城邦时代的结束，此后各城邦名存而实亡，马其顿的时代已经到来。

值得一提的是，马其顿在喀罗尼亚会战中的大获全胜，科林斯同盟的建立，却也让雅典的亲马其顿派陷入瓦解。当初伊索克拉底在《致腓力辞》的演说中将腓力二世赞誉为希腊神话中大力神赫拉克勒斯的后裔，但依然将马其顿人视作蛮夷，这反映了当时希腊人的普遍看法。伊索克拉底理想中的希腊各城邦同盟，是基于各个城邦的独立自主。他主张希腊各国接受腓力二世的领导，但反对马其顿任何形式的霸权主义，这未免太天真了一些。喀罗尼亚一战，希腊各城邦沦为马其顿的附庸，失去了独立自主的地位。98岁的伊索克拉底理想破灭，愤然绝食自尽。据说，伊索克拉底死前修书一封给在喀罗尼亚战役中崭露头角的亚历山大，这封信对亚历山大日后的治国理念产生了深刻的影响。

对于亚历山大来说，喀罗尼亚会战是他一生辉煌军事生涯的起始。如果说以前马其顿将士对他们少帅的勇略还有所怀疑的话，那么现在是完全折服了。亚历山大的英勇事迹使得腓力二世欣喜万分，但当他听到马其顿人对他们父子的评价时，心中却隐隐生出一些不快——马其顿将士把腓力二世称作"将领"，而将亚历山大称作"国王"。或者可以这样说："腓力二世是位伟大的将军，但亚历山大是伟大本身。"对于这些，即便是一个父亲也不会无视。

亚历山大像一柄无坚不摧的利剑闪烁着慑人的寒光。但他毕竟只是一柄利剑，握剑的还是他的父亲。命运之神已经在暗中向亚历山大微笑了。喀罗尼亚会战已注定成为腓力二世一生中最伟大，也是最后的杰作。

第三章

底比斯的毁灭

腓力二世用了20年的时间,让马其顿从一个贫穷闭塞落后的小国,一跃成为希腊的霸主。不过,在处理私人感情和家庭、婚姻问题方面,腓力二世20年来一直是个失败者。公元前339年初,腓力二世认识了比自己年轻许多的贵族少女克里奥帕特拉。腓力二世对其一见倾心,秘密迎娶她入佩拉城的王宫。奥林匹娅斯得知此事,异常气愤。夫妻大吵一场,互不相让。此后克里奥帕特拉便成为奥林匹娅斯的眼中钉。有一天,奥林匹娅斯闯入克里奥帕特拉的内宫,被守卫拦住。克里奥帕特拉出来一看究竟,奥林匹娅斯大骂她抢走了自己的丈夫。克里奥帕特拉只站在门口一言不发,泪流满面。腓力二世知道这件事,更为恼火,他发誓再也不要见到奥林匹娅斯。虽然王室纪念碑全家福的雕像中依然有奥林匹娅斯,但她与腓力二世的夫妻关系已经名存实亡。

亚历山大夹在父母之间,难免与腓力二世发生了多次争执和冲突。随着克里奥帕特拉的受宠,克里奥帕特拉的叔父、马其顿贵族阿塔鲁斯顿时炙手可热,成为腓力二世身边掌握实权的重臣。奥林匹娅斯让亚历山大明白了一件事情——腓力二世与新王妃的结合,使亚历山大失去了父王的信任,新王妃的叔父却如日中天;换言之,亚历山大的地位岌岌可危,很可能会失去王位继承权。

就在此时发生了一件事,使得问题扩大到了无法收拾的地步。

公元前 337 年，克里奥帕特拉怀孕了。腓力二世大喜，命令公开举办自己与克里奥帕特拉的婚礼，以狂欢和盛宴为自己的新王妃和未来的子嗣庆祝。奥林匹娅斯拒绝出席宴会，亚历山大则勉强出现在宴会中。酒酣耳热之际，克里奥帕特拉的叔父阿塔鲁斯借着酒劲起身祝酒。他要马其顿人祈求天神赐福，让他的侄女给他们一位"合法"的王国继承人。

这番话顿时引起了亚历山大的警觉——"合法"的王国继承人？言下之意就是，现在的王国继承人亚历山大"不合法"。"不合法"的可能性只有一种，即亚历山大不是腓力二世的亲生儿子，而奥林匹娅斯是不守妇道的淫妇。

◇　青年亚历山大

亚历山大忍无可忍，他抄起一个酒杯朝阿塔鲁斯的脑袋砸过去，大吼："你这个狗贼，竟敢把我当成私生子？"

醉醺醺的腓力二世顿时怒不可遏。他护着阿塔鲁斯，居然拔出短剑，照着自己的儿子刺过去。好在两人都很幸运，不知腓力二世是气得昏了头，还是饮酒过量，竟然滑了一跤，跌倒在地。亚历山大当众羞辱自己的父亲："大家看看，这个准备从欧洲深入亚洲腹地的人，连座位之间的几步路都走不过去！"言罢，亚历山大带着自己的朋友们拂袖而去。

这次公开翻脸后，亚历山大带着母亲离开了腓力二世的宫廷。暴跳如雷的腓力二世怒吼着要亚历山大永远不要回来。亚历山大与朋友们先将母亲安顿在其娘家伊庇鲁斯——此时奥林匹娅斯的弟弟，也就是亚历山大的舅舅，已经是伊庇鲁斯国王。然后，亚历山大带着朋友们退到伊利里亚，过起了不问世事的隐居生活。

无论如何，父子之间总不会有难以化解的仇恨。大约在这个时候，腓力二世的老朋友、科林斯人笛玛拉都斯前来拜访。他与腓力二世一向有话可以畅所欲言，不会有所忌惮，更不怕引起腓力二世的反感。双方一番寒暄之后，腓力二世问他，希腊各城邦之间是否能够保持友善的关系？笛玛拉都斯却不谈城邦关系，径直回答："你的家庭乌烟瘴气已经使你焦头烂额，想不到还有精力来管希腊的闲事。"这一句时机恰当的斥责，使得腓力二世产生了悔悟之心。不再需要多说，他马上派人将儿子接回家。如此，经过笛玛拉都斯的从中调停，父子重归于好。

这一次的和解没有维持多长的时间，很快父子之间再起冲突。马其顿的友邦卡里亚，一直有与马其顿联姻的意愿。卡里亚总督派使者前来马其顿说亲，希望能将自己的女儿嫁给腓力二世的儿子、亚历山大同父异母的兄弟阿里迪乌斯，打算借联姻使双方建立同盟，以确保城邦的安全。起初亚历山大并未注意此事，是奥林匹娅斯和他的朋友们告诫他——腓力二世很可能打算利用门当户对的婚姻和实力强大的联盟，完成准备工作后将王位传给阿里迪乌斯。亚历山大警惕起来，于是他派使者前往卡里亚，劝说总督放弃与阿里迪乌斯的联姻。亚历山大的使者告诉卡里亚总督，阿里迪乌斯是庶出的王子，身份低微；而且阿里迪乌斯生性鲁钝，智力上有缺陷。所以，总督不如挑选亚历山大为自己的女婿。

卡里亚总督很高兴地接受了这番说辞。腓力二世得知婚事有变，立即赶到亚历山大的房间，对他严词痛责。当时帕曼纽的儿子费罗塔斯也在场，腓力二世不给亚历山大留丝毫尊严，用语极其苛刻。他痛骂亚历山大自甘堕落，根本不配接受自己留给他的王位；亚历山大竟敢与卑贱的卡里亚人结亲，那些人充其量不过是蛮族君王的奴隶而已。痛责之后，腓力二世的怒气并未平息，他又写信给科林斯人，要他们将亚历山大派去卡里亚的使臣抓起来，押解回国，还下令将亚历山大最亲密的五位伙伴，包括托勒密、尼亚库斯等人，全部流放。直到后来亚历山大才有机会将他们召回来，重新授予贵族的尊位。

相比于这些令自己烦躁不已的家事，腓力二世更醉心于筹划对东方的远征。公元前336年初，腓力二世命老将帕曼纽率先头部队1万人前往小亚细亚，准备开战事宜。他本人准备在年尾率大军展开远征。就在腓力二世制服了希腊，筹划统兵东征波斯帝国的时候，一把锋利的短剑戳破了他世界征服者的美梦。

变故发生在公元前336年的初夏。腓力二世清楚，自己与奥林匹娅斯的感情

已经彻底破裂,但与伊庇鲁斯的关系还需要维持。所以,他决定将自己的女儿、亚历山大同父异母的姐姐克里奥帕特拉(与腓力二世的新王妃同名),嫁给奥林匹娅斯的弟弟、伊庇鲁斯的国王。谈妥这桩婚事,腓力二世巧妙地避免了马其顿与伊庇鲁斯关系的恶化,用另一桩政治婚姻来弥补了自己与奥林匹娅斯这桩政治婚姻破裂造成的裂痕。可是,对于奥林匹娅斯来说,她更加孤立了。她已经不能再仰仗自己弟弟的支持。当然,奥林匹娅斯绝不是一个会坐以待毙的人。

盛大的结婚典礼在马其顿王国都城佩拉举行。各国都派使节来参加婚礼,宾客云集,并有竞技表演作为婚礼的余兴节目,好不热闹。马其顿已经是希腊世界的霸权者,腓力二世更有心在婚礼中夸耀国威。最后,婚礼上的戏剧开演了,这是整场婚礼的压轴环节。戏剧从早上开演,观众爆满。这次戏剧是腓力二世精心筹划的大胆尝试,剧中希腊神祇的角色被改成了腓力二世自己。他要借此向各国使臣展示权威,也要看看民众对自己的拥护到了何等程度。

现在,轮到婚礼的主角上场了。先由王子亚历山大陪同伊庇鲁斯国王一起出现在马其顿民众面前。腓力二世特意下令,现场所有卫兵都撤除,以示自己对民众的信赖和亲民的作风。在热闹喜庆的场合里,谁都没有注意到,在剧场门口有一个卫兵打扮的人并没有遵令退出剧场。他依然站在那里。

腓力二世身穿节日的白袍,没有携带武器,喜气洋洋地在一群喜庆的宾客的簇拥下走向剧场。就在腓力二世经过剧场入口处时,那个卫兵打扮的人出乎意料地突然冲到了腓力二世面前。腓力二世一愣,马上认出了这个人。

腓力二世认识这个人,认识这张冷峻的脸。这人名叫鲍舍尼亚斯,是位年轻的贵族,不久前来求见过自己。鲍舍尼亚斯求见自己的理由,实在是连他自己都有些难以启

◇ 马其顿步骑兵的全副装备

037

◇ 腓力二世遇刺，图中显示刺客是从背后下刀

齿——鲍舍尼亚斯与腓力二世身边的重臣、王妃克里奥帕特拉的叔父阿塔鲁斯有私人怨隙。这位阿塔鲁斯除了利用自己的身份独揽大权之外，还有断袖之癖，喜好男色，常常召唤鲍舍尼亚斯前来。鲍舍尼亚斯认为自己也是贵族出身，阿塔鲁斯这样做是玷污他的名誉，所以他主动来向国王腓力二世控诉。但是，阿塔鲁斯是王妃克里奥帕特拉的叔父，等于是腓力二世的长辈；阿塔鲁斯总揽政务，本人又是马其顿极有势力的大贵族，腓力二世对他颇为倚重。加上在希腊世界中，断袖之癖与喜好男色并不是什么大不了的事情，所以腓力二世没有理会鲍舍尼亚斯的控诉。

当时，看到鲍舍尼亚斯双眼中带着怒火离去，腓力二世并没有在意。他绝没有想到，鲍舍尼亚斯会因为自己不愿出面为他遭受的羞辱主持公道而来行刺自己。他更不会想到日后的种种传言——有人说，王后奥林匹娅斯私下接见了鲍舍尼亚斯，据说她激起了这个年轻人的怒火，并且怂恿他对国王采取报复的行动；甚至有人说，鲍舍尼亚斯私下里去见过亚历山大，向他诉说自己所受的冤屈；而亚历山大吟诵《米狄亚》中的诗句，暗示国王的做法是不公正的，应该受到惩罚。没有人能证实这些说法，就像没有人能说清鲍舍尼亚斯的真实动机。

鲍舍尼亚斯一言不发，拔出短剑朝着腓力二世的前胸就刺了过去。腓力二世未及躲避，眼睁睁看着这一剑刺进了自己的胸膛。他带着难以置信的表情，缓缓倒了下去，倒在了血泊之中。

所有宾客都吓呆了，这让刺客鲍舍尼亚斯能够从容逃走。过了好一会儿，众

人如梦初醒，才想起要去追捕凶手。人们找来兵器，号叫着追赶凶手鲍舍尼亚斯。鲍舍尼亚斯则跃上早就备好的马匹，死命奔逃。他没能逃出多远。由于地上布满野藤，马腿被野藤绊住，鲍舍尼亚斯从马上摔了下来。追赶上来的人们不管手中有什么兵器，一律照着鲍舍尼亚斯身上连捅带刺，将这个弑君的刺客活活捣成了肉泥。

看着腓力二世的尸体，人们不知所措。突然有马其顿贵族抓住亚历山大的手臂，将其高高举起："国王还活着！亚历山大，腓力之子！愿众神祝福国王！"

更多的人反应过来了。他们高呼："亚历山大是国王！""亚历山大万岁！""诸神在保佑着国王！"在人群的高呼声中，亚历山大高高举起双臂，承认了自己的国王地位。

从这一刻起，亚历山大成为马其顿的国王。

这一年，他只有20岁。

关于一代雄主腓力二世究竟为何遇刺身亡，后世一直众说纷纭，莫衷一是。鲍舍尼亚斯完全出于私怨报复行刺，固然是一种说法，但相信者不多。人们更倾向于鲍舍尼亚斯的私怨是促使他愿意接受别人指派去充当杀手行刺的直接动机，他背后一定有巨大的阴谋。一种意见认为，刺杀腓力二世是马其顿贵族集团的阴谋，因为腓力二世推行中央集权的改革措施损害了他们的权益。另一种意见认为，刺杀腓力二世是王后奥林匹娅斯的报复行为，而且她不能容忍亚历山大的王位继承权受到威胁。著名的古希腊历史学家普鲁塔克指出，刺杀腓力二世的罪行最主要应归咎于奥林匹娅斯，而直接受到怀疑的应该是亚历山大本人。亚历山大则宣布，刺杀腓力二世是波斯帝国策动的一场阴谋，是为阻止马其顿的东征而使出的卑劣手段。后来他即是以此作为理由向波斯帝国发动远征。不过，这种冠冕堂皇的解释并不为人们所接受。

人们说，当亚历山大即位后，奥林匹娅斯还在刺客鲍舍尼亚斯的尸体上放置了一顶黄金的冠冕，予其以厚葬。又有人说，她这么做颇具苦心，是为了转移众人对亚历山大的怀疑，将人们的眼光引到自己身上来。无论如何，腓力二世已死，一个旧的时代已经结束。现在，人类历史即将进入亚历山大的新纪元。

亚历山大刚即位，内忧外患接踵而至。马其顿王室和宫廷中变动重重，贵族集团内部隐隐有分裂之势，有些贵族甚至图谋推翻亚历山大，拥戴他同父异母的弟弟为王。所幸的是，经过喀罗尼亚会战，亚历山大确立了他在军队的地位，以安提帕特罗斯为首的军中将领纷纷效忠于他。萧墙之外，腓力二世的死成了全希腊反叛马其顿的导火索，各城邦代表对腓力二世做出的保证很快成了一纸空文。德摩斯梯尼早就潜回雅典，鼓动如簧之舌四处演说。当听说腓力二世遇刺身亡时，欣喜万分的德摩斯梯尼不顾自己的女儿六天前刚去世，身穿节日的盛装，头戴花环，出现在雅典公民大会上。他把亚历山大描绘成头脑简单的乳臭小儿，号召人民废除亚历山大的希腊联军统帅职务，准备与马其顿进行战争。德摩斯梯尼还给波斯帝国亚洲地区的总督们写信，在信中将亚历山大称作"愚蠢的疯子"和"乳臭未干的小儿"，鼓动他们出兵进攻亚历山大。

　　其他希腊城邦也纷纷酝酿独立。斯巴达人公开表示，他们国家的习惯不允许他们服从别人，他们的习惯是领导别人。甚至马其顿肘腋之下的盟邦帖撒利亚也要造反了。北方那些久已臣服的伊利里亚、色雷斯部落也蠢蠢欲动。各邦国各部落仍然充满了反抗的精神，这股精神借腓力二世之死井喷了出来。他们要为争取

◇　腓力二世遇刺身亡时马其顿面临的外部形势图

自由拼死战斗一番。

面临如此险恶复杂、瞬息万变的局势，亚历山大充分显示了天才军事家冷静、果断、判断准确、行动迅捷的特点。他立即采取行动，在阴谋分子未及动作之前，一举将其全部捕杀。随后，亚历山大率军南下，像一阵旋风似的沿海岸冲进帖撒利亚。他在腾皮一度为隧道所阻，为避免战斗，亚历山大命令部下在临海的山壁上开凿小路。当他在隧道后突然出现时，帖撒利亚人真以为他是从天而降，对他敬若神明。从此，帖撒利亚人死心塌地服从亚历山大，并把一支强大的骑兵交给他领导。

亚历山大毫不停留，继续旋风般向南冲击。沿途那些正蠢蠢欲动的希腊中部城邦，被他神速的进兵惊得目瞪口呆，纷纷表示臣服。亚历山大一直进到伯罗奔尼撒地区才扎下营来。这里离雅典只有40英里了。雅典人这才明白，这个"乳臭小儿"竟然比他的父亲腓力二世还要可怕。他们立即改变态度，派出一个使团去向亚历山大求和。一片混乱之中，雅典人怪罪德摩斯梯尼信口开河，强迫这位雄辩家也加入这个屈辱而危险的使团。

德摩斯梯尼拼命反对，继续向雅典人发表演说，在演说中向雅典人讲述了绵羊如何将它们的狗交给狼的故事。德摩斯梯尼将自己和追随他的反马其顿派人士比作为捍卫雅典人民而战斗的狗，把亚历山大称作"马其顿带弓箭的狼"。德摩斯梯尼大声疾呼："就像谷物商人们通过随身携带的一碗去皮麦粒作为样品，最终卖掉所有存货一样。你们交出我们，你们也就等于愚蠢地交出了你们自己，所有的雅典人！"祸到临头，雅典人还是硬逼他去了。德摩斯梯尼慑于亚历山大的愤怒，居然半路丢下使团，自己又原路逃回了雅典。

使团战战兢兢来到亚历山大的军营，不知他将怎样惩罚雅典。他们自知这次"过错"犯得太大了。上次是两国交兵，这次可是叛变。在古希腊人的心目中，叛变是十恶不赦的大罪。他们想不到，亚历山大竟然宽宏大量地饶恕了雅典。

雅典人大喜过望，对亚历山大尊崇畏服不已，甚至超过对其父亲。希腊境内于是风平浪静。亚历山大在伯罗奔尼撒召集希腊各城邦领袖和代表开会。亚历山大向与会代表重申，远征波斯的决策不会改变，希腊各城邦应该按照从前与腓力二世的约定，在出征波斯期间完全服从自己的领导。全希腊诸城邦会议随即选举亚历山大为科林斯同盟终身盟主，领导对宿敌波斯的复仇战争。

这次平息希腊的叛乱，自始至终兵不血刃。亚历山大制胜的武器是速度。兵

◇ 雅典的亲马其顿派领袖埃斯基涅斯（左）与反马其顿派领袖德摩斯梯尼（右）

贵神速，它使敌人全都瘫痪了。亚历山大的神速行军，同样有赖于腓力二世的军事改革。传统希腊军队的行军和后勤数百年不变——每一个重装步兵自带一个仆人背负装备；后勤运输仿效波斯，大量使用牛车。希腊军队允许士兵家属以及大批营妓和小贩随行，这样每1万战斗部队就会有2万—3万非战斗人员随行，大大减慢了行军速度，增加了后勤供应的压力。希腊军队使用颈圈套牛拉车，一辆两架的牛车只能拉500公斤重的货物，超过这个重量，颈圈就会压迫牛的气管，使之无法呼吸。一辆牛车的两头牛每天需要草料50公斤，每天只能走15公里，以后就会精疲力竭。另外牛车对道路条件要求很高，基本没有翻山越岭的能力。这样的行军速度自然缓慢。

与土地所有者出身的希腊重装步兵不同，马其顿步兵都是农牧民出身，吃苦耐劳，从来没有雇用仆人的习惯；骑兵则通常有两三个仆人随行。腓力二世改革后勤，首先禁止士兵雇用仆人，而专门建立服务步兵和骑兵的后勤部队，数量大概是步兵的十分之一、骑兵的四分之一。腓力二世还禁止非战斗人员随军，包括士兵家属和营妓（这个规定在后来亚历山大东征期间被废除）。马其顿步兵除了必须自己背负装备以外，还要自带15天的口粮。这样马其顿步兵的行军负重超过50公斤，对体能要求非常高。但这些规定大大减轻了后勤的压力。腓力二世的另外一项改革是大量使用骡马背驮物资，只用少量牛车运输大型器械。驮马每天只需要10公斤草料，可以驮运100公斤货物走45公里，还可以翻山越岭，大大增强了马其顿军队的战略机动能力。亚历山大此次强行军几百公里，出其不意兵临

雅典城下，完全体现出马其顿军队在后勤改革方面的效果。

　　亚历山大离开王都佩拉出征期间，奥林匹娅斯以王太后的身份执掌内政，全力整肃异己。从前对她不利的王室成员、贵族和大臣，全部被她以谋反罪清洗。她最不能放过的，自然是夺走自己丈夫的克里奥帕特拉。此时的克里奥帕特拉早已在众人的祝福下为腓力二世生下了一个男孩，一个"合法"的王位继承人。这个男孩正是阴谋集团贵族们要效忠和拥立的对象。现在，奥林匹娅斯下令将男孩从克里奥帕特拉手里夺过来，予以绞杀，而且命令克里奥帕特拉观刑。克里奥帕特拉眼睁睁看着自己的儿子被活活勒死，这幅惨景让她惊恐到发疯。几天之后，克里奥帕特拉自缢身亡。据说，奥林匹娅斯也站在一旁冷冷地看着这一切，脸上挂着一丝冷笑。

　　亚历山大默许了这一切。或许他觉得，处理女人的事情最好还是由女人去做。对亚历山大来说，最重要的事情是抓紧兵权。所以，他即位后马上派人去处死克里奥帕特拉的叔父阿塔鲁斯。与此同时，他派出使者赶赴小亚细亚，去寻求老将帕曼纽的支持。马其顿贵族上层联姻盘根错节，帕曼纽正是阿塔鲁斯的岳父，两人的关系极为亲密。阿塔鲁斯同样清楚，自己的身家性命就看帕曼纽的立场了，他也努力在帕曼纽那里施加影响。

　　当时马其顿国内对派往小亚细亚的远征军先头部队会不会揭竿反抗，人人心中都没底。这支军队对于国内政治的动态，有着巨大的影响。统军主帅帕曼纽，是马其顿资历最老、战功最著、威信最高的大将之一，马其顿军队等于是他跟腓力二世两人一手训练出来的。面对亚历山大的命令和阿塔鲁斯的求情，帕曼纽清楚自己眼前只有两条路——第一，揭竿反叛；第二，切断亲情，效命于亚历山大。帕曼纽是一个非常慎重的人，他反复权衡了当下的局势。他很清楚，亚历山大已经完全掌握了王权，获得了马其顿民众的支持和拥护。如果现在起来反对亚历山大，将是非常危险的。而且，他得到了确切消息，自己的朋友、与自己同样有名望的大将安提帕特罗斯已经在国内表示对亚历山大效忠。基于这些考虑，帕曼纽选择了后者。

　　当夜，阿塔鲁斯被处决，马其顿军权就此尽归亚历山大所有。帕曼纽的向背，对亚历山大的王权有决定性的影响力。两年之后，亚历山大出兵东征时，帕曼纽一族都被拔擢为各军将帅，一时风头无双。帕曼纽一族将帅都为自己当年做出的正确决定而骄傲。

不过，此时的帕曼纽绝对猜不到自己在亚历山大那里的最终下场。

公元前335年春，亚历山大率军北进多瑙河流域，决心平定那些降而复叛、经常在马其顿背后捣乱的色雷斯、伊利里亚部落。按照亚历山大的计划，东征时要留安提帕特罗斯留守马其顿本土，因此必须先肃清北方的敌人，以防那些部落犯边。此战将是远征东方的前哨战，也是一次大规模的军事演习。

亚历山大率领1.5万人的大军从安菲坡利斯出发，进入色雷斯境内。马其顿军队一路渡河翻山，10天之后到达希马斯山。到达进山的隘路时，马其顿军队发现色雷斯人占领了希马斯山上的制高点，严阵以待准备阻止亚历山大前进。希马斯山制高点是进军必经之处，色雷斯人集中各种载重大车，摆在阵前，打算在受到攻击时用这些车辆做屏障据以防守。如果马其顿方阵强行登山，等马其顿人爬到山坡上最陡处时，色雷斯人就把车辆推下去。色雷斯人觉得，方阵越密集，用翻滚下山的车辆猛力冲撞，就越容易把它冲散。

亚历山大清楚，没有什么办法可以最安全地通过山脊。既然并无其他道路可走，这个险是非冒不可。他下令全军：若那些车辆从山坡上冲下来，平地上的方阵须随时改变队形，向左右分开，给车辆让开一条路；凡是在狭谷中遭遇车辆冲击，则要把队伍集结紧密，一定不要被冲散；相邻排列被车辆冲撞倒地者，一定不要惊慌，躺在地上也要把盾牌紧紧互相连接起来；如此，后面要从他们身上碾过去的车辆就不致造成严重伤害。亚历山大要求全军牢记自己的告诫和命令，这是闯过眼前障碍的取胜之道。

战况果如亚历山大所料的那样：面对山坡上呼啸着冲撞而下的车辆，平地上的方阵左右分开，没受到冲撞；山坡上被冲撞倒地者坚持用盾牌架起盾阵，遮盖住自己的身体，结果从盾牌上滚过去的车辆也都危

◇ 战斗中色雷斯人推下的车辆

◇ 色雷斯人与马其顿军队的战斗

害不大,马其顿方阵居然无一人死于车下。当马其顿将士们发现这些看起来极其可怕的车辆根本无能为害时,一个个兴高采烈,勇气倍增。他们大声呼喊着,向色雷斯人冲上去。亚历山大将弓箭手方阵从右翼调到左翼方阵前沿,用密集的箭雨阻止色雷斯人出击。他亲自率领近卫步兵来到左翼,带头进攻。有弓箭手射住阵脚,色雷斯人不能前进一步。左翼方阵得以逼近敌阵,没费什么功夫就将那些身上无甲、武器简陋的色雷斯人击溃。1500多名色雷斯战士被消灭,一些人凭借地形熟、跑得快得以逃生。随军的妇女儿童、行李财物全部落到马其顿军队手里。亚历山大首战告捷。

亚历山大让人将战利品送回后方,自己率军越过山脊,穿过希马斯山地,继续向一直骚扰马其顿北方边境的特利巴利人领地进军。翻过希马斯山,再行军三天亚历山大就到达多瑙河畔。特利巴利人被追得无处可逃,最后只好在河边的峡谷附近把阵势摆开,与马其顿军队决战。亚历山大将马其顿方阵变成纵深队形,亲自指挥与特利巴利人的对阵。

马其顿军队中的弓箭手和投石兵先向这些部落兵射箭投石,看能不能把他们从峡谷中引诱到开阔地上来。马其顿弓箭手刚进入射程,这些部落兵知道弓箭手身边无利器,索性冲出来肉搏。亚历山大眼见已经把敌人从峡谷里引了出来,当

◇ 马其顿军队凭借方阵大破敌阵

即命令骑兵从左右两翼发起冲击；自己亲自率领步兵方阵和一部分骑兵，攻打敌人的中央。

两军远距离射箭投石，特利巴利人还能坚守。当马其顿方阵以密集队形向这些部落兵勇猛冲杀，骑兵也不再射箭，而是用战马冲击时，特利巴利人再也招架不住，只能掉头就跑，穿过峡谷奔往河边。溃逃中，3000名特利巴利人战死。因为河边树林茂密，夜幕又已降临，马其顿人不能穷追，总算才让其他部落兵逃得性命。此战马其顿军队只有11名骑兵和40名步兵阵亡。

亚历山大的下一个目标，是多瑙河对岸的克塔伊人。据侦察，4000多名克塔伊骑兵、1万多名克塔伊步兵集结在多瑙河对岸，时刻提防马其顿军队渡河。马其顿人没有船队，但亚历山大自有渡河妙法。他暗中命人大批改造兽皮做的帐篷，在帐篷里装上干草做成皮筏；大批伐木，将巨大的树干挖空做成独木舟；还尽可能从乡间搜罗了更多的独木舟。值得一提的是，用皮筏渡河本是北方蛮族的传统，亚历山大是就地现学现卖；至于独木舟，多瑙河沿岸乡间到处都有，因为两岸的部落居民都用独木舟捕鱼，或者乘独木舟结伙到上游去劫掠。亚历山大不拘一格、

入乡随俗的特点，在此时有了初步的体现。

亚历山大就是用这些简单的皮筏和独木舟，将约1500名骑兵和4000多名步兵渡过河去。渡河选在夜间，多瑙河对岸长满高高的麦子，正好作为掩护。马其顿军队紧靠河岸行进，完全被遮蔽在麦田之中。快天亮时，亚历山大带兵通过麦田，命令步兵斜持长矛把麦子按倒，这样把部下带到未耕种过的空地上。马其顿方阵在麦田里通过的时候，骑兵在后面跟随。一出麦田，亚历山大就亲自把骑兵由后边带到右翼，命令方阵变成长方形，前突列阵。克塔伊人被如此大胆的突然袭击弄得异常震惊。他们万没想到，一夜之间，甚至连桥都不用搭，亚历山大就渡过了多瑙河。而且马其顿方阵如此坚强可怕，马其顿骑兵冲杀如此凶猛。克塔伊人甚至连马其顿骑兵的第一次冲锋都抵挡不住，当即溃散。

克塔伊人先是逃回城市里躲避。眼见马其顿军队骑兵在前，步兵在后，列成严整的方阵沿河杀来，克塔伊人彻底惊魂破胆，弃城而逃。逃走时，克塔伊人用马背驮上了所有能带走的东西，将妇孺驮在马屁股上，远远离开了多瑙河，逃向遥远荒凉的远方。亚历山大占领了城市，夺取了克塔伊人未能带走的一切。他命令将全城夷为平地，在多瑙河畔向天神宙斯、大力神赫拉克勒斯和多瑙河河神献祭。亚历山大感谢诸神允许他渡过多瑙河，感谢诸神赐予他胜利。天亮之后，亚历山大率领全军安然无恙返回营地。此战马其顿军队获得完胜。

亚历山大的连战连胜、所向无敌，终于让部落民屈服了。克塔伊人战败，桀骜不驯的部落民们失去克塔伊人的援助，从此缺乏补给，没有了继续作战的能力。于是，多瑙河沿岸其他部族纷纷派贵族前来谒见亚历山大。特利巴利人首领和凯尔特人首领也都有特使到来。特利巴利人不敢再与亚历山大为敌，屈膝臣服；凯尔特人居住在遥远的爱奥尼亚沿海地区，天生是骄傲的战士，但慑于亚历山大的军威，也表示了要与亚历山大修好的愿望。亚历山大与特利巴利人、凯尔特人订约，承诺互不相侵。

亚历山大看着与自己签订盟约的凯尔特人使臣，不禁有几分骄傲。他问凯尔特人："人世间的一切，你们最怕的是什么？"

任何人问别人问题，其实都想听到自己愿意听到的答案，亚历山大也不例外。在亚历山大年轻的心中，自己的伟大名声必然早已传到遥远的凯尔特人那里，甚至更远的地方。所以，亚历山大希望凯尔特人承认，他们最怕的就是亚历山大，再没什么别的了。

谁知，凯尔特人的回答出乎亚历山大的所料。凯尔特人的使臣不卑不亢地回答道："陛下，我们最怕的是天塌下来，砸到我们。"

凯尔特人当然并不愚昧。他们心里清楚，自己居住在离亚历山大十分遥远的地方，自己的家乡并非亚历山大图谋的对象。他们看得出，亚历山大有着非凡的志向和胸襟。他远征的矛头指向别处，指向更广阔的世界，凯尔特人的小小天地不在亚历山大的视野中。所以他们也不必一切顺从亚历山大，为屈从亚历山大而损害自己的骄傲和尊严。

亚历山大当然也明白这些。他宣布凯尔特人是马其顿人的朋友，跟凯尔特人结了盟，还派人将凯尔特人的使臣送回家乡。日后跟别人谈到凯尔特人时，亚历山大漫不经心又带点嘲讽地说："这些凯尔特人，真会吹牛！"

马其顿大军凯旋途中，亚历山大接到飞报传讯——伊利里亚人正在备战，马其顿王国西境即将陷入危险之中。亚历山大随即率领大军沿巴尔干山脉西行，向伊利里亚进军。

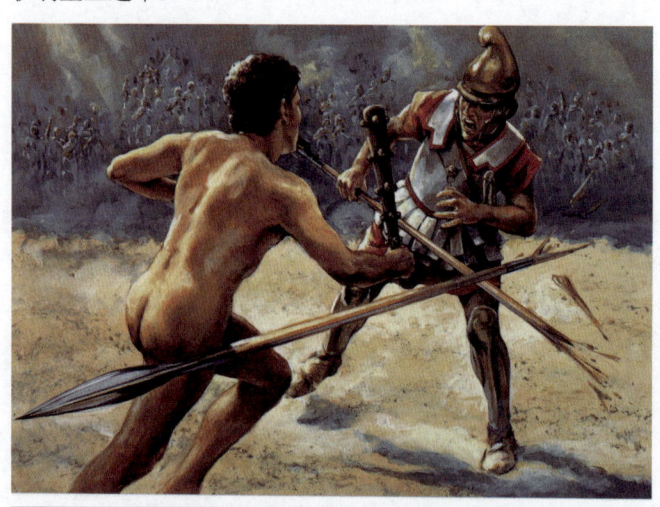

◇ 近距离肉搏战

伊利里亚地形复杂，遍布深山重谷。伊利里亚人原本好整以暇，准备利用险峻地形，从四面八方阻击亚历山大。亚历山大清楚自己客军作战的劣势，于是再次以行军速度弥补地形弱点。马其顿大军飞速进发，路上避免与小股袭扰的伊利里亚人周旋，全力直捣伊利里亚人的中心城市坡利亚。伊利里亚人已据守坡利亚城外四周的高地，要借居高临下、林木茂密之地利与亚历山大大战一场。但亚历山大来得实在太快，完全出乎伊利里亚人的预料。伊利里亚人的首领还没到达战场，亚历山大就发动了进攻。伊利里亚人刚刚杀死童男童女各三人及黑羊三只

祭神，打算冲下山来阻击马其顿方阵右翼。可是，他们还没进攻，马其顿方阵右翼先攻上了高地。伊利里亚人被杀得抱头鼠窜，刚才祭神时杀的人和牲口还躺在原处没来得及收拾。

亚历山大将伊利里亚人赶进城里，自己靠近城墙扎营，准备整修壁垒进行围困。第二天，伊利里亚人的首领却率大军赶到，与城内守军合兵，准备同亚历山大决战。亚历山大将马其顿方阵全部疏开，形成120纵列，两翼各部署200名骑兵。部队保持肃穆，先把长矛直竖，听到命令立即把矛头向前做冲锋姿式，一排排的矛头先向右摆后向左摆。在亚历山大的亲自指挥下，马其顿方阵前进时步法矫健，军容严整，然后又向左右两翼交替回旋，短时间内表演了各种队形变换。最后，亚历山大才以左翼突出一部作为尖兵，亲自率领他们发动进攻。伊利里亚人从未见过如此整齐划一、调度灵活的方阵，早已目瞪口呆。未等马其顿人靠近，伊利里亚人先行土崩瓦解。马其顿将士高喊杀声，用矛头敲打盾牌。伊利里亚人闻声更加丧胆，匆忙撤回城里，龟缩不出。

接下来，亚历山大逐次扫荡坡利亚城外尚由伊利里亚人占据的山丘制高点。大部分据点很快拔除，亚历山大暂时转攻为守，下令全军稍退，重整方阵。他将部队撤过坡利亚城下的河流时，伊利里亚人发觉有机可乘，马上从仅剩的几处山头上冲了下来，企图截击马其顿军队的后卫。后卫部队且战且退，伊利里亚人在后面紧紧追赶。亚历山大过河以后，立刻在河边高地部署弩炮。数百门弩炮以高射角发射标枪，越过马其顿后卫部队的头顶，在他们背后形成一道弹幕，掩护部队渡河。弩炮掩护下，马其顿军队全部安全渡河，撤退中未损失一人。这是西方军事史中关于炮火掩护最早的记录。

以弩炮为代表的攻城器械和重型武器，是马其顿军队的秘密武器。马其顿军队的战略机动能力已足以深入敌国作战；但如果缺乏有效的攻城器械，顿兵坚城之下的马其顿军队只能束手待毙。所以，腓力二世是西方军事史上第一个将远程火力纳入军队编制的人。弩炮和投石器在公元前5世纪左右问世，此时终于为马其顿人所用。弩炮其实是一副固定在发射平台上的大型弓弩，可以将一支轻型标枪水平投射600米远。经过改造的弩炮能够发射安放在槽道里的数十枚铅弹，射程可达300米，效果类似近代的霰弹炮。投石器的弹道弯曲则很像现代的迫击炮，可以发射重达20公斤的石头，射程最远可达500米。除石头外，投石器还可以发射燃烧的火球和装满滚油的瓦罐等等。马其顿军队使用的轻型弩炮，重量只有38

公斤，一匹驮马能够运输两架弩炮。投石器关键部件靠驮运，其余部件就地伐木打造，然后一起组装。马其顿工兵还能就地建造巨型移动攻城塔。攻城塔有好几层高，底层是一个攻城槌，用来撞破城门或城墙；上面数层装备弩炮和弓箭手，顶层能够容纳十几名步兵，放下跳板可以冲上城墙厮杀。重型武器编入战斗序列，其作用并不局限于攻城，也可以在野战中发挥远程火力。此次成功的撤退，便是有力的证明。在日后亚历山大对东方的远征中，这些攻城器械和重型武器起到了无可替代的重要作用。

三天后，亚历山大得悉城外扎营的伊利里亚人疏于防备，于是在黑夜掩护下率军渡河到彼岸，发动突袭。大批伊利里亚人在睡梦中被砍杀，仓皇逃遁者基本也遭到同样命运。马其顿军队一直追杀的群山之中，只有很少人逃得性命。守城的伊比利亚人吓破了胆，匆忙自行纵火焚城，做鸟兽散逃进了莽莽群山。亚历山大再度大获全胜，伊利里亚人从此一蹶不振。

西境和北境的威胁解除了，东征时这两个方向再无后顾之忧。然而，南方的希腊境内却风云再起。波斯帝国皇帝大流士三世深知波斯面临的危险，乘此机会派使者携带大量黄金，去希腊各国策反。反马其顿派的领袖们接受了贿赂，又开始密谋造反。德摩斯梯尼发誓终生与马其顿为敌，绝不会因为亚历山大的武力而屈服。他也接受了不少黄金，不过并未中饱私囊，而是为最恨马其顿人的底比斯购买武器。被放逐的人纷纷潜回雅典，接着就有谣言流传，说亚历山大已在伊利里亚战死。德摩斯梯尼立即利用这一谣言（也许就是他制造的），煽动雅典人造反。

他在演说中十分兴奋地向雅典人报告，亚历山大已经在山中全军覆没。他甚至赌咒发誓，自己是亚历山大全军覆没的唯一目击者，而且自己九死一生好不容易才捡回这条命。所以他保证，亚历山大绝对是死了。虽然雅典人对德摩斯梯尼的话半信半疑，但大家都乐于听到这个消息。雅典人的兴奋可想而知。

谣言越传越广，很多人信以为真。亚历山大率军离乡已久，一直杳无音信。在对事实真相毫无所知的情况下，人们猜测，一定是发生了他们渴望发生的事情。当然，这种事是常有的。从前反马其顿派的流亡者开始在底比斯公民大会上露面，鼓动底比斯人造反，宣称要把多年来马其顿人强加在底比斯人身上的沉重枷锁最后甩掉。于是，底比斯率先起事。底比斯人用德摩斯梯尼为他们提供的武器，杀死亚历山大派驻的官员，袭击马其顿驻军，宣布底比斯重获自由。一时间，希腊各城邦纷纷响应，要求解放的呼声冲上云霄。雅典在德摩斯梯尼的鼓动下，也开

始备战。又一次全希腊叛变的风暴就要刮起来了。

消息传到亚历山大耳边时,他下定决心一定要以最快速度扑灭希腊境内的叛乱。而且,这次必须是以雷霆手段,一劳永逸。然而,他刚刚结束平定伊利里亚的战争,驻军地距底比斯约500公里。况且部队十分疲劳,急需休整。但时间就是战机,就是胜利。如果让雅典、底比斯等国组成反马其顿联盟,叛乱就很难平定了。

统帅的钢铁意志和严明的军纪又一次发挥了作用。马其顿将士虽然不大情愿,仍然振奋精神,以强行军穿过马其顿西部的无路山地。13天后,马其顿军队迫近底比斯,与附近几个希腊盟国的军队会师。亚历山大毫不停留,督师继续前进。

他的进军如此神速,直到他抵达距底比斯仅10公里处,底比斯人还沉浸在亚历山大之死带来的喜悦中,以为来的不过是安提帕特罗斯从马其顿本土派出的偏师。第二天,马其顿军队进迫底比斯城下,一位身披斗篷、全副戎装、头盔上插着两根白羽毛的年轻国王策马越众而出,亲自向城上喊话,底比斯人这才大梦初醒,

◇ 亚历山大兵临底比斯城下

原来亚历山大已经兵临城下。

面对险阻的山道,装备笨重的马其顿军队居然可以每天在崎岖不平的羊肠小道上行军 30 公里以上。根据常识,这是难以想象的速度。当底比斯的民众们看到亚历山大出现的时候,简直不敢相信:这真的是亚历山大的军队吗?

亚历山大以盟主的身份,义正词严地责备底比斯人背约,希望他们放下武器投降,他可以对他们宽大处理。底比斯人被这一突然打击弄得手足无措,不知怎样回答才好。亚历山大等了一天没有回答,就在距底比斯卫城不远处扎营,封锁通往雅典的道路。底比斯卫城中据守着喀罗尼亚之战后派驻这里的马其顿军队。底比斯人反叛后,全力围攻卫城。他们在卫城四周修起双重栅栏,阻断卫城与外间的交通。亚历山大在卫城附近扎营,以便支援据守卫城的马其顿驻军。直到这时他仍不想进攻,希望底比斯人能幡然悔悟。

有几位底比斯的温和派公民领袖急于求见亚历山大,替全体底比斯人请罪,恳求亚历山大饶恕底比斯人这次造反。可是绝大部分底比斯人这次横了心。底比斯人强悍好斗,不愿接受亚历山大的任何宽恕。他们上次在喀罗尼亚输给亚历山大就深感耻辱,战败后受处罚最重,这次又带头叛变,还杀死了亚历山大的官员,袭击马其顿驻军。反马其顿的领袖们认定投降没有好下场,他们千方百计鼓动人民不要向亚历山大屈服,决心拼死一战。

底比斯人心中明白,和解的希望已经全部消失,他们注定面临绝望的命运。开过最后一次公民大会,全体底比斯人决心为自由血战到底。底比斯全体市民,连同奴隶、外邦人都拿起武器,为保卫底比斯做最后的战斗。既然已经全民皆兵,底比斯人就抱定了宁为玉碎、不为瓦全的决心。底比斯人终于对亚历山大的招降做出了反应——派人给亚历山大送去一份条件苛刻的文件,要求亚历山大将出逃的底比斯亲马其顿派领袖交给底比斯人来处置,同时向全体希腊人提出呼吁,愿意为自由而战的人都应投效底比斯人的阵营。

如此,局势再无通融的可能,剩下的只有马其顿与底比斯的决战。

决战开始了。负责马其顿军队大营警卫的将领佩尔狄卡斯,其麾下部队的驻地离底比斯人围困卫城的防线最近。佩尔狄卡斯立功心切,不等亚历山大的进攻号令,率领手下部队首先发动进攻。马其顿将士捣毁底比斯防线的第一道栅栏,冲了进去,直扑底比斯军队前卫。另一位将领阿明塔斯的部队与佩尔狄卡斯所部编在一起。眼见佩尔狄卡斯率军冲入栅栏,他立刻也带着自己的部队跟了上去。

亚历山大唯恐阿明塔斯与佩尔狄卡斯两人有失,只能率领其余部队随之发动进攻。

亚历山大命令弓箭手方阵和率先进攻的两军在栅栏内做牵制性的攻击,仍令主力部队和近卫步兵留在栅栏外边。佩尔狄卡斯在冲入第二道栅栏时负伤倒地,一度伤势危急。马其顿将士拼死抢出佩尔狄卡斯,将他抬回营地。佩尔狄卡斯后来养伤很久方得痊愈。佩尔狄卡斯虽负伤,他的部下仍全力战斗。佩尔狄卡斯所部和弓箭手方阵会合,把底比斯人围困在从赫拉克勒斯神庙往下的一条道沟里。

底比斯人朝赫拉克勒斯神庙方向撤退,马其顿军队在后面追击。突然间,底比斯人掉转头来,狂吼猛打,做困兽之斗。马其顿人猝不及防,根本不及战斗,只好转身逃命。弓箭手方阵指挥官阵亡,部下70余人当场战死。被打散的马其顿将士一直逃到主力部队和近卫步兵那里才得到掩护。

这时,亚历山大看到自己的部队在逃跑,又注意到底比斯追兵队列松散,于是马上率领马其顿方阵以战斗队形向底比斯人冲击。底比斯人被赶回城里,彻底垮了。溃逃中,底比斯人惊惶混乱,涌进城门时竟然未及时把城门关上。亚历山大督师紧追不舍,尾随败军攻入城中。

马其顿先头部队进城太多,底比斯城墙根本无法防守。城外的马其顿大军冲入卫城,与被围的驻军会合。

◇ 底比斯人与马其顿军队血战到底

卫城中的被围驻军也开门杀出来,与先头部队一起攻入底比斯城。随溃军入城的马其顿将士已占领城墙,城外的队伍径直翻过城墙冲向市场。底比斯人曾一度在竞技场一带抵抗,但马其顿人由四面八方逼来。亚历山大在战阵中纵横往来,从一处交战地点奔赴另一处交战地点,亲自指挥部队前进。底比斯骑兵企图突围未果,步兵则更是狼奔豕突、溃不成军。

底比斯人进行了最后的英勇抵抗，有 6000 人战死，几乎占底比斯成年男子的一半。马其顿军队，尤其希腊盟军，到处屠杀停止抵抗的底比斯人。只要是底比斯人，无论是否曾抵抗过马其顿人，一律成了马其顿军队的刀下之鬼。有的底比斯人正在神庙中祈祷，仍不能幸免。马其顿军队杀红了眼，连底比斯妇女和孩子也不放过。据史书记载，底比斯被屠城的种种惨况简直是人间地狱。底比斯城内到处是尸体，堆积得像山一样高。

城破以后，马其顿军队与希腊盟军四处劫掠。一群色雷斯盟军士兵在军官的带领下闯进一位贵妇人的家里。这位贵妇人名叫泰摩克利，在当地有很高的地位和声望。色雷斯军官强奸了泰摩克利，还逼问她把钱财藏在什么地方。泰摩克利平静地带色雷斯军官到花园的水井前面，告诉他：城市陷落的时候，我把那些最值钱的东西全都丢了进去。贪婪的色雷斯人俯身察看财宝所在的位置，冷不防妇人从后面将色雷斯军官一把推到井里。妇人又扔下一块大石头，当场将这名色雷斯军官砸死。

士兵们将泰摩克利绑赴亚历山大帐前。亚历山大从她的姿态和步伐看出，这是一位出身高贵的妇女。她神色平静，丝毫不露惊惶之色。亚历山大问她是什么人，她回答道："我是瑟吉尼斯的姐妹，他在喀罗尼亚会战中担任指挥官，与你的父亲腓力做殊死之斗，为了维护希腊的自由而阵亡。"亚历山大当即将她释放，让她和她的儿女去任何想去的地方。经过此事，底比斯的屠城和劫掠总算渐渐平息。

◇ 亚历山大与泰摩克利

攻克底比斯之后，亚历山大以盟主身份召开了一次临时的同盟会议，参加的

都是底比斯附近的城邦国家。这些国家过去常受底比斯欺负，对底比斯怀有恐惧和仇恨。他们遂提议将底比斯夷为平地，全体居民出卖为奴——这样可以一劳永逸地解除这个强国的威胁。

亚历山大作为盟主，是可以改变这个残酷的决定的。但是他同意了。希腊的两次叛乱给了他极其深刻的印象，使他对希腊人的誓言彻底失去了信任。亚历山大觉得，有必要给希腊人一个难以忘记的教训。而且除掉底比斯后，希腊难以驾驭的城邦国家就只剩雅典和斯巴达，两者隔着一道狭窄的科林斯地峡，只要在此驻扎一小支部队，即可以阻断它们可能的联合。于是，毁灭之剑落在了底比斯头上。

以同盟决议的名义，马其顿与其他城邦盟友继续在底比斯卫城驻军，同时将底比斯全城夷为平地，底比斯领土由各盟邦瓜分，底比斯所有妇孺和幸存的男子一律卖为奴隶。只有过去亲马其顿温和派的人士得到赦免。亚历山大尊重出身底比斯的希腊著名诗人品达，因而品达的家宅和后代同样幸免于难。就这样，底比斯，这个著名的希腊城邦强国，《荷马史诗》中讴歌过的古都，著名的七门之城，亚历山大父亲的老师伊巴密浓达的祖国，从希腊的版图上永远消失了。

底比斯的毁灭犹如一个晴天霹雳，使全希腊都感到极度的震惊和恐惧。形势陡然翻转，各国的亲马其顿派都掌握了政权。出于战略考虑，也出于对希腊文化的敬仰，亚历山大又一次宽恕了雅典和德摩斯梯尼。

本土稳固之后，征伐波斯的工作开始紧锣密鼓地准备起来。按照科林斯同盟的盟约，希腊各城邦在科林斯地峡举行大会，决定与亚历山大共同发起对波斯的战争。按照盟约，亚历山大被推举为希腊联军的统帅。亚历山大停留在科林斯的时候，许多城邦的政治家和哲人从希腊各地前来拜访，祝贺他当选为联军的统帅。但这些人并非亚历山大想见到的，他想见到的是一位居住在科林斯的传奇哲人。

那个哲人是科林斯城中一景。当时的科林斯是一个富裕、懒散、腐败的城市，这个哲人挖苦嘲讽那里的人们，偶尔也把矛头转向他们当中的某个人。他喜欢躺在光溜溜的地上，赤着脚，胡子拉碴地半裸着身子，模样活像个乞丐或疯子。但亚历山大想见的就是他，而不是别的什么人。

大清早，这个哲人随着初升的太阳睁开双眼，搔搔痒，便像狗一样在路边忙开他的"公事"。他在公共喷泉边抹把脸，向路人讨一块面包和几颗橄榄，然后蹲在地上大嚼起来，又掬起几捧泉水送入肚中。他没有工作在身，也无家可归，是一个逍遥自在的人。街市上熙熙攘攘，到处是顾客、商人、奴隶、异邦人，这时他也会在其中转悠一两个钟头。人人都认识他,或者都听说过他。人们会问他一些尖刻的问题,而他也尖刻地回答。有时人们丢给他一些食物,他很有节制地道一声谢;有时人们恶作剧地扔给他石子,他破口大骂,毫不客气地回敬。人们拿不准他是不是疯了,他却认定人们都疯了,只是他们的疯各有各的不同,他们令他感到好笑。

他没有房子,甚至连一个茅庐都没有。他认为人们为生活煞费苦心,过于讲究奢华。他跟人们辩论——房子有什么用处?人不需要隐私;自然的行为并不可耻;我们做着同样的事情,没什么必要把它们隐藏起来。人实在不需要床榻和椅子等诸如此类的家具,动物睡在地上也过着健康的生活。他的住所就是一个泥土做的贮物桶。这是一个破桶,显然是人们弃之不用的。住这样地方的人,他并不是第一个,但他确实是第一个自愿这么做的人。

他的名字叫第欧根尼,试图颠覆一切传统价值。他就这样生活着——像一条狗,有些人这样说,因为他全然不顾社会规范,而且还朝他所鄙视的人咧嘴叫喊。所以,人们称他为"狗",他从不介意,甚至高呼"像狗一样活着"。人们干脆把他的哲学叫作"犬儒主义"(Cynicism)的哲学。

第欧根尼当然不是疯子,他是一个哲学家。他师承先哲苏格拉底的弟子安提斯泰尼,鄙夷大多数传统的标准和虚伪的信条。"所有的人都应当自然地生活",他说,"所谓自然的就是正常的,而不可能是罪恶的或可耻的。抛开那些造作虚伪的习俗;摆脱那些繁文缛节和奢侈享受:只有这样,你才能过自由的生活。富有的人认为他占有宽敞的房子、华贵的衣服,还有马匹、仆人和金钱。其实并非如此,富人依赖它们,他得为这些东西操心,把一生的大部分精力都耗费在这上面。它们支配着他。他是它们的奴隶。为了攫取这些虚假浮华的东西,他出卖了自己的独立性,这唯一真实长久的东西。"第欧根尼坚信,除了自然的需要必须满足外,其他的任何东西,包括社会生活和文化生活,都是不自然的、无足轻重的。他强调禁欲主义的自我满足,鼓励放弃舒适环境,所以他成了一个苦行主义的身体力行者。

与其他伟大的哲学家,如柏拉图和亚里士多德不同,第欧根尼不打算在自己的学园内教导学生。第欧根尼拥有一批崇拜他的门徒,他向那些愿意倾听的人传道。对于他来说,学园存在于芸芸众生中间。因而,他在大庭广众下按照自己的方式生活。他言传身教地进行简单明了的教学,目的就是向世人显示什么是真正的生活。

第欧根尼认为世人大都是半死不活的，大多数人只是半人而已。在中午，光天化日下，他打着一盏点着的灯笼穿过市井街头，碰到谁他就往谁的脸上照。人们问他何故这样，第欧根尼回答："我想试试能否找出一个人来。"

有一次，见到一个达官贵人正让仆人帮他穿鞋，第欧根尼对他说："他为你揩鼻涕的时候，你才会真正感到幸福。不过这要等到你的双手残废以后。"

还有一次，第欧根尼遭到一个秃子谩骂。他说道："我绝不会回击。我倒欣赏你的头发，它早已离你那可恶的头颅而去了。"

又有一次，第欧根尼外出，走到一条洪水泛滥的河边，站在岸上无法过河。有个经常背人过河的人见他在那里为难，便走过来把他搁在肩上，很友好地背他渡过了河。第欧根尼很感激这个人，站在河岸上抱怨自己贫穷，无法报答行善的人。当他正思索这事的时候，看见那人又在背别的人过河。第欧根尼走上前说："对于刚才的事我不必再感谢你了。我现在知道，你不加选择地这样做，只是一种怪癖。"

最近的一次，是几年前腓力二世兵临城下时。当时浑浑噩噩、醉生梦死的科林斯人惊恐万状。他们开始厉兵秣马，重新修建荒废已久的防御工事。第欧根尼也推着他那破旧的桶在地上滚来滚去，"看到你们忙得不亦乐乎，"他说，"我想我也该干点什么事情啦！"

此刻他正躺在阳光下，心满意足，优哉游哉，比波斯帝国皇帝还要快活（他常这样自我吹嘘）。他知道自己将有贵客来访，但仍然无动于衷。

狭小的广场开始挤满黑压压的人群。士兵、官员、侍从、学者，他们逐渐在第欧根尼的四周围成一个圈子。他抬眼望去，就像一个清醒的人审视一群蹒跚的醉鬼。然后他摇了摇头。他知道这些人是谁。他们是亚历山大的奴仆。这位马其顿国王、希腊的征服者正在视察他的新王国。

此时，被推举为希腊联军统帅的亚历山大准备向那古老、富饶而又腐败的亚洲进军。几乎人人都涌向科林斯，为的是向他祝贺，希望在他麾下效忠，甚至只是想看看他。唯独第欧根尼，他身居科林斯，却拒不觐见这位新君主。怀着亚里士多德教给他的宽宏大度，亚历山大决意造访第欧根尼。

亚历山大披着镶金的紫色斗篷，穿过向两边闪开的人群，走向"狗窝"。他走近的时候，所有的人都肃然起敬。第欧根尼只是一肘支着坐起来。亚历山大每到一处，所有的人都向他鞠躬敬礼或欢呼致意，唯有第欧根尼一声不吭。

一阵沉默。亚历山大先开口致以和蔼的问候："你好，我是马其顿的亚历山大。"

◇ 亚历山大拜访第欧根尼

"你好，我是第欧根尼。"

打量着那可怜的破桶、褴褛的衣衫，还有躺在地上那个粗陋邋遢的形象，亚历山大问："请问我能帮您做些什么吗？"

"能。"第欧根尼说，"站到一边去，你挡住了阳光。"

一阵惊愕的沉默。慢慢地，亚历山大转过身，走了。那些穿戴优雅的希腊人发出一阵窃笑，亚历山大的伙友们判定第欧根尼不值一提，也互相用肘轻推着哄笑起来。

亚历山大仍然沉默不语，他对着身边的人平静地说："假如我不是亚历山大，我想成为第欧根尼。"

亚历山大的这句话自相矛盾，一度令后世费解。事实上，他理解别人所不能理解的"犬儒主义"。亚历山大，他正是第欧根尼所自称的"世界公民"。像第欧根尼一样，亚历山大崇拜大力神赫拉克勒斯，当别人只为自己的利益费尽心机

之时，这位英雄却在为人类而四处奔走，为人类而战。亚历山大清楚，世上活着的人当中，只有征服者亚历山大和乞丐第欧根尼是自由的。

亚历山大需要的是属于征服者的自由。

班师回马其顿途中，亚历山大心中一直萦绕着征服亚洲的念头。北行不久，他心中一动，命令军队绕道特尔斐神庙，他要向太阳神阿波罗问卜。到神庙那天，已经错过了法定的问卜日，那个一向受人推崇的老女祭司推三阻四，就是不肯通融。要在别的国王也就只好作罢，女祭司是神庙的守护者，代表着太阳神阿波罗的意旨，谁也不敢得罪。可是这位年轻的国王却不管这一套，他一把揪住那个老婆子的衣服，一直把她拖到神鼎前。老女祭司被他的凛凛神威震慑住了，脱口而出："我的孩子，你是无敌的！"并愿意为他问卜。亚历山大哈哈大笑，放开女祭司说："不用了，我已经问过了！"转身上马而去。

◇ 特尔斐的阿波罗神庙遗址

第四章

东方的远征

公元前334年春,亚历山大终于实现了多年的夙愿:统兵征伐波斯。这一年他22岁。

早年,当亚历山大还是一个幼童的时候,有一次他的父亲正好不在宫廷,亚历山大亲自出面接待波斯帝国皇帝派来的使臣。亚历山大同波斯使臣们的谈话非常深入。他虽年幼,却以安详而和蔼的态度赢得了波斯使臣的尊重。亚历山大提出的问题相当老练而且颇有见地,他对波斯帝国皇帝美轮美奂的宫殿、闻名世界的空中花园以及如花似玉的妃嫔丝毫不感兴趣,而是询问波斯人来访路途的里程、亚洲内陆地区的道路状况、几个战略要地之间的距离,波斯帝国皇帝的性格、指挥过的战役、管理国家的方式、对待敌人可能采取的办法,以及战争中波斯帝国可以调动多少兵力进入战场等等。波斯使者在吃惊之余,对年幼的亚历山大极为赞赏。后来,他们对腓力二世说:"我们的王子也许富甲天下,贵国王子的智慧却是举世无双。"

波斯人当时就认定,腓力二世的儿子在这样幼小的年纪,就能表现出积极进取的精神和非比寻常的抱负,与腓力二世的精明能干和闻名遐迩相较,同样青出于蓝而胜于蓝。果然,现在轮到这个比腓力二世野心更大、能力更强的儿子来向波斯发动全面远征了。

古希腊历史学家迪奥多罗对亚历山大远征军的战斗序列曾有非常详细的记载。远征军的重装步兵包括马其顿方阵步兵9000人，近卫步兵3000人，希腊盟军步兵4000人，以及希腊雇佣军6000人；游击步兵包括希腊盟军游击步兵2000人，色雷斯标枪手4000人；另外还有马其顿和克里特弓箭手1000人，以及阿格里亚标枪手1000人。骑兵部队包括8个中队的近卫骑兵1800人，帖撒利亚重骑兵1200人，希腊盟军重骑兵400人；此外，还有马其顿轻装骑兵1800人。如此，亚历山大的远征军战斗部队一共有步兵3万人，骑兵5000多人。迪奥多罗只记载了战斗部队，加上投石兵、工兵和后勤部队，马其顿远征军总兵力在5万人左右。

◇ 马其顿远征军中的轻装游击步兵，手持三根标枪

亚历山大亲自挂帅，副帅是老将帕曼纽。两年前，帕曼纽率领1万人的先头部队先期渡过赫拉斯滂海峡（今达达尼尔海峡），到小亚细亚建立桥头堡，准备接应后续的大军渡海。两年来帕曼纽同波斯军队多次苦战，部队大量减员，此时还有大约8000人。另一员大将安提帕特罗斯被任命为马其顿摄政兼科林斯同盟副盟主，统领9000步兵和部分骑兵镇守马其顿国内。此次出征倾马其顿全国之力，连包括亚历山大早年的老师黎西玛克斯在内的学者们都随军出征，以示支持。

出征前，亚历山大去向母亲奥林匹娅斯辞行。王太后穿上出席盛典的礼服，慈爱地拥抱了儿子。她为儿子祝福后，突然神色肃穆地说：

"孩子，我有一个秘密要告诉你。这个秘密我保守了23年。今天你就要统兵远征波斯，所以你应该知道它了。因为这是关于你身世的秘密。"奥林匹娅斯说到这儿突然顿住了。

听母亲突然说出这番话,亚历山大心中十分诧异:关于他身世的秘密?难道自己真的不是腓力二世的亲生儿子?出于天才统帅猝临任何大事而不惊的超人自制力,他脸上的表情没有任何变化,仿佛只是出于礼貌平静地说:"母亲请讲。"

"在我同你父王结婚的前一天夜里,我梦见自己走进宙斯的神庙。我正在瞻仰宙斯的神像,突然一个霹雳落在我身上,腾起一团大火,火光照亮了很远很远的地方,好久才熄灭。"王太后奥林匹娅斯脸上透出虔诚、圣洁的光辉。"所以你是宙斯的儿子,你就是神。在征服波斯的战斗中,你应该表现出巨大的勇气,不要辜负你神圣的出身!"

在古希腊神话中,天神宙斯是个多情种子,很多神都是他垂青妇女的产物。因此,蒙宙斯宠幸而生子,是当时流传最广且最乏味的故事。亚历山大同父亲腓力二世一样,对权力和荣誉怀着狂热的激情,同时又是清醒冷静的现实主义者。他为自己身上阿喀琉斯的血脉而自豪,但这种自豪更多是使命感和自我激励。亚历山大对众神不是那么笃信和虔诚。否则,他就不会把阿波罗神庙的女祭司拖来拖去了。不过,亚历山大并不觉得母亲的故事可笑,他为奥林匹娅斯的热情和爱所感动:母亲毕竟希望儿子成就不世的伟业。他恭恭敬敬垂下头说:"母亲的教导,儿子记住了。"

亚历山大告别母亲,转身正要离去,奥林匹娅斯又叫住了他:"还有一件事情我要告诫你:你对你的臣下太仁慈了。帝王应该有帝王的尊严,过于仁慈会招致放肆和不忠。"

亚历山大点头答应。不过对于奥林匹娅斯的这一忠告,他并没有放在心上。

他同样没有想到,这次是母子二人今生最后一次相见。此次离别,正是亚历山大与奥林匹娅斯母子二人的永诀。

另外,有老臣们向亚历山大建议,他应该先结婚,有了法定的王位继承人之后再率军东征,如此,马其顿王国的政治基础才能稳定下来。从老臣的角度考虑,自然会有这一层想法。他们历经世事,看惯了因王位继承问题而造成的许多悲惨可怕的政治变乱。亚历山大子嗣空悬就率军东征,这让他们提心吊胆。战场上,只要有一支箭穿过亚历山大的心脏,马其顿王国立刻会陷入空前的大混乱。

对这些谏言,亚历山大一笑置之。他相信,自己所担负的使命是英雄的使命,他不必像其他人一样去结婚生子,过安安稳稳的生活。他是不断向命运发出挑战

的人。亚历山大对子嗣问题如此漠不关心，也可以说是一个统治者对自己的国家缺乏责任感的表现。亚历山大是以自我为中心的人，除了个人的目标之外，对其他方面的事情一概不愿顾及。亚历山大从没有认真考虑过马其顿王国的延续问题，他的心中只有自己的野心和欲望，甚至没有马其顿。而他的野心和欲望是整个世界，马其顿实在太小太小，已经不在自己的宏大事业中占有一席之地。

亚历山大率领大军从首都佩拉出发，沿爱琴海北岸东进至欧亚两大洲分界处的赫勒斯滂海峡。途经埃雷昂时，亚历山大特意去了普罗太西劳斯墓，向普罗太西劳斯献祭。在古老的神话传说与《荷马史诗》中，勇士普罗太西劳斯随希腊联军统帅阿伽门农远征特洛伊，他是参战者中第一个登上亚洲土地的希腊人。亚历山大特意向普罗太西劳斯献祭，他希望自己这次远征亚洲会比普罗太西劳斯那次更为顺利。

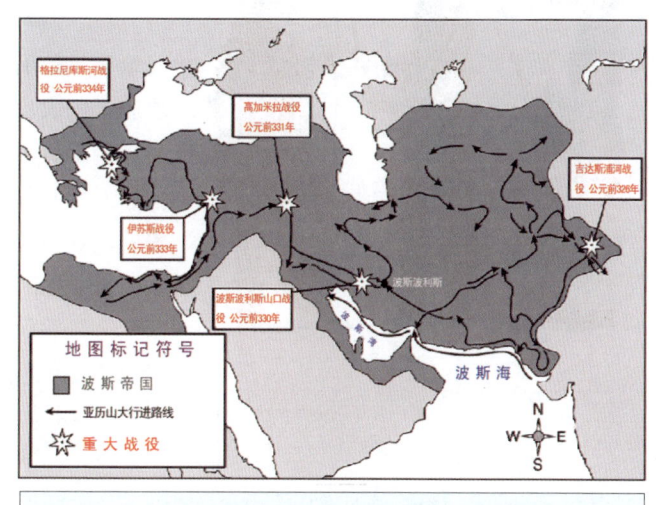

◇ 亚历山大东征波斯的进军路线与主要战役图

这似乎是一次一旦出发就难以回头的远征。当时马其顿的财政状况相当薄弱。由于供养马其顿军队开销巨大，腓力二世生前欠下了500泰伦的债务。亚历山大全力筹措军需，甚至是举债800泰伦出征，后勤给养也无法支撑太久。据说，亚历山大出征时马其顿国库里只有60泰伦的储备，只够发两个星期的军饷，携带的粮草也仅够维持一个月。亚历山大所欠外债总共1300泰伦，等于39吨黄金，这足以让马其顿王国破产好几次。债主们之所以愿意出资，还是期望亚历山大征服波斯，给他们带来巨大的回报。亚历山大果然不负众望，只用三年就攻灭了波斯帝国，洗劫了波斯帝国皇帝的金库。据古典史料记载，亚历山大掳获的黄金需要5000头骆驼和2万头骡子驮运，总计18万泰伦，即5400吨。从这个角度看，亚

◇ 波斯帝国皇帝薛西斯一世(中)，波斯宦官(左)，波斯卫士(右)

亚历山大远征波斯，是对东方的掠夺，更是一笔一本万利的买卖。

临近出征，亚历山大差不多将自己的一切都送给了别人。大军在赫勒斯滂海峡准备上船之前，亚历山大还不厌其烦地询问身边的部将与朋友，了解他们安置家眷的情况，尽量满足他们所需。亚历山大将这块肥沃的农田送给这位，将那个村庄送给那位，某些小村或海港市镇的岁入全数赐给再一位，几乎把王室的产业全部送光，没有给自己留下一点财富。

有部下问亚历山大："陛下，您给自己留下了什么？"

亚历山大一笑，回答："希望。"

许多部下深为感动，有些人拒绝接受赐予的产业。有将领对亚历山大说："陛下，你的士兵会与你分享希望。"

在赫勒斯滂海峡畔即将登船时，亚历山大回忆起祖辈们的讲述。公元前480年春，300万波斯大军齐集小亚细亚，分海陆两路向希腊进发。波斯大军走到赫勒斯滂海峡，波斯帝国皇帝薛西斯一世下令架桥。大桥很快架设起来，是两座索桥，埃及人和腓尼基人各造一座。桥刚修好，忽然狂风大作，竟然将桥吹断。薛西斯大为恼怒，杀掉了造桥的工匠，又命令把铁索扔进海里，说是要把大海锁住。薛西斯还命人用鞭子痛击海水300下，惩戒大海阻止他前进的罪过。桥最后还是造好了，不过由索桥变成了浮桥。工匠们把360艘战船整齐排列，用粗大的绳索相连。船上用木板铺出两条路，一条走人，一条走骡马。浮桥的两边又装上栏杆，以免人马坠入海中。300万波斯大军用了整整七天七夜才全部渡过海峡。亲眼看到了这一切的当地人，惊恐地说："宙斯啊，为什么你变为一个波斯人的样子，并把名字改成薛西斯，率领着全人类来灭亡希腊呢？"

希腊终究没有灭亡。现在，轮到亚历山大率领希腊人前来复仇了。马其顿远

征军动用了 160 艘战舰和大批运输船，将 3 万步兵和 5000 骑兵从塞斯塔斯渡过海峡运到阿布达斯。亚历山大本人则从埃雷昂乘船前往阿卡安港，亲自在旗舰上掌舵。经过海峡时，亚历山大宰了一头牛向海神波塞冬献祭，又用一只金碗把酒洒到海里献给海神。或许波塞冬与普罗太西劳斯真的在护佑亚历山大，渡海进行得比较顺利，没有遇到波斯军队的阻截。

船靠岸了，亚历山大全身披挂，作为全军统帅首先登上亚洲大陆。第一个踏上亚洲土地的荣誉就这样留给了他。据说当船队即将靠岸时，亚历山大亲手将一根长矛掷向对岸的亚洲大陆，长矛稳稳地插入沙土。待到船队靠岸，亚历山大走向岸边，将长矛拔起，宣称这代表着整个亚洲终将被马其顿的长矛征服。他下令在全军从欧洲出发的地点和亚洲登陆的地点都筑起祭坛，向天神宙斯、战神阿瑞斯、大力神赫拉克勒斯和祖先阿喀琉斯献祭。祭礼一完，亚历山大即率军向东进发。

大军来到特洛伊城的遗址时，亚历山大将军务暂时交代给手下将领，专程带着几位朋友登上遗址城墙，拜祭智慧女神与战神雅典娜。他将自己的全副盔甲献给雅典娜，供奉在特洛伊的雅典娜神庙中，而将古代特洛伊战争中希腊联军供奉在神庙里的武器取走。据说后来每当临阵，亚历山大都会命令他的卫士捧着这些武器走上战场。在他看来，这些武器极为神圣，它们是古代英雄灵魂的象征。在

◇ 古老的史诗《伊利亚特》、特洛伊城下的血战、木马屠城的传奇，影响了亚历山大的一生

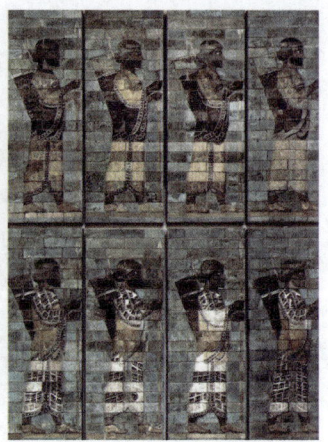

◇ "长生军"浮雕

特洛伊遗址，亚历山大更是第一次见到了祖先阿喀琉斯的墓地。亚历山大拜祭了阿喀琉斯的墓地，为自己的祖先献上橄榄枝。然后他与赫菲斯提昂等几位朋友手举着火把，全身涂油，赤裸身体，绕着城墙奔跑。亚历山大用这个古老的仪式来表达对祖先阿喀琉斯和特洛伊战争中的英雄的崇敬。

亚历山大一路东进，不久即在马尔马拉海南岸的格拉尼库斯河与波斯军队遭遇。自公元前6世纪居鲁士大帝建立波斯帝国阿契美尼德王朝起，波斯帝国便依靠其雄厚的军力称霸亚欧大陆。当时波斯帝国精锐中的精锐是1万人规模的步兵部队，号称"长生军"（Immortals，又译"不死军""万人不死军"或"不朽卫队"）。这并不是说1万人有不死之能，而是说这1万人有一支等额的预备队。前方有人阵亡，后方有人源源不绝补上，有如长生不灭的不死军队。历代波斯帝国皇帝依靠"长生军"东征西讨，不断扩大波斯帝国版图，打出了波斯人的赫赫威名。

除"长生军"之外，波斯军队军种齐全，包括步兵、骑兵、战车兵和工程兵等等。波斯骑兵大部分是轻骑兵，身上不披甲，装备弓箭和短剑，主要任务是以弓箭远距离袭击骚扰敌军。波斯重骑兵是精锐部队，身披鳞片甲，装备椭圆盾牌、战斧、弓箭和标枪，必要时可以冲击敌阵。波斯步兵和骑兵的构成类似，大多数是轻步兵，没有盔甲防护，主要使用弓箭，另外佩带一柄弯刀作为辅助兵器；波斯重装步兵着鳞片甲，装备一支长矛和一面长方形柳条编织的盾牌。

波斯的混合步兵方阵相当特别。这种方阵一般是十行纵深，每一个纵列代表一个基本战术单位"十人队",队长通常是重装步兵,站在最前列,手持一支约两米的长矛,长方形盾牌斜立于前,他身后的九名步兵都是游击步兵。战斗时,队长负责抵挡敌人步骑兵的冲击,而身后的九名弓箭手以密集的齐射杀伤敌军。其中只有第二排的弓箭手能够从队长的身旁直射敌人,后面的八人则是对空放箭。射角由前到后逐渐抬高至45度,这样可以在阵前300米以内构成弓箭的火力覆盖。当敌人被波斯人的箭雨大量杀伤,溃不成军之时,波斯步兵就开始冲锋。他们将弓收入箭囊,拔出弯刀,冲入敌阵近身格斗。

波斯人的弓箭齐射时遮天蔽日,对敌军有相当强的威慑力。薛西斯一世远征希腊时,在300名斯巴达勇士对抗波斯大军的温泉关战役中,斯巴达将领迪埃尼斯面对波斯军队的弓箭齐射曾风趣地说:"波斯人放的箭遮住了太阳,正好让我们在阴凉下杀个痛快。"波斯军队的弓箭齐射何其恐怖,由此也可见一斑。波斯人的箭用一种三棱宽刃箭镞,青铜质地,带倒钩,杀伤力强大,但穿透力不足。而波斯军队除了个别将领以外,普通步兵戴一顶软帽包裹头颈,没有装备金属头盔。这些特点让波斯人在战场上容易辨认。

波斯的工程兵同样出色,通常在大军前面开路,铺设道路,修建桥梁,安营扎寨。当年居鲁士大帝率军攻克巴比伦,波斯工程兵将底格里斯河改道,使波斯军队能够通过干涸的河床攻破疏于防范的东侧城墙。波斯军队的后勤保障体系非

◇ 波斯长矛步兵(左);"长生军"长矛步兵(中);波斯弓箭手(右)

常先进,能够供应数十万军队进行上千公里的战略机动。波斯辎重部队使用标准化的牛车,能够负重700公斤,而波斯的帝国大道能够容纳三辆牛车并行。波斯帝国吞并腓尼基以后,控制了地中海最大的舰队,具备强大的运输能力。波斯海

军常用的运输船有两种,其中50桨的大船运送士兵马匹,30桨的小船运送给养。另外,波斯军队中还装备着尤具特色的卷镰战车。这种战车在轮轴装上大镰刀,行进间便可将人切成两半。所以,在波斯军队与对手进行的大规模会战中,不时可以见到漫天血舞、手脚齐飞的恐怖场景。

波斯帝国幅员辽阔,波斯军队下属各支部队分散在波斯各地,当地总督以这些部队为核心组建地方军队。因此,波斯军队主要由语言不通、风俗各异的多民族部队组成,战前临时集结,相互之间缺乏协调配合,战斗力也参差不齐。当年薛西斯一世率300万大军征讨希腊时,参加远征的部队来自臣服波斯的46个国家,100多个民族。有希腊史学家记述道:"……有穿着五光十色的长裾和鳞状护身甲、携带短剑长矛的波斯人、米底亚人;有头戴铜盔、手持亚麻盾牌和木棍的亚述人;有用弓箭和斧头作为主要武器的帕提亚人和花剌子模人;有穿长袍的印度人;有穿紧腰斗篷,右肩挂着长弓的阿拉伯人;有穿豹皮或狮子皮、用红白颜色涂身的埃塞俄比亚人,他们的武器是棕榈树制的弓、燧石做的箭头和镶羚羊狐狸皮;身穿鲜艳的红斗篷,手拿标枪和盾的色雷斯人;还有帽盔上装饰牛耳、手执皮盾和短矛的高加索各族士兵……"波斯军队的人员这样庞杂,武器装备又是这样五花八门,使得这支大军很像一次各族军队和军备的大展览。

到亚历山大远征波斯的公元前4世纪,情况发生了许多变化,波斯军队的弱势被不断放大。波斯帝国建立之后,波斯军队面对的敌手几乎都是边远落后的蛮族部落,军事能力比波斯低好几个档次。这种不对称战争使波斯军队得不到磨炼,战术思想也开始故步自封。波斯帝国的百年盛世,造成的另一个后果是承平日久,武备废弛。居鲁士和大流士一世时代强悍的波斯军队逐渐成为金玉其外、败絮其中的摆设。著名的"长生军",到亚历山大时代已经沦为波斯帝国皇帝大流士三世的仪仗队,战斗效能丧失殆尽。

尚武的传统在民间消失,成为波斯贵族阶层的专利。波斯帝国往往用贿赂和资金援助就能挑起希腊各城邦间的不合与内战,金钱攻势的屡试不爽使波斯帝国愈加忽视军队的建设和武力的提升。有人说,波斯文化在战争理念上同希腊文化截然不同。波斯人习惯于通过外交谈判、贿赂,甚至阴谋诡计解决争端达到目的,而不是单纯依靠武力。军队首先是一个战略威慑力量,是波斯人谈判的筹码,这也是波斯军队通常数量庞大的原因。薛西斯一世亲率波斯大军远征希腊时,在温泉关面对斯巴达国王利奥尼达统率的7000希腊步兵,难以置信地问身边的希腊贵

◇ 当年的温泉关战役中,斯巴达三百勇士阻击数十万波斯大军,人人死战不退,全部壮烈牺牲。拿下温泉关后,波斯帝国皇帝薛西斯一世担忧地问周围的大臣:"斯巴达人还有多少?他们是不是个个都这样?"

族德马拉图:"你真的认为他们区区7000人敢于挑战我的大军?"随后薛西斯一世命令数十万波斯大军在温泉关前列阵,整整四天按兵不动,期望斯巴达人意识到实力悬殊而主动开关请降。结果众所周知,利奥尼达带领300斯巴达勇士阻击波斯大军,最后全部战死。

而在波斯人眼中,希腊人头脑愚钝,动辄兵戎相见,一旦上战场就心无旁骛死战到底,结果往往是失败者死伤殆尽,胜利者也代价惨重。波斯大将马多尼曾对希腊城邦间永不停息的内战表示大惑不解:"他们(指希腊人)都说一种语言,应该能够找到更好的办法解决分歧——比如谈判,或者交流看法——什么都比打仗强。"

波斯战争理念的另外一个特点，是强调将领单打独斗的悍勇和身先士卒的精神。波斯军事贵族和他们豢养的贴身卫队向来都是波斯军队的中坚，他们的战斗力远远强于普通士兵。波斯帝国鼎盛时期的许多战斗，都是对阵双方的将领出面单挑决定胜负，这样可以减少双方士兵无谓的杀戮。混战中波斯人的战术核心也往往是擒贼先擒王，两边的将领捉对厮杀，主帅阵亡通常意味着战役的失败。这种将战争仪式化的理念，产生的负面作用就是军队整体战斗力和战术能力的低下。在日后与亚历山大的交锋中，这样的弱点几乎成了波斯军队的致命伤。

而且，希腊与波斯签订和平条约以后，波斯帝国军队里出现了越来越多的希腊雇佣军。当时希腊城邦已经衰落，社会矛盾十分尖锐。自由民破产日益严重，破产者如果不想靠行乞和各种零星工作糊口，就只能去异邦当雇佣兵以求生路。富有者也希望把这批使他们感到不安的社会群体打发出去。于是，大批希腊人流落从前的敌国波斯，背负"叛徒"的骂名为波斯人打仗卖命。到亚历山大东征时，波斯帝国的希腊雇佣军已达到5万之众。希腊雇佣军将领也逐渐登堂入室，成为波斯帝国皇帝的左膀右臂。

希腊雇佣军出色的战斗力使波斯帝国放松了对步兵的建设，将注意力集中在发展骑兵之上。从前波斯军队的弱点就是缺乏强有力的重装步兵。波斯军队作战时以步兵结阵，采取守势，用密集的箭雨杀伤敌军，而骑兵从两翼包抄，攻击敌阵的薄弱之处。战斗决胜依靠步兵

◇ 波斯铁甲骑兵

和骑兵从几个方向的协同进攻，而不是单纯的步兵正面进攻。现在有了强悍的希腊雇佣军步兵，波斯人只需要让自己的骑兵更强。首先是铁甲骑兵的出现。波斯铁甲骑兵身披重甲，战马也披挂鳞片甲，装备长矛和弓箭，必要时能够以密集队

形冲击敌阵,是类似马其顿近卫骑兵的突击部队。史料记载,公元前396年斯巴达国王阿格西拉率领8000步兵远征小亚细亚时,在一次战斗中遭遇了波斯铁甲骑兵的集团冲锋。希腊人形容,波斯铁甲骑兵"像彗星一样高速冲进斯巴达阵列",其战斗力惊人。

但是,波斯人在另一个方面对步兵建设进行了探索。公元前372年,波斯将领达塔姆组建了一支新型步兵部队,名为"卡尔达克"。"卡尔达克"事实上是类似中国古代的军户制度,卡尔达克士兵子承父业,世代为兵。有些史学家经过考证,认为"卡尔达克"是古典时代库尔德人的别称,推断他们全部由强悍的库尔德山民组成。有些古典史料里也将卡尔达克步兵称为"库尔德雇佣军"。卡尔达克步兵通常被认为是仿效希腊的重装步兵,也采用密集方阵战术。波斯人以希腊人的密集方阵战术对抗马其顿方阵,他们应该未曾想到,貌似简单的希腊密集方阵一度是波斯军队的克星,而经过亚历山大完善的这种战术最后将导致波斯帝国的灭亡。

现在,小亚细亚的波斯军队主要由三部分组成:驻防当地的波斯军队,各总督的地方军队和希腊雇佣军,其中以门农率领的希腊雇佣军实力最强。波斯小亚细亚的各总督纷纷带领自己的地方部队集结到一起,在泽雷亚城外扎营。集结起来的波斯军队约有骑兵2万,步兵稍小于此数,实际指挥权掌握在爱奥尼亚总督斯庇特里达提和赫勒斯滂总督阿西提手中。各位总督召开军事会议,讨论如何抵御马其顿远征军的问题。没想到,波斯总督们关于这一问题发生了不小的分歧。分歧基本完全发生在门农的提议上。

门农时年46岁,是希腊罗德岛人,22岁参加雇佣军,跟随兄长门托耳到波斯服役。他们效命的雇主,是波斯帝国小亚细亚赫勒斯滂总督阿塔巴兹。阿塔巴兹对门托耳兄弟十分器重,干脆将自己尚未成年的女儿巴耳馨嫁给门托耳。公元前354年,阿塔巴兹起兵反叛波斯帝国皇帝阿尔塔薛西斯三世,结果失败。门农护送阿塔巴兹和巴耳馨逃到马其顿,投奔在腓力二世麾下,得到腓力二世的庇护。门托耳只身逃亡埃及,后来归降阿尔塔薛西斯三世,受到重用。阿塔巴兹等人在马其顿避难12年,终获阿尔塔薛西斯三世的赦免,门农才得以重返波斯。门托耳死后,巴耳馨改嫁给门农,门农继任希腊雇佣军统帅。在马其顿的12年间,门农对马其顿军队和腓力二世有着深入的了解,还结识了少年亚历山大。当年亚历山大驯服神驹"布西法拉斯",门农也在一旁观看。他对这位天之骄子印象深刻,深知绝不能以常规方法抵挡亚历山大。

所以，门农主张诱敌深入，避免决战。门农在作战会议上劝波斯总督们不要冒险跟马其顿人决战，因为马其顿步兵比波斯步兵强得多。尤为重要的是，亚历山大御驾亲征，而波斯帝国皇帝大流士三世尚远在后方。况且亚历山大已经与帕曼纽会师，兵力进一步增强。门农提出，波斯人最好转移军队，焚毁粮草，直至放火焚烧地里的庄稼，连城市也别留下。这样，焦土政策，坚壁清野，到处没粮没草，亚历山大无法在这一带立足，只能被波斯人拖垮。要知道，当时亚历山大国库透支，只有不到一个月的军粮。

可是，门农的发言遭到了波斯将领们的围攻。波斯总督们不愿自己管辖的领土遭受破坏，赫勒斯滂总督阿西提高声说，绝不允许自己领地上有一间房屋被烧。更有总督当面质问门农，是不是为了保住波斯帝国皇帝封给他的官位才打算有意拖延战争？最重要的是：波斯总督们自恃兵强马壮，主张进行会战，一举击溃敌军。门农孤掌难鸣，又要避嫌，只好服从众议。

波斯人的军事指挥体系弊病重重，由于集结的军队都是由各省总督率领，这些波斯贵族们相互之间没有隶属关系，在战役决策上各执己见，最后得以通过的往往是不伦不类的折中办法。波斯军队决定在格拉尼库斯河东岸列阵，等待亚历山大来攻。格拉尼库斯河是一条山地溪流，河宽20—30米，不算宽也不算深。水流湍急，深浅不一，许多河段可以涉渡。但现在正值初春涨水季节，要徒涉也不是很容易。格拉尼库斯河东岸地势险峻，比西岸高出许多。波斯军队列阵于东岸陡峭的高坡，骑兵沿河列队俯临河面，摆出一字长蛇阵，阵列长约3公里，形成一个拉长的方阵。5000希腊雇佣军的步兵密集方阵放在骑兵后面，布置在第二线。这种布阵违背常规，让外人看来有些不解。

这时，亚历山大率领全军向格拉尼库斯河挺进。行军队形之下，亚历山大将骑兵部署在两翼，加强了步兵方阵，前面以轻骑兵和游击步兵进行侦察搜索，辎重部队跟在全军后面。全军进抵西岸，接到飞马驰回的斥候报告——波斯军队已在河对岸摆好了阵势。亚历山大和帕曼纽策马越众而出，视察地形。帕曼纽指着东岸对亚历山大说："陛下，我的意见是，我们马上在河这边扎营。我相信，由于波斯人的步兵比我们少，必然不敢在我们附近出没。因此，我们等拂晓时再渡河必无困难。在波斯人还未部署就绪时，我们就可以渡河完毕。根据目前的情况，如果我们立即采取行动，必然会冒极大的风险。因为，我们不可能在这样宽广的

正面一齐渡河。陛下可以看得出来，河道有不少地方水很深；而且，如您所见，河岸也很高，有些地方简直像悬崖一般。如果我们以最易受攻击的疏开队形无秩序地在敌前出现，波斯人的骑兵必将以密集队形向我们冲击。一旦出师首战失利，对目前来说，后果将很严重。对战争全局来说，将更为有害。"

亚历山大用马鞭指指河面说："这我知道，帕曼纽。可是，我要是连格拉尼库斯这样的小河都不敢渡过，那简直是对刚刚渡过的赫勒斯滂海峡的亵渎！不论是对于马其顿人的威望，还是对于我本人应对风险的才略，这都不妥。我相信，波斯人以为他们自己是和马其顿人一样的优秀战士，所以才会鼓足勇气胆敢一战。事实上，这不过是因为他们到现在为止还没有经受过使他们吃惊的事情罢了！"

帕曼纽已经不止一次与年轻的国王意见相左了。这位跟随腓力二世征战多年的老将经验极为丰富。也许是太丰富了，所以变得格外谨慎，年轻时的豪气和激

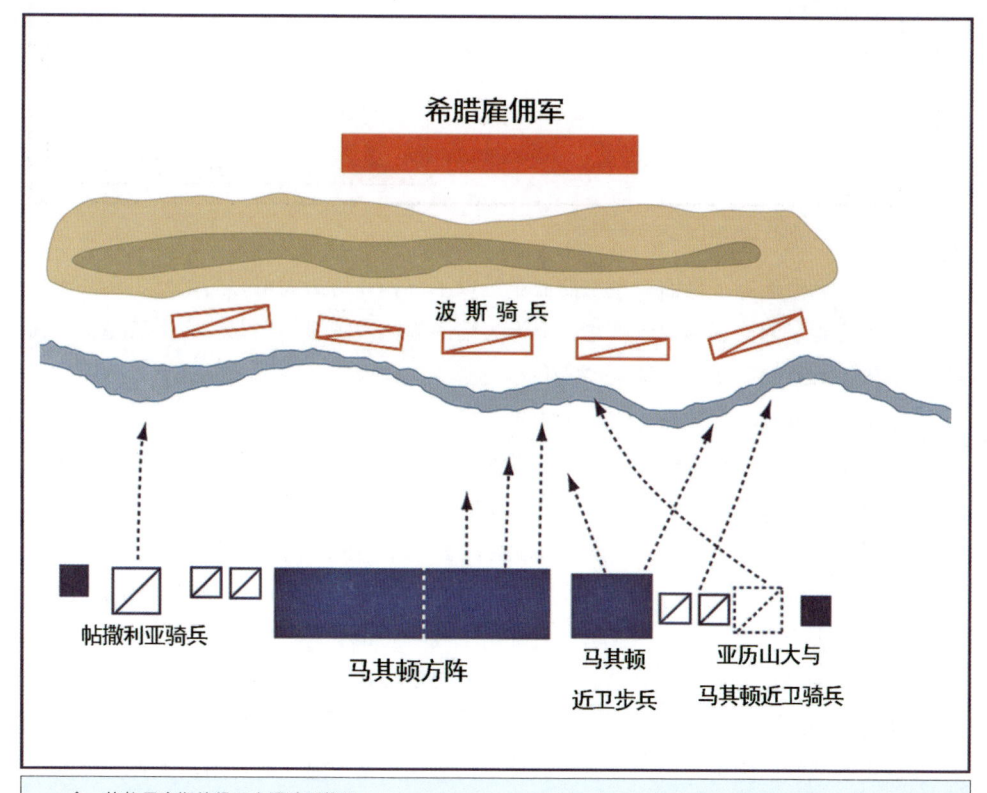

◇ 格拉尼库斯战役双方调动形势图

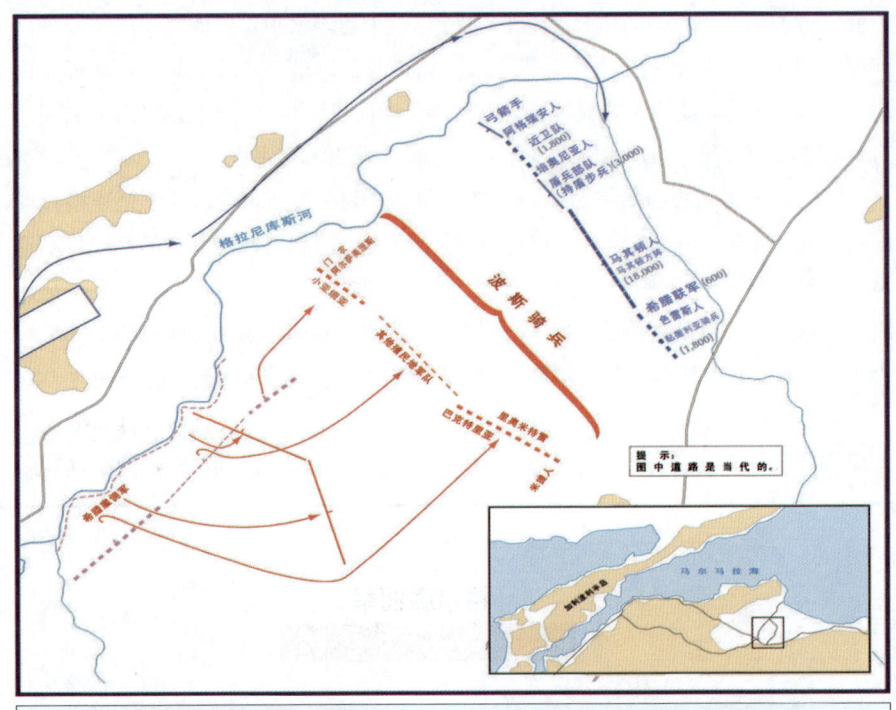

◇ 格拉尼库斯战役双方调动形势图

情已经渐渐淡忘，因而对少主的心事难以了解。亚历山大担心的正好相反，他怕敌人逃走，因而影响他取得踏上亚洲大陆的第一次辉煌战绩。波斯军队在小亚细亚的主力悉集于此，如将其一举歼灭，也省得以后跟着敌人追来追去，师劳无功。基于以上考虑，亚历山大对帕曼纽的小心谨慎不由感到恼火。

亚历山大很快将军队沿着河岸摆开。中央是方阵步兵，方阵右边是精锐的马其顿近卫骑兵和近卫步兵，最外边是装备弓箭和标枪的1000名游击步兵；方阵左边是色雷斯骑兵、希腊盟军骑兵和帖撒利亚骑兵，他们保护着列成马其顿方阵的8个团队约9000名重装步兵。全军以方阵中央为界，分为左右两翼，帕曼纽指挥左翼，亚历山大亲自指挥右翼。亚历山大瞧出了波斯人布下这个异乎寻常的怪阵究竟是何目的——波斯总督们料定亚历山大肯定亲率骑兵主攻，于是想利用波斯骑兵的优势兵力围攻并击杀亚历山大。主帅一死，马其顿远征军不战自乱，波斯人从而会赢得战役。无论如何，波斯军队阵形的弊端非常明显，而亚历山大将充分利用这个缺陷赢得战役胜利。

两军隔河对峙，一动不动，鸦雀无声，都没有贸然挑起大战。波斯将领们隔河远远望见，一个身披斗篷、闪亮金盔上插着两根白羽毛的敌将在阵前骑马驰来驰去。波斯人认出，这人就是亚历山大。波斯将领眼见亚历山大将主力骑兵调往右翼，以为他要进攻己方左翼，赶紧调动部队前往左翼支援。

果然，只见一队队马其顿骑兵突然从阵中冲出，向斜外侧疾驰，在波斯军队左翼边缘的对岸开始强行渡河。这是马其顿将领阿明塔斯率领 750 名轻骑兵和 250 名近卫骑兵，在 1000 名近卫步兵的支持下进攻波斯军队左翼远端。这天按战勤次序，是由托勒密指挥的近卫骑兵中队担任前锋。严阵以待的波斯军队立即进行阻击，标枪和箭矢雨点般射向河面。马其顿骑兵人仰马翻，死伤惨重。骁勇顽强的马其顿人毫不退却，冒着波斯人密如飞蝗的羽箭继续强渡，仰攻东侧河岸上居高临下的波斯骑兵。

登岸的马其顿骑兵同居高临下的波斯骑兵展开了激战。波斯骑兵投掷出手中的标枪后，纷纷拔出弯刀，冲下河岸同马其顿人混战。一时间，波斯人的标枪如滂沱大雨，铺天盖地；马其顿人的长矛似万道金蛇，左刺右扎。波斯军队中央的骑兵不断向左翼增援。连希腊雇佣军统帅门农都撇开第二线的步兵方阵，亲自带领儿子们来到第一线，向马其顿骑兵冲杀。马其顿人虽然英勇，终于敌不过兵力和地形都占优势的波斯军队，被压得退下了河岸。首批和波斯人交锋的马其顿骑兵，在表现了非凡的忠勇之后，更是几乎全部牺牲。

正当波斯人初战告捷，正在欢呼胜利的时候，厄运已经降到了他们头上。原来，这只是亚历山大的佯攻，帕曼纽在左翼也进行了类似的行动。马其顿骑兵在波斯军队最左翼和最右翼强渡格拉尼库斯河，两处佯攻。佯攻的马其顿骑兵寡不敌众，虽遭

◇ 亚历山大率近卫骑兵强渡格拉尼库斯河

◇ 格拉尼库斯河畔的拼杀

受惨重伤亡，却死战不退，将越来越多的波斯骑兵吸引到他们的渡河点。波斯军队阵列左翼的其他部队纷纷向渡河点移动以加强防线，阵形因调动而开始散乱，尤其左翼靠中央的部分已经被削弱。战机出现了，亚历山大立刻亲自率领右翼各部向波斯军队中央偏左处发动总攻。这才是真正的主攻。

亚历山大吹起号角，带领骑兵们向战神高呼响彻云霄的战斗口号，奋勇冲入河中。他率领1800名近卫骑兵，在右侧1000名游击步兵的支持下以楔形阵列向波斯阵列的薄弱点突击；马其顿阵列左翼2000名近卫步兵奉命按照各个中队方阵序列，紧跟着次第出动，形成一条斜线，全军与水流方向成斜角前进。如此，波斯人无法在拉长了的战线上向马其顿军队全面冲击；马其顿军队却可以用尽可能密集的队形攻击波斯人。

亚历山大一马当先冲入河中，一跃登上东岸，与波斯骑兵绞杀在一起。费罗塔斯率领近卫骑兵紧随其后。亚历山大手持华丽的盾牌，头盔上有两根白色的长羽，非常容易辨认。波斯将士一见敌军主帅带头冲锋，立即争先恐后围堵上来，都想斩杀亚历山大以建头功。一场围绕亚历山大的激战开始了。数千人拥挤在狭窄的河岸边混战，罗马史学家阿里安对此记载道："虽然这是骑兵之间的战斗，但更像步兵的混战。双方的战马拥挤在一起动弹不得，骑兵近在咫尺相互搏斗。马其顿人竭力把波斯人从岸边逼退，波斯人竭力阻止马其顿人登上河岸，并试图把他

◇ 克雷塔斯单骑救主，保护了亚历山大

们赶回河里。"

　　双方骑兵纠缠搏杀在一起，尘土飞扬，杀声震天，如同一团旋风裹着亚历山大，在河岸上四下翻滚冲突。爱奥尼亚总督斯庇特里达提纵马前来与亚历山大对战。此人穿着一副坚固的胸甲，亚历山大用手中长矛猛刺过去，长矛戳中斯庇特里达提，未能刺穿胸甲，亚历山大的长矛反而由于用力过猛折断了。亚历山大一边用断矛抵挡波斯人的冲杀，一边大喝："拿矛来！"身旁的卫士阿瑞提斯立即将自己的矛递给他，谁知也是一支断矛。正在危急时候，科林斯人狄马拉塔斯冲来，高叫一声："陛下接着！"将自己手中的长矛掷出。亚历山大刚刚一把抓住，波斯帝国皇帝大流士三世的女婿米提里达提就率领卫队冲来。40名波斯勇士簇拥着米提里达提，他瞄准亚历山大，投出一支标枪，正击中亚历山大。标枪穿透了亚历山大胸甲的接缝处，所幸刺入不深，亚历山大只受了一点皮外伤。

　　亚历山大忍痛从自己的胸甲上拔出标枪，拍马迎上，一矛刺中米提里达提的面门，将他挑下马来。波斯将领罗沙克斯趁机偷袭，从背后用战斧猛砍亚历山大的头部。这一斧砍在亚历山大头上，将头盔连同盔上的白羽劈成两半。战斧的力道穿透头盔，险些伤及亚历山大的头骨，斧刃已经接触到他头上的发丝，几乎要了他的性命。亚历山大迅捷旋转身子，一声大吼，没等罗沙克斯再砍第二斧，一矛贯穿了他的胸甲，刺入了他的心脏。

◇ 格拉尼库斯河畔的血战

就在这时,斯庇特里达提驰至亚历山大背后,举起弯刀猛地砍下。亚历山大正在拔矛,不及注意身后,就是注意到也来不及躲闪了。就在这千钧一发之际,克雷塔斯纵马赶到,将手中利剑全力挥出。克雷塔斯身高体壮,臂力惊人,这一挥又是竭尽全力。利剑呼啸而至,将波斯人握刀的手臂齐肘斩落。一位马其顿骑兵趁机冲上,一矛刺进斯庇特里达提背后。亚历山大举手示意,感谢乳母的弟弟救了自己一命。这时马其顿骑兵不断从河岸飞驰而来,加入到亚历山大周围。这场混战中,在亚历山大周围一共倒下了8位波斯将领。

波斯军队中央阵列兵力先是向两翼增援,接着又为亚历山大的冲锋所吸引,对河岸的防守大大减弱。马其顿骑兵一队接一队趁机渡河,接着步兵也过来了。跟上来的马其顿游击步兵开始发挥作用,他们最擅长在狭小空间里的肉搏战,专门攻击波斯人的坐骑。此时左翼近卫步兵方阵也按中队序列陆续渡河接敌,将马其顿骑兵打开的缺口越撕越大。

决定胜负的时刻到了。波斯军队由于连损8员大将,士气受到影响。波斯中央阵列面对亚历山大亲率步骑协同、凌利攻击的强大压力,渐渐抵挡不住。亚历山大亲自指挥的近卫骑兵和近卫步兵不仅英勇顽强、纪律严格,而且武器较好。他们使用动辄长达数米的萨利沙长矛和绪斯同骑矛,而波斯人用的是短标枪。亚历山大率近卫骑兵一路突破,让波斯骑兵人脸马面都吃上长矛,将波斯人打得人仰马翻。波斯中央阵列开始后陷,不断后退,阵形开始瓦解。马其顿军队乘势追杀,亚历山大最先得手，攻破波斯阵列中央，将波斯中央骑兵逐下河岸高地。马其顿左翼近卫步兵方阵和希腊盟军骑兵也全部渡过格拉尼库斯河，对波斯军队右翼发起攻击。波斯军队两翼见中央败退，无心恋战，转身逃走。马其顿军队全线追击。战役至此，波斯军队全线崩溃。

波斯骑兵做鸟兽散，在马其顿骑兵的追击下没命地逃跑。毫无征兆间，正在向后逃跑的波斯中央骑兵像遇到什么阻碍似的，突然折向两侧狂奔。在飞扬的尘土中，渐渐出现了希腊雇佣军步兵方阵。这支部队主要由希腊各城邦的游民和逃犯组成，久经战阵，剽悍顽强，纪律严明。虽见波斯骑兵全线崩溃，他们仍屹立

◇ 浮雕——亚历山大率近卫骑兵强行渡河

不动。亚历山大见状，命令近卫骑兵也转向两侧，为马其顿步兵方阵让出路来。马其顿军队很快对希腊雇佣军形成合围之势。

希腊雇佣军见大势已去，表示愿意投降，接受亚历山大指挥。很多马其顿将领都劝亚历山大接受投降，因为有这支精锐部队的加入，马其顿军队的实力将大大增强。谁知亚历山大竟断然拒绝。他的考虑不是军事上的，而是政治和战略——希腊城邦同盟两次背叛，使亚历山大对希腊人深怀疑虑。这些雇佣军可说是希腊人的叛徒，他正好借惩治这些叛徒来威慑希腊诸城邦。另外，亚历山大对自己的力量充满信心，他不需要这支军队也能打败波斯。

亚历山大举起长矛，向全军发令："惩罚这些叛徒！进攻！"

几万马其顿远征军潮水般朝 5000 希腊雇佣军卷去：步兵方阵攻击其正面，骑兵攻击其两侧和后方。希腊雇佣军虽然进行了顽强的抵抗，终因寡不敌众，方阵崩溃。马其顿方阵全力冲击，骑兵从四面八方扑去，将雇佣军包围起来，砍杀净

尽。除了个别从死尸堆里溜走，希腊雇佣军几乎没有一个逃掉，大半被杀，剩下2000人做了俘虏。可惜没抓到希腊雇佣军统帅门农，让他侥幸逃脱。

至此，亚历山大取得了他进军亚洲第一次大会战的胜利，同时也是他亲自指挥的第一次大会战的完全胜利。历代波斯帝国皇帝，如大流士一世、薛西斯一世等人，恐怕做梦也想不到，他们在希腊国土纵横驰骋、恣意妄为百年后，曾经被他们用刀剑施于头项的希腊人的后代，却又将明晃晃的刀枪架到了他们的后代的脖子之上。马其顿人在格拉尼库斯河取得大胜之际，也正是波斯人要开始惨遭刀锋洗礼之时。

◇ 希腊雇佣军的覆灭

打扫完战场，亚历山大下令将所有阵亡者连同他们的武器盔甲一起埋葬。马其顿国内对阵亡者的父母子女一律豁免地方税、财产税和一切劳役。从波斯人手里缴获的财物和珍贵战利品，除了少部分亚历山大自己留用，全部当作送给母亲奥林匹娅斯的礼物。亚历山大还下令埋葬战死的波斯将领，对战死在波斯人行列中的那些希腊雇佣军也给以同样待遇。他关心伤者，几乎亲自看望每一个伤者，详细询问伤情。亚历山大还喜欢询问伤者们受到的照顾如何，鼓励每个人详细叙述自己的功劳。河边的血战中，亚历山大身边共有34人阵亡。为了纪念这些阵亡的勇士，亚历山大下令为每名阵亡者建造一座铜像。

在抚慰了伤者和奖赏完有功将士后，亚历山大做了几件意味深长的事情：为了使希腊人能分享这次胜利的光荣，他派人将战场缴获的300套波斯铠甲送去雅典，作为敬献给雅典娜神庙的礼物，并附有如下献辞——谨献上从亚洲波斯人手中俘

获的这些战利品，腓力和全希腊人（斯巴达人除外）之子亚历山大敬献；将被俘的希腊雇佣军士兵钉上脚镣，送回马其顿做苦工，因为他们背叛祖国，与东方的敌人并肩作战，对抗来自祖国的军队；任命一位马其顿将军做小亚细亚西部行省的总督，命令当地居民承担与过去波斯帝国统治下同样的赋税。

最后一条的微妙之处在于：他不用本国的官衔（任何一个征服者都自然而然会这么做），而仍旧沿用了波斯的官衔"总督"。马其顿将军们只是觉得有点奇怪，但谁也没去研究其中的含义。他们当然不知道，他们年轻国王的心底，已经萌发了要做波斯帝国继承人的念头。要想长久统治波斯，就必须接受波斯的文化。沿用"总督"的官衔，就是亚历山大亲波斯政策的第一个表征。马其顿将军们同他们国王分裂的种子，就此埋下了。

回顾此战，亚历山大用 2000 精锐步骑兵佯攻波斯军队阵列左翼远端，不仅将波斯左翼钉住，使其无暇向马其顿右翼迂回包抄，而且调动中央和右翼的波斯骑兵前来增援，削弱了波斯中央阵列，从而创造了一个绝佳的攻击点。波斯军队阵列被突破以后，马其顿斜线战术发挥作用，以中队编制跟进攻击的重装步兵将缺口越撕越大，最终导致整个波斯军阵的崩溃。亚历山大用兵之妙，令人叹服。

不过波斯军队的"擒贼先擒王"也险些得手。亚历山大在格拉尼库斯河边遭遇围攻，情势一度险恶。他几次与死神擦肩而过，还能够活下来，简直是个奇迹。更多人开始相信，这是众神在护佑着亚历山大。格拉尼库斯河一战，马其顿军队阵亡不足 500 人。波斯阵亡数字不详，但必定相当惨重。

格拉尼库斯河之战后，波斯帝国在小亚细亚的军队元气大伤。这不仅是兵力的减少，更主要是将领的损失。除希腊雇佣军统帅门农外，波斯帝国在小亚细亚地区的几乎所有军政首脑全部阵亡，赫勒斯滂总督阿西提也在战后畏罪自杀。东征首战告捷，极大鼓舞了马其顿远征军的军心。接下来的一年里，亚历山大扫荡小亚细亚全境，所向披靡，再也没有遇到大规模的抵抗。马其顿远征军像一阵狂飙，迅猛卷向波斯帝国的腹心。

第五章

戈尔迪翁的绳结

对于庞大的波斯帝国来说，小亚细亚只不过是一个微不足道的角落。波斯皇帝大流士三世接到格拉尼库斯河的战报之后，才开始重视亚历山大的远征。门农作为此战仅存的小亚细亚地区波斯帝国将领，更受大流士三世的信任和依靠。门农趁机向大流士三世进谏，他提出了自己的作战策略。门农指出，亚历山大在希腊的统治非常不稳固，以斯巴达、雅典为首的许多希腊城邦都有摆脱马其顿控制的意愿。所以，门农建议，首先以游击战让马其顿远征军在小亚细亚深陷泥潭；然后，敌进我亦进，依靠强大的波斯海军舰队夺取爱琴海上具有战略价值的岛屿，运送波斯陆军在亚历山大的后方登陆，切断马其顿军队的后勤补给线；最后，门农亲率希腊雇佣军，在波斯海军护送下，从海路入侵希腊，联合斯巴达北上进攻马其顿本土。这个避实就虚的策略相当高明，大流士三世极为赞赏。他任命门农为下小亚细亚总督，统率波斯舰队，全权负责小亚细亚地区与亚历山大的作战事宜。

波斯陆军虽然在格拉尼库斯河惨败，强大的波斯海军却毫无损伤，牢牢地控制着制海权，并寻找机会迫使马其顿舰队进行决战。门农很快集结起埃及、腓尼基、塞浦路斯等波斯属国的战舰共 600 余艘，由塞浦路斯岛北上，准备占据米卡雷湾的海港米莱托。亚历山大针锋相对，率军沿爱奥尼亚海岸迅速南进，早波斯海军三天抢占米莱托。以后的几天，波斯海军在米莱托港外列阵挑战。马其顿海军的

160艘战舰全部停泊在港内。亚历山大命令马其顿舰队避其锋芒,坚持不与波斯海军决战。因首战大胜而士气高昂的马其顿将士,为己方舰队东躲西藏深感耻辱。他们鼓动老将帕曼纽向亚历山大进言：尽快与波斯舰队决一死战。

亚历山大虽然年轻气盛,对战功和荣誉充满了狂热的向往和激情,但同时又是个极其冷静、讲求实际的战略家。诸神把这两个极端在他身上协调地统一起来。他极其狂傲自信,又清楚地知道自己才能的限度。对于海战他没有把握,这次远征他绝不能打没有把握的仗。他的后方并不稳固,使希腊人暂时畏服的,不过是他战无不胜的神话。一旦失败,必然触发全希腊的叛变。他不能为这种廉价的虚荣去冒险。所以,他坚决拒绝了帕曼纽的建议。

亚历山大下令坚守不出,派出陆军控制米卡雷湾附近所有能够靠岸的地点。古典时代的战舰续航能力有限,每天都必须靠岸补充给养和淡水。波斯海军无法靠岸补充食水,坚持几天以后不得不撤围而去。在这几个月的战事中,亚历山大充分显示了大胆、谨慎、注重实际、灵活机变的军事才能和政治才能。他在马其顿军队中原本就如神一般的威望,变得更高了。

这年秋天,亚历山大继续南下,进攻战略要地哈利卡那索斯城。哈利卡那索斯城位于小亚细亚西南端,是一个繁华的商业都市,也是波斯海军的重要基地。门农早已在这里加强防御。他在哈利卡那索斯城集结了大批波斯军队和希腊雇佣军,在港口驻守了舰队,准备与亚历山大长期对抗。亚历山大先是试图奇袭哈利卡那索斯,以最少代价将其一举拿下,可惜未能如愿。他索性改变计划,动用人力填平护城河,搭建投石塔把城墙轰倒。可惜,接连几天的攻城战都未有战果。尽管马其顿人的大型投石塔曾把城墙轰开一个缺口,城内守军又很快砌了一道新墙。波斯守军也以居高临下之势,向马其顿军队投石射箭,反复骚扰。城内守军一直试图冲出城外焚烧马其顿投石塔,屡遭马其顿人击退。

由于波斯舰队从海路源源不断地运送给养援兵,哈利卡那索斯城坚守了三个多月,让亚历山大付出不小的代价。战况同样让波斯军队损失惨重,加上城墙一部分已经倒塌,军中伤亡持续增加,门农决定放弃哈利卡那索斯,趁夜晚悄悄撤出去。波斯海军舰队从容地将大部分守军从海路撤走,临弃城之前,门农下令焚烧哈利卡那索斯城内带不走的辎重物资。结果当晚风势过大,哈利卡那索斯全城陷入火海,最后亚历山大仅获得一座残破的空城。

哈利卡那索斯之战并不顺利,亚历山大对付波斯海军舰队的策略却初步奏效。

在小亚细亚的西部，尤其是沿海的爱奥尼亚地区，有很多希腊移民建立的城邦。这些城邦由于深受波斯帝国压迫而心怀怨恨。亚历山大利用了这一点。他虽然渴求绝对的君主权力，但为了战略的需要，又能随机应变。亚历山大以解放者的姿态东征西讨，使这些希腊城邦获得了自由，而且还给它们自治的权利，从而赢得了它们的支持。这样既解除了东征的后顾之忧，同时也使波斯舰队丧失了海岸基地，为以后对其进行毁灭性打击准备了基础。亚历山大还对波斯帝国统治下的小亚细亚各民族采取怀柔政策，只要不再反对马其顿，既往不咎。小亚细亚自然对这位一手挥舞利剑一手挥舞橄榄枝的青年征服者俯首称臣。

到公元前333年春天，亚历山大攻占了爱奥尼亚海岸的所有港口。不过，他依然无法有效限制波斯海军的活动。门农和亚历山大第一年的较量打成一个平手。此时，门农的持久战略开始奏效。亚历山大征服了大半个小亚细亚，需要派驻大批留守部队控制各个战略要地，兵力越来越捉襟见肘，军费开支也越来越难以承受。亚历山大干脆下令解散马其顿海军，只保留十几艘轻型战舰，将舰队水手全部编入陆军。亚历山大的这一决定一度令众将哗然，因为波斯海军舰队仍可以随时威胁马其顿远征军的后方。其实，在当时的情况下，马其顿海军区区160余艘战舰根本无法撼动波斯海军的制海权。维持海军需要庞大的费用，如此一支小规模的舰队依然雇佣水兵和桨手2万多人，每月开支的军费高达30泰伦。亚历山大解散海军，实属无奈之举。

不过，亚历山大并没有忽视波斯海军舰队的威胁。他的战略对策是沿着地中海东岸向南进军，一路攻克腓尼基、埃及等波斯属国，控制所有海港。如此，总有一天波斯海军总会变成无源之水、无本之木，只能投降或覆灭。

现在，亚历山大自废海军，将爱琴海拱手相让，门农可以放手实施他的战略构想。公元前333年夏天，门农趁亚历山大进军小亚细亚内陆休整之机，挥师北上，兵锋直指赫勒斯滂海峡，准备切断亚历山大远征军同马其顿本土的联系。与此同时，门农斥巨资招兵买马，将麾下的希腊雇佣军扩充到3万人。他派遣特使携带大量黄金去斯巴达，秘密会见斯巴达国王亚基斯三世，密谋联合北伐马其顿。亚基斯三世正在筹备与马其顿开战，所以对此响应积极。雅典的德摩斯梯尼听说门农在爱琴海地区的胜利，又开始鼓吹煽动雅典与其他城邦反叛马其顿。目前看来，胜利的天平似乎向门农这边倾斜了。

门农率领波斯舰队在爱琴海上纵横往来，相继夺下希俄斯岛、刻斯岛等重要

战略据点,其他大小岛屿争先与之结盟。他接着又进攻至关重要的莱斯博斯岛。经过一番攻掠,岛上仅剩最大的城市米蒂利尼尚未落入门农手中。或许亚历山大确实有诸神的护佑,天意真的要灭亡波斯帝国——公元前333年8月间,门农在围攻米蒂利尼期间突然病逝。几天前他还雄心勃勃,盘算着如何直捣亚历山大的老巢,却突然感染风寒高烧不退,没几天就不治身亡。许多人认为,门农若没有病逝,他的战略很可能成功,亚历山大征服亚洲势必会增加许多困难,甚至遭到失败。

最为倚重的门农壮志未酬身先死,彻底打乱了大流士三世的战略部署。大流士三世得知门农的死讯后,异常沮丧,接连好几天不能视事。现在门农已死,无人可以继续门农的战略,大流士三世只能召开军事会议商议对策。会上大多数波斯将领主张同亚历山大决战。于是,大流士三世下令波斯帝国所有属国派出勤王之兵向巴比伦集结。大流士三世也招回了准备远征希腊的3万希腊雇佣军,使得希腊只剩斯巴达这支反马其顿的力量。

斯巴达国王亚基斯三世见波斯远征军的到来遥遥无期,苦等两年后独自起兵进攻马其顿。此时亚历山大已经在波斯连战连捷,将战利品3000泰伦黄金运回马其顿。安提帕特罗斯用这笔钱招募大批雇佣军,集结起4万大军与2万斯巴达军队进行决战。结果,斯巴达惨败,国王亚基斯三世在战役中阵亡。这标志着门农的战略完全破产。

◇ 弗里吉亚雇佣军重装步兵(上左);波斯军官(上右);波斯步兵(下)

公元前333年8月底，亚历山大最后扫荡了小亚细亚的西南部，征服了整个小亚细亚地区。他率军由内陆南下，沿途经过了人烟稀少、荒凉寂寞的高原，行军多日才重新看到绿野平畴。这里已经是通往波斯本土的帝国大道了，道路旁有著名的弗里吉亚人古都戈尔迪亚斯。亚历山大下令马其顿远征军在戈尔迪亚斯暂驻休整。

休整期间，当地的贵族邀请亚历山大登上戈尔迪亚斯城的卫城，参观卫城中传奇的戈尔迪翁和他的儿子迈达斯的宫殿。游览完宫殿，贵族们又带亚历山大顺路参观传说中戈尔迪翁的战车。贵族们告诉亚历山大，关于这辆战车的故事是这样的：

戈尔迪翁本是古时弗里吉亚的一个穷人，耕种着一小片贫瘠的土地。有一回，戈尔迪翁正在耕地，忽然有一只鹰落在他的牛轭上，老是在那里落着不走，直到卸牛的时候才飞去。戈尔迪翁很惊讶，认定这准是个什么兆头。于是，他去附近的城邦太米萨斯找预言家占卜。太米萨斯人善解疑难怪异，连妇女和小孩子都有解疑的本事。戈尔迪翁来到一个太米萨斯村庄，遇见一个打水的姑娘。他将那只鹰的事讲给她听。这位姑娘也会解疑占卜，她告诉戈尔迪翁：马上回到现场，向天神宙斯献祭。戈尔迪翁力邀她一起去，帮自己祭祀。戈尔迪翁在那位姑娘的指导下进行了祭祀。事后，他娶这位姑娘为妻，生了个儿子名叫迈达斯。

多年后，弗里吉亚苦于内战，无法自拔。此时迈达斯已长大成人，他生得容貌俊美，品德高尚。弗里吉亚人得到神谕——将有一辆战车给他们载来一位国王，这位国王将能制止内战。果然不假，正当弗里吉亚人议论这件事的时候，迈达斯驾着战车，带着他的父母，向弗里吉亚人驰来。弗里吉亚人马上断定，来的这个人准就是神谕中所说的那个要坐着战车而来的国王。就这样，迈达斯成为弗里吉亚人的国王。迈达斯成功地为弗里吉亚人平息了内战。后来，迈达斯国王将自己父亲的战车放在卫城中，作为给天神宙斯的祭品，感谢宙斯派那只神鹰下凡。

说到迈达斯国王，当地贵族们更是滔滔不绝，一连向亚历山大和随同他参观的将领们讲述了这位传奇国王的好多传说。传说中，国王迈达斯既慷慨豪迈，又贪婪成性。一个偶然的机会，迈达斯宴请森林之神西勒诺斯和酒神狄俄尼索斯整整十天，宾主尽欢。为回报迈达斯十天的盛情款待，西勒诺斯和狄俄尼索斯许诺可以实现他的任何愿望。贪财的迈达斯请求让自己碰到的东西都变成黄金。神力之下，果然如愿。迈达斯无比高兴，他指点一朵橡树嫩芽和一块石头，两者立刻

变成黄金。迈达斯欣喜若狂,自己终于有了点石成金的能力。

回到家里,迈达斯命令仆人准备一顿丰盛宴席。然而,他一伸手,桌上的面包、肉和美酒,全都变成了黄金,根本无法吞咽。他一碰到自己的女儿,女儿竟也变成一尊黄金雕塑。迈达斯悔悟了,他深悔自己做出了多么坏的选择。他祈求摆脱饥饿,让女儿重新变回来。在酒神狄俄尼索斯的指点下,迈达斯到附近的帕克托罗斯河里洗澡。点石成金之术转移到河水里,迈达斯终于脱离点金之手的困扰。而据说后来帕克托罗斯河里的沙子中也含着金子了。从此,西方人多了一个谚语:"迈达斯之手"(Midas' touch),用来指"点石成金之术",进而代指"赚大钱的能力"。

◇ 亚历山大解开戈尔迪翁的绳结

传说后来又有一次,太阳神阿波罗和牧神潘比赛音乐,请迈达斯当裁判。阿波罗的音乐才华远在潘神之上,外行的迈达斯却判决潘神胜出。结果阿波罗一气之下,把迈达斯的耳朵拉长了。为了遮盖自己这对难看的驴耳,迈达斯整天戴着兜帽或头巾。可是这个秘密瞒不过国王的剃头匠。可怜的剃头匠知道自己不能把这个秘密泄露出去,但这个秘密在胸中宛若百爪挠心,恨不能一吐为快。后来,剃头匠想了个好办法,他跑到河滩上挖了个洞,对着洞口说了声:"迈达斯国王长着一对驴耳朵!"说完,他轻松了,将洞口用泥土封好,离开了那里。没想到,这个地方后来长出了一丛芦苇,每当有风吹过,芦苇就会重复:"迈达斯国王长着一对驴耳朵!""迈达斯国王长着一对驴耳朵!"最终,迈达斯国王的秘密人尽皆知。故事的结局颇为悲惨:迈达斯处死了这个剃头匠。故事虽短,又留下三个成语:"迈达斯的裁判"(Judgment of Midas),讽喻"外行的裁判";"迈达斯的驴耳朵"(Midas with ass's ears),讽喻那些讳言自己丑事的大人物;"迈达斯的剃头匠"（Midas'barber），比喻那些守不住秘密的人。

对于这些传说，亚历山大并不甚感兴趣。他感兴趣的是关于那辆战车的另一个故事。这辆战车的车辀上系着一个树皮绳结。弗里吉亚人祖传的预言说，戈尔迪翁亲自将绳结挂上战车，告诉弗里吉亚人——谁能解开战车上的绳结，谁就可以统治亚洲。没有人敢轻易尝试解开绳结。亚历山大听到这个传说，顿时跃跃欲试。

"陛下，您是君主，不可随便尝试。"身边的将领劝阻道，"万一不成，将影响军心。"

"没有我解不开的结。"亚历山大自信地说，开始去解绳结。

这个绳结果然名不虚传，乃是用山茱萸树皮拧成的绳子结成，谁也看不出绳子的头和尾，亚历山大折腾了半天也不曾解开。马其顿将领们忧心忡忡，觉得这是一种不祥的预兆。当地的贵族们则有些幸灾乐祸：瞧这个狂妄的年轻国王如何下台。

亚历山大不动声色地直起腰来，拔出腰间的短剑，一剑将绳结劈成两半，平静地说："我解开了。"

马其顿将领们愣了片刻，接着便齐声欢呼起来。

或许天神宙斯真的嘉许亚历山大的勇气与智慧，当天晚上戈尔迪亚斯城雷电交加。人们纷纷传言，这是宙斯向亚历山大表示，他完成了预言中的神谕，他堪为亚洲之主。第二天，亚历山大亲自向诸神献祭，感谢他们的示谕。

其实，亚历山大心中恐怕早已清楚——他注定是亚洲之主，无论自己有没有解开戈尔迪翁战车的绳结。

亚历山大又率军踏上了征程。他要南下进军波斯帝国在小亚细亚最后的据点西里西亚。波斯帝国西里西亚行省位于安纳托利亚半岛东南角，是小亚细亚进入两河平原的门户。这里有托罗斯山脉环绕西、北两面，东面是南北走向的阿曼山脉，山脉以东就是广袤的两河平原。阿曼山脉阻断了东西方向的交通，只有两个山口能够通行，一个是阿曼山口，位于山脉北部的伊苏斯河谷附近；另一个是叙利亚山口，在阿曼山口南面约100公里处。亚历山大向前远眺，只见群山耸立，插入云天。马其顿将士们凝望着前面的高山绝谷，越走近托罗斯山区越感到它的雄浑和难以攀越。

马其顿远征军来到了阿曼山口。这里是通往亚洲的关口，是天然的屏障。此处山路异常狭小，无法通过四个人并行的横队。如果波斯军队扼守关口，亚历山大恐将付出不小代价。西里西亚总督阿萨姆却主动弃守了这个险要山口。波斯人不战自退，亚历山大不费一兵一卒就带领远征军浩浩荡荡进入亚洲的大门。

其实，阿萨姆采用的是门农的焦土政策。波斯军队坚壁清野，不给亚历山大留下任何物资。阿萨姆一把火将整个富饶的平原烧成焦土，火势一直蔓延到西里西亚首府塔苏斯。他放弃塔苏斯，继续主动后撤。亚历山大轻取塔苏斯，获得了向亚洲进军的桥头堡。

门农已死，塔苏斯陷落，波斯帝国完全丢掉了小亚细亚。公元前333年8月间，波斯帝国皇帝大流士三世在巴比伦召开军事会议，讨论对策。波斯贵族们一如既往地盲目乐观，纷纷要求同亚历山大决战。希腊雇佣军将领们却持截然不同的意见。来自雅典的希腊雇佣军将领卡里德姆直言不讳，认为波斯军队虽然铠甲华丽、军士众多，但在野战中绝不是马其顿军队的对手。他建议大流士三世再拿出大笔黄金，招募希腊所有的雇佣军，交给自己统率，去与亚历山大决战。波斯军队毫无战斗力，根本不用开上战场，否则是自取其辱。

大流士三世原本是个性情温和的人，闻听此言却怒不可遏。他当场命令将卡里德姆拖出去处死。大流士三世并非冲动残暴，他深知卡里德姆非杀不可——此人口无遮拦，一席话羞辱了在场的所有波斯将领；倘若不杀他，只怕无法平息波斯权贵的怒火。且不论卡里德姆说的是否有道理，为了维护自己的统治基础，大流士杀他是唯一的选择。后来的事实证明，一切全被卡里德姆言中了。

军事会议上，全体波斯将领一致同意与亚历山大决战。大流士三世随即下令，波斯帝国所有属国派出勤王之兵向巴比伦集结。8月下旬，大流士三世在巴比伦举行盛大阅兵式，大军出征。来自中亚草原的数万骑兵因为路途遥远，没有按时赶到，错过了这场决战。波斯大军号称有60万之众，整整花了5天才渡过幼发拉底河，向叙利亚进发。9月初，波斯大军到达阿曼山脉东侧的索克依。大流士三世严阵以待，打算利用这里的平原地形同亚历山大决战。

大流士三世在索克依安营扎寨，等待了一个多月，却始终不见亚历山大的踪影。在古代的通信条件下，作战双方统帅都缺乏可靠的情报，如同笼罩在迷雾当中，很多时候只能利用手中极为有限的信息，如同赌博一般摸索着做出战役决策。战役的胜利往往不在于哪一方的决策更正确，而在于哪一方在决策中犯的错误更少。亚历山大在攻占西里西亚后一个多月按兵不动，大流士三世想不到，原因竟然是——亚历山大病了。

◇ 波斯轻骑兵

经过长途跋涉，加之小亚细亚烈日的炙晒，亚历山大终于体力不支。他却没有察觉到自己的身体已经过度疲劳。这一天，亚历山大又累又热，到军营附近的赛德努斯河中沐浴。冰凉的河水缓解了他的燥热和劳累，让他缓缓放松下去。突然，亚历山大的身体强烈痉挛，无法自控。他来不及呼喊，当场昏迷过去。失去知觉的亚历山大在河水中不停抽筋，痛苦不堪。卫士们赶忙将他从水中救起，送去军营。过了一会儿，亚历山大苏醒过来，但他的体温很高，很可能得了急性肺炎。一连几天，他高烧失眠，生命似乎危在旦夕。医生们没有一个敢给亚历山大治病，怕万一治不好反而会牵连自己，甚至可能会被诬陷为故意置陛下于死地。而且，亚历山大的病症太过凶险。已经有医生私下里告诉亚历山大的朋友：陛下病入膏肓，只怕无药可医了。

危难时刻，有一个医生挺身而出。他叫腓力（与亚历山大的父王同名），阿卡纳尼亚人，不但医术高明，而且还是战场上的勇士。他是亚历山大的好友。腓力决心凭着两个人之间的友谊，竭尽自己的医术来救治亚历山大。他宁愿自己的名誉和生命面临危险，也不愿让亚历山大因缺乏医治而冒生死之险。腓力非常自信地开出药方，交给亚历山大。他告诉亚历山大身边的朋友和将领们——只有大胆地服用，才能迅速康复，继续去征战。

然后，他告诉亚历山大："陛下，我下的药很重，很可能有强烈的副作用。"

亚历山大虚弱地点点头："去配药吧。"

药配制好了，端到亚历山大面前。亚历山大的朋友与将领们满面疑惧，那杯药在他们眼中与致命的毒药无异。这或许是谋害他们的国王的凶器，也或许是让他们的国王活下来的唯一希望。每个人都想去阻止，但没有人真的敢去阻止。

一位信使走了进来,将一封帕曼纽送来的紧急密信递给亚历山大。亚历山大一手接过盛药的杯子,一手展开密信。他默念着密信的内容,神色平静,没有人听到他念了什么。看完之后,亚历山大随手将密信递给腓力,说道:"念吧。"

腓力拿起密信,念道:"我的陛下:请小心腓力。据我得到的情报,他被大流士收买了,准备要谋害您。大流士答应给腓力大笔财富,并且将女儿嫁给他。请万万留心。帕曼纽。"

等腓力念完信时,亚历山大已经将杯中的药全喝了下去。

众将领如遭晴天霹雳,骇然不已。有几位将领当即拔出剑冲向腓力,亚历山大挥手阻止了他们。他们注意到,亚历山大与腓力两人彼此相望,神色平静。亚历山大的眼神中透出愉快和坦诚,表明对这位医生的友情和信任。腓力则以平常口吻说:"喝了我的药,一定会好的。"马其顿将领们听得出,腓力的声音中没有一丝内疚。

话音刚落,亚历山大的身体又开始猛烈痉挛。将领们慌了,几个人又要拔剑。腓力高举双手,乞求众神为他的清白做见证。他俯伏在亚历山大的床边,要亚历山大不必有任何疑虑,放心接受自己的处方。

亚历山大用尽力气吩咐众将领:"你们……出去。"他只允许腓力留在军帐中陪伴他。

接下来的几天里,腓力尽自己所能照料亚历山大。药的功效非常强烈,可以

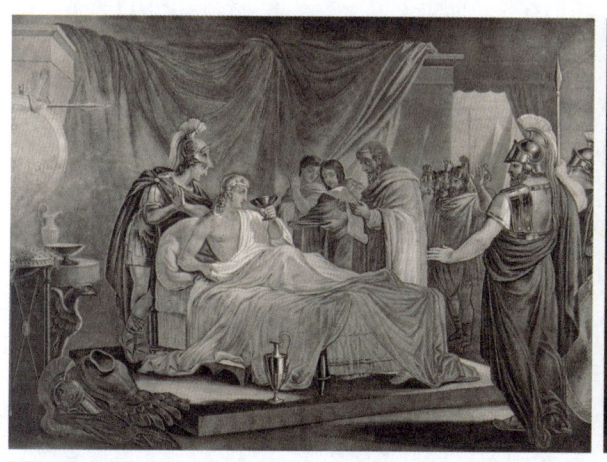

◇ 亚历山大命令腓力念密信,一边听一边将腓力的药喝下去

说将亚历山大的全部生命力凝聚在身体内部。亚历山大无法讲话，陷入昏迷状态，几乎完全失去知觉，连脉搏都停止跳动。猛药的副作用如此之强，其药效更为强烈，病情很快好转。在腓力细心的照应和治疗之下，亚历山大不久就恢复了健康。一个月后，亚历山大公开出现在马其顿远征军面前。看到亚历山大，马其顿将士们忧虑和沮丧的心情一扫而空，全军一时欢呼雷动，响彻云霄。

亚历山大用自己的亲身所为向外人昭示：何谓用人不疑，何谓真正的友情。他信任，而绝不会怀疑自己的朋友。亚历山大还借由此事告诉世人，在死亡面前，他勇敢无畏。

其实，亚历山大之所以信任腓力，另外的原因是他对腓力的药方心中有数。早年随亚里士多德学习时，亚历山大便深谙医学理论，且具有实际的经验。他甚至曾亲自为生病的朋友开处方，写下各项应当注意的调养事项和饮食禁忌。所以，腓力的药方是治病之方，绝非夺命之方，亚历山大对此心知肚明，才敢安然用药。

亚历山大因患病顿兵塔苏斯一个多月，其间他先派帕曼纽南下扼守叙利亚山口；等自己身体略加恢复，亚历山大又亲自进行了一次小型的远征，平定了西里西亚沿海一带当地部落的叛乱。经过这次小规模战役，亚历山大对自己的健康又恢复了信心。

帕曼纽率部南进，控制叙利亚山口，同时打探波斯军队的动向。他在叙利亚山口西侧扎营，派出探马越过叙利亚山口向东侦察，很快发现驻扎在索克依的波斯大军。亚历山大接到帕曼纽的探报，断定大流士三世将从叙利亚山口北进。10月底，亚历山大将所有伤兵和老弱留在伊苏斯，率领远征军主力向南行军60公里，开赴叙利亚山口，准备在这里利用地形阻击大流士三世的大军。

亚历山大一向有料敌先机之能，这一次他却判断失误了。由于等不到亚历山大的踪影，大流士三世最终决定放弃索克依这个预设战场。他竟然率军北上绕道100公里，从阿曼山口进入西里西亚，寻找亚历山大的主力决战。

大流士三世的军队中有一名来自马其顿的叛将，名叫阿明塔斯（这个名字在马其顿将领中常见），此人对亚历山大的性格和作风十分熟悉。最早就是他向大流士三世建议在开阔的平原上，利用足够的空间，展开优势兵力迫敌决战。现在，眼见大流士三世沉不住气要主动出击，他苦劝其不要放弃原先的部署。这次大流士三世没有接纳阿明塔斯的意见。他告诉阿明塔斯，自己担心敌军撤离，这样一来亚历山大就会逃脱他的掌握。

阿明塔斯回答道："陛下，有关这点您倒不必担心。亚历山大，他不但不会逃避，反而会尽速前来求战。很可能，他已经率领军队在进军途中了。"

希腊雇佣军将领们与阿明塔斯一道，苦苦劝谏大流士三世在索克依按兵不动，坐等亚历山大来攻。如果大流士三世一定要进军西里西亚，他们建议兵分两路。西里西亚狭窄的海岸地形不利于大军团作战，所以大流士三世应该挑选最精锐的波斯军队随行，将家眷和后勤辎重部队留下。

成天跟着大流士三世屁股转的波斯贵族们则坚信，亚历山大一定被波斯大军的兵势所震慑，不敢前来迎战，所以波斯大军正该直捣黄龙。大概对卡里德姆的羞辱依然耿耿于怀，波斯将领们强烈反对希腊雇佣军将领的提议，还指责他们别有用心，是阴谋削弱大流士三世的兵力，然后伺机叛乱将帝国皇帝置于死地。不过大流士三世性情温和，为人公允，并没有听信波斯贵族们的诽谤。

史料并没有留下详细的记录，大流士三世的决策思路仍有迹可循。显然，大流士对门农的战略构想依然满怀信心，对活跃在爱琴海的波斯舰队寄予厚望。他知道马其顿海军弱小，而亚历山大在过去的一年中用大部分时间攻占小亚细亚各沿海港口，以消除波斯海军舰队的威胁。现在，大流士三世最担心亚历山大拒绝正面迎战，而是派兵扼守阿曼山脉各个山口，然后挥师南下攻打腓尼基。腓尼基人自古善于航海和经商，腓尼基是波斯海军主力的来源。帕曼纽率马其顿远征军的偏师在叙利亚山口附近扎营，派兵控制了山口，更加印证了大流士三世的判断。

事实上，大流士三世的判断完全正确，亚历山大的战略思路的确如此。伊苏斯战役之后，亚历山大没有乘胜追击进入两河流域，而是继续沿叙利亚海岸南下，进攻腓尼基和埃及。此时，大流士三世面临战略抉择，有两条路摆在他面前：

第一，继续留在索克依，等候马其顿远征军决战。如此虽然可以保有战场优势，却丧失了战场主动权，将战略机动的空间留给了亚历山大。而且，这样做等于无视亚历山大南下的威胁，坐视波斯海军基地的覆灭。

第二，掌握主动权，主动进入西里西亚，保持同马其顿远征军的接触，寻找机会与之决战。如果这样，波斯大军则必然会受海岸狭窄地形的限制。

大流士三世经过缜密的考虑权衡，终于做出了最后的决定——放弃索克依，领军北上，进入西里西亚，主动出击。

大流士三世领军北上之前，另外分出 3 万军队护送 2600 泰伦黄金南下至叙利亚的大马士革，并就地驻防。大马士革在索克依以南 300 公里，似乎与战局无关。

◇ 为波斯帝国效力的希腊雇佣军士兵

但是，大马士革西南方向100公里的地方，便是腓尼基最重要的城邦推罗。大流士三世此举的战略意图明显——3万军队以护送黄金之名调动南下，驻防大马士革，与推罗互为犄角，目的是阻止亚历山大南下，并同大流士三世的主力形成南北夹击的有利局面。

亚历山大率马其顿远征军南下110公里，顺利与帕曼纽会合，用了两天时间通过叙利亚山口。另一边，大流士三世却率领大军北上100公里，从阿曼山口进入西里西亚。双方在黑夜之中错身而过。大流士三世放弃叙利亚山口，挥师北上从阿曼山口进入西里西亚，战略意图明显，即迂回到亚历山大背后，断其退路。事实证明，大流士三世判断正确。当波斯军队通过无人防守的阿曼山口，出现在伊苏斯河谷时，亚历山大刚刚南下同帕曼纽汇合。波斯军队轻取伊苏斯的马其顿大营，掳获大批物资，俘虏军营中的马其顿伤兵和老弱。大流士三世下令将马其顿伤兵老弱砍头断肢，屠宰净尽，场面惨不忍睹。波斯人留下几名伤兵不杀，剁去他们的双手，放他们去向亚历山大报信。大流士三世志得意满，成竹在胸。他期望这个噩耗能摧毁马其顿军队的士气，让自己少费点力气就能歼灭亚历山大。

听斥候报告说大流士三世溜到自己背后去了，亚历山大的第一反应是不敢相信。他再派出斥候乘坐快船去伊苏斯海岸侦察，斥候很快回禀——千真万确，波斯大军营火遍野，大流士三世近在眼前。

现在，亚历山大面临极端凶险的局面。他的军队被波斯人截断后路，后勤补给断绝，没有增援部队。亚历山大必须在粮草耗尽前率军赶回伊苏斯，以疲惫之师迎战数倍于己的波斯大军。马其顿远征军经过长途跋涉，又遇上大雨，正停下来休息。波斯军队断绝后路的消息很快传遍全军，马其顿将士的惊惧不安可想而知。任何将领面对这样的战役开局都不免胆寒。不过，任何困难，哪怕是绝境，都不会让亚历山大胸中的豪情折损半分。他是天生的王者，他是诸神护佑下注定要征服亚洲的人。这点困境，在亚历山大看来尚不值一提。

而且，亚历山大又从斥候那里得到一个情报——大流士三世率领波斯大军从伊苏斯南进20公里，在皮纳鲁斯河畔安营扎寨，准备决战。皮纳鲁斯河谷距离亚历山大的军营约30公里，地形狭窄，并不利于大军展开。大流士三世主动离开地形相对开阔的伊苏斯，又并不主动进攻，而是驻营等待马其顿军队前来决战，让人有些费解。

斥候向亚历山大禀告：波斯大军在皮纳鲁斯河谷乱糟糟地宿营，部队纪律松懈，人马随意走动；似乎这仗根本不用打，亚历山大便输了。大流士三世这样做也许有他的理由，比如对自己的力量充满信心，出于帝王的脸面不愿偷袭敌人而要堂堂皇皇地决战。

◇ 伊苏斯会战中的波斯禁卫军步兵
（直译为"金苹果长矛手"）

也或许大流士三世以波斯贵族的传统思维断定，拥有绝对优势兵力的波斯大军截断马其顿军队的后路，足以摧毁马其顿人的抵抗意志；只要进一步向马其顿军队施加压力，瓦解马其顿人的士气，便可以促使他们自动请降，让波斯人不战而胜。

无论如何,大流士三世在军事上实在犯了无可弥补的错误,白白放过了绝好的战机。

据说,驻营皮纳鲁斯河谷的大流士三世当晚做了一个梦。他梦到两军对阵之时,马其顿方阵陷入熊熊大火之中;亚历山大在战场上拼杀,身上穿的并非国王的服饰和盔甲,而是当年在腓力二世身边时的普通服装。接着,亚历山大走进神庙,然后在大流士三世的眼前消失不见。大流士三世醒来后,赶忙召祭司解梦。波斯祭司向大流士三世解释,这是吉兆,是马其顿军队将遭遇毁灭的象征。

后人却解释,这个梦的真正含义是告诉大流士三世,马其顿人将要成就伟大的事业。如同大流士三世能从当年的一介廷臣登基称王一样,亚历山大也将成为亚洲的主人。而且,完成征服之后,众神留给亚历山大的岁月不会太多,他将在荣耀之中结束自己的一生。

亚历山大了解大流士三世。大流士三世相貌英俊,身躯伟健。他在即位以前是享誉波斯帝国多年的勇士。当时的大流士三世还是阿塔沙塔亲王。有一次,他跟随波斯帝国皇帝阿尔塔薛西斯三世征讨卡都西亚人的叛乱。两军对阵之际,卡都西亚人那边出来一位最优秀的武士,要求同一位波斯贵族阵前单挑。当时波斯帝国皇帝周围数十个贵族将领畏缩不前,最后是阿塔沙塔亲王出阵应战。经过搏斗,阿塔沙塔亲王在阵前将对手制服。阿尔塔薛西斯三世大悦,当即封他为亚美尼亚总督。阿尔塔薛西斯三世平定卡都西亚人叛乱是公元前343到公元前338年间的事情,此时的阿塔沙塔亲王已是不惑之年了。

◇ 伊苏斯会战中的马其顿近卫步兵

阿尔塔薛西斯三世王朝后期，大宦官巴古阿把持朝政。阿塔沙塔亲王身为重臣，有意跟宦官虚与委蛇，逐渐获得巴古阿的信任。后来，巴古阿相继毒杀阿尔塔薛西斯三世和王储阿西斯，波斯皇室成员凋零殆尽，皇位就轮到了旁支的阿塔沙塔亲王。公元前336年春天，阿塔沙塔亲王登基，正式采用"大流士"这个称号，史称大流士三世。大流士三世即位时间不长，巴古阿就发现他难以驾驭，于是又打算故伎重演，给大流士三世准备了一杯毒酒。早已洞察巴古阿阴谋的大流士三世将自己的酒杯和巴古阿的对调，命令他一饮而尽。这个臭名昭著的阉官哀叹，自己竟然选了这样的人来当皇帝，然后仰头喝下了自己准备的毒酒，当场毒发身亡。

大流士三世继承的波斯帝国颓废已久，帝国主要产粮区埃及已经独立多年。大流士三世登基不久就策划征讨埃及。他只用了6个月就集结起一支波斯大军，一举荡平埃及，使帝国气象为之一振。这年44岁的大流士三世年富力强，锐意进取，在内政外交上展现了不同凡响的胆识和魄力，无疑是波斯帝国期待已久的中兴之主。然而，就在大流士三世即位以后几个月，在遥远的希腊半岛北部的马其顿王国，一位年仅20岁的青年即位为国王。现在，这个名叫亚历山大的青年在梦中来到了他的面前。大流士三世本人在人前虽一直表现得意气风发、对消灭亚历山大胸有成竹，内心深处对此似乎却也有一点说不出的预感——最终将颠覆自己的帝国社稷、使自己的壮志宏图付之东流的人，难道正是这个亚历山大？

第六章

伊苏斯会战

当大流士三世在梦中与亚历山大对视时，真正的亚历山大正在马其顿军营中召开紧急军事会议。看到年轻的国王一如平常那样从容自信，马其顿将领们很快镇定下来。亚历山大环视了与会者一圈，脸上缓缓露出了由衷的微笑：

"告诉大家一个好消息，大流士自己送上门来了，这倒省得我去找他。这个蠢材，不过既然他带了几十万军队来，倒也勉强算得上是个对手。"亚历山大告诉将领们，在即将到来的大战中，交战的一方是已经证明了的胜利者——他们自己，另一方则是一度成为他们手下败将的波斯人。尤其重要的是，上天，这个最高明的战略家，已经站到马其顿远征军一边，将败局放进大流士三世的脑袋里——大流士三世这个蠢材，居然让自己的兵力缩在狭窄不利的地形中，却把后面的开阔地留给了马其顿人，这片地方正好够马其顿方阵调度之用。波斯军队人数虽多，但根本毫无用处，因为波斯的士兵与士气都不是希腊人的对手。

亚历山大向将领们发表演说："我们，马其顿人，马上要跟波斯人决一死战。他们长期以来沉浸在舒适享乐之中，我们却在长期的战斗和无数的艰难险阻中锻炼得更加坚强。最重要的是，这一战将是自由人和奴隶之间的决战。当战争在希腊人内部进行时，我们尚缺少这一条正义的真理。追随大流士作战的军队，是为拿钱而卖命，而拿到的钱却少得可怜；我们的军队，则是为希腊而战的志愿军。

至于我们的异邦部队——由色雷斯人、培欧尼亚人、伊利里亚人、阿格瑞安人组成的部队，又拥有欧洲最勇猛善战的战士，他们的对手却是亚洲最软弱无能的乌合之众。而且，在战略上，你们有我，亚历山大。亚历山大将与大流士一决雌雄。"

亚历山大告诉将领们，要在即将到来的大战中做好充分的准备，他们面临的艰险也是巨大的。这次他们的对手不再是大流士三世的总督，不再是沿格拉尼库斯河列阵的波斯骑兵，也不再是波斯帝国各地方总督的军队，而是真正的波斯帝国主力大军，是波斯帝国和亚洲各属国的精锐，更有波斯帝国皇帝大流士三世御驾亲征。

亚历山大的语调突然激昂起来："这是决定命运的一战，我们一定要取得胜利！这一战之后，除了征服亚洲全部以外，我们就没有什么事情可做了！马其顿的勇士们，记住你们过去的光荣，拿出你们无敌的勇气来！"接着，他一一列数在座将领过去的功绩。亚历山大追述大家为共同事业所取得的那些辉煌胜利。对英勇崇高的个人功绩，亚历山大全部讲述了一遍，他对所有人和事都讲得一清二楚。亚历山大不忘讲述自己在历次战役中如何与将士们并肩作战，以身涉险。他还提到了当年率希腊雇佣军远赴波斯、助小居鲁士争夺波斯帝国皇位的一代名将色诺芬。色诺芬是古希腊哲学大师苏格拉底的弟子，与亚历山大的恩师亚里士多德的老师柏拉图系出同门。当年色诺芬的希腊雇佣军兵力弱小，装备不整，却依然取得了辉煌的胜利，日后色诺芬写下《远征记》以纪念这难忘的功勋。亚历山大以色诺芬的功绩鼓励众将，勉励他们创造出比色诺芬更辉煌的历史。亚历山大的演讲，使得这些马其顿将军们热血沸腾，斗志高昂。他们围住亚历山大高声欢呼，紧紧握住国王的手，要求赶快进军。

昂扬的士气随着将领们的归营，潮水般扩散到全军。第二天清晨，亚历山大命令拔营，返身向来路高速前进。马其顿大军以每小时5公里的速度向北进发，中午时分到达皮纳鲁斯河以南约10公里的关口"约拿之柱"。这里最狭窄处仅能容四人并排而行，马其顿大军足足花了4个小时才全部通过。亚历山大命令马其顿方阵先行，通过关口后立刻展开，防备波斯骑兵的袭击。下午时分，马其顿远征军全部从山间小路进入海山之间的平原。波斯军队就在前面皮纳鲁斯河对岸扎营。

马其顿远征军一出现，波斯骑兵飞报大流士三世。大流士三世得知这个消息，神情沮丧。这一仗无论如何是避不过去，非打不可。散布在河谷各处的波斯军队乱成一团，有的连忙收拾细软躲到阵营后面，有的跑到山坡上看个究竟，波斯军队似乎根本没有决战的心理准备。大流士三世强打精神，开始调兵遣将。他先派1万骑兵和数千弓箭手到皮纳鲁斯河南岸布阵，形成一道屏障；又下令在皮纳鲁斯河北岸容易涉渡的地段埋置大量削尖的树桩，用于阻碍马其顿重装步兵的冲锋。这样做是为了稳定军心，让波斯大军能够从容布阵。

大流士三世仍然占据战略上的优势。如果不肯主动决战，他还有最后一个选择——固守。倘若波斯大军掘壕固守，消磨马其顿人的锐气，大流士三世或许能将马其顿军队拖到断粮，让他们不战自溃。但是，大流士三世对自己占绝对数量优势的大军有恃无恐，相信自己可以光明正大赢得决战的胜利。而且，如前文所言，大流士三世统治的是一个不稳定的帝国，他需要这场辉煌的胜利来赢得波斯贵族将领们发自内心的拥戴。如果消极避战，或者采用长期焦土战术步步后撤，任由马其顿人蹂躏波斯帝国的国土，大流士三世会在波斯贵族中丧尽威望，届时将皇位不稳。所以，这一仗无论如何都要打，别无选择。

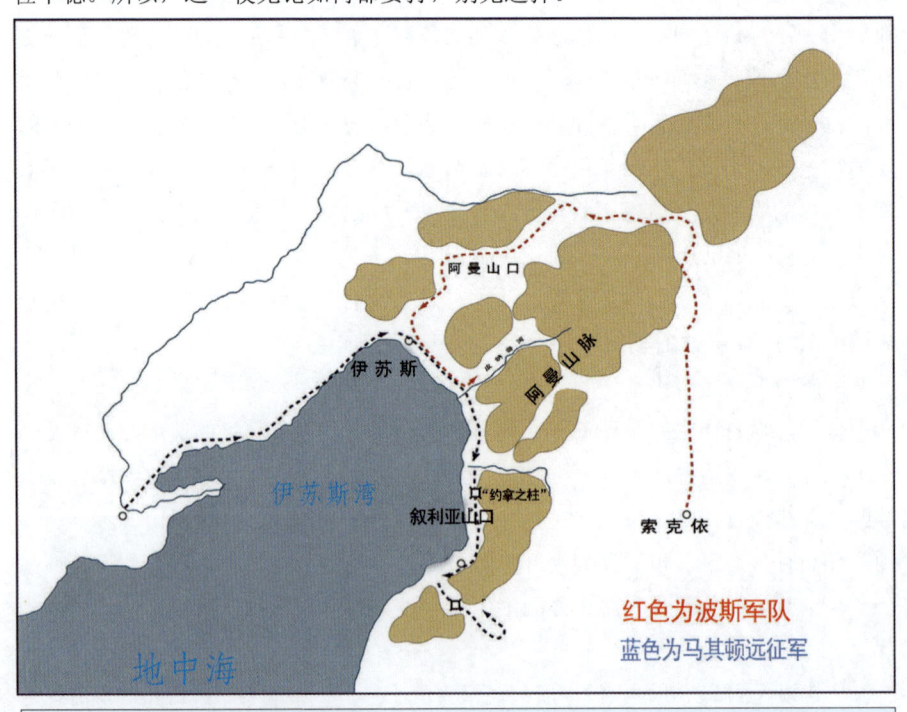

◇ 伊苏斯会战双方调动形势图

11月的天暗得很快，此时已到黄昏时分，马其顿军队逆光下的剪影终于出现在波斯人的眼前。亚历山大开始展开部队了，马其顿军队由行军纵队变为战斗横线。马其顿军队的总兵力与格拉尼库斯会战时差不多，布阵也与上次一样，只不过这次是在行军中完成的，难度要大得多，这进一步显示了马其顿军队的训练水平和纪律性。当马其顿军队变换为战斗横线时，波斯人开始慌乱了。马其顿军队走到最后两公里时，平原变得开阔，马其顿人以阅兵一样的精确展开了阵形。马其顿方阵最初是32人纵深，随着战场的变宽而不断向两翼展开，从32人的纵队，变为16人纵队，再缩短为8人纵队，以保持足够的正面宽度。骑兵同时绕到两侧，掩护步兵变阵。整齐划一的方阵令波斯人震撼不已。

马其顿军队稳步前进，各个部队在行进当中按部就班进入指定的阵列位置。左翼阵营是1.2万名重装步兵组成的马其顿方阵，由6个团队级方阵组成。方阵前面是2000名色雷斯标枪手和克里特弓箭手混编组成的散兵线，左边有600名希腊盟军重骑兵保护侧翼。亚历山大照例亲率2000名近卫骑兵组成右翼主力，左侧是3000名近卫步兵衔接马其顿方阵，右侧是1800名帖撒利亚骑兵和800名马其顿轻骑兵，右翼远端是2000名希腊盟军游击步兵和3000名阿格瑞安、色雷斯标枪手。亚历山大把希腊盟军重装步兵4000人作为预备队，大概是考虑到波斯军队里希腊雇佣军数量众多，他担心这边自己的希腊人面对同胞不忍下手。为了防止波斯军队迂回，亚历山大命令帕曼纽将左翼骑兵延伸到海边。

大流士三世见马其顿军队迫近，也展开他的几十万大军。第一线中央是强悍善战的希腊雇佣军，其两侧是精锐的波斯卡尔达克步兵，由大队弓箭手掩护。大流士三世将波斯骑兵几乎都布置在临海的一翼，准备用骑兵突破马其顿军队的左翼，然后进行迂回包抄。具体来说，左翼阵营由4万卡尔达克重装步兵和2万弓箭手组成，弓箭手部署在步兵方阵的后面。大流士三世又派遣2万步兵在皮纳鲁斯河以南依山列阵，对马其顿军队的右翼形成包抄之势。波斯右翼有2万卡尔达克步兵压阵，而事先渡过皮纳鲁斯河担任屏障的3万波斯骑兵在部署完毕以后全部退到右翼，占据皮纳鲁斯河的下游河段，其中6000名波斯铁甲骑兵是大流士三世寄予厚望的突击部队。这样波斯军队在第一道防线总共部署15万人。第二线由亚洲各民族的军队组成，构成一个纵深，数量不详。

亚历山大在行进中察觉到敌人的意图，于是命令英勇善战的帖撒利亚骑兵火速增援左翼。这里亚历山大展现了高超的指挥艺术，他命令帖撒利亚骑兵悄无声

101

息地贴着马其顿方阵的后面向左移动,从方阵背后绕过去。大流士三世的视线被竖立如林的马其顿长矛遮挡,对这个调动毫无察觉。亚历山大并没有把帖撒利亚骑兵部署在马其顿方阵的左侧,而是让他们藏在左翼方阵后面作为一支奇兵,接受帕曼纽的指挥。这支奇兵在战役当中起到了非常关键的作用。

波斯方面,在方阵部署完毕后,大流士三世本人亲自掌握大军中路。历代波斯帝国皇帝出战都在这个位置,居中指挥。大流士三世乘坐黄金打造的华丽战车高居波斯阵列中央,从战场上的任何位置都能看到他魁梧的身影。他身边簇拥着2000名骑兵禁卫军,前面排列的正是2万希腊雇佣军。由于战场狭窄,希腊雇佣军密集方阵的纵深达到24人。当时双方战线仅长2600米,这将是一场密集的混战。

接下来,亚历山大派出两个大队的近卫骑兵600人,在2000名游击步兵和1000名标枪手的支援下向右侧山坡上的波斯步兵发起攻击,以消除他们对马其顿侧翼的威胁。经过短暂的战斗,波斯步兵被迫放弃缓坡上的阵地,远远退到山麓。

亚历山大随后派遣300名轻骑兵留在山坡上监视警戒,将其他部队撤回本阵。

一切布置就绪,马其顿军队以整齐的阵形向前推进。快迫近皮纳鲁斯河时,亚历山大下令部队原地稍息,他照例策马驰过马其顿阵列检阅部队,慷慨激昂地发表演说鼓舞士气。他高声喊道:"勇士们,建立丰功伟绩的时候到了!要做忠诚的男子汉!"接着一一呼叫那些熟识的将士的名字,激励他们英勇作战。亚历山大不但能喊出将领的姓名,而且连中队指挥官、小队指挥官甚至雇佣军中级别较高、功绩较大的普通军官,在军中年头已久的老兵,他都能叫出姓名。将士们也应声高呼,他们从四面八方扯开

◇ 希腊盟军重骑兵(左);帖撒利亚骑兵(上);希腊盟军重装步兵(右)

嗓子向亚历山大呼应，请求陛下别再耽误时间，快下令冲击敌人。马其顿军队一时士气如虹。

　　与此同时，波斯军队的将领们也在阵前向他们各自的部队大声训话，进行战前动员。波斯帝国幅员辽阔，士兵来自不同民族，所以各种语言的呼喊声此起彼伏，在河谷中回荡。马其顿将士群情激昂，发出惊天动地的战吼；波斯阵营不甘示弱，也以海啸般的吼叫回应。数千面波斯战鼓开始擂响，震耳欲聋。伊苏斯大战一触即发。

　　亚历山大率领马其顿大军继续稳步前进，不时停顿以保持阵列的完整紧凑。马其顿右翼的近卫骑兵率先进入波斯人的弓箭射程，正停下来等待左侧的近卫步兵方阵跟上来，河对岸的波斯弓箭手立刻万箭齐发。波斯人发射的羽箭如此密集，以至于羽箭在空中相互碰撞。这应该是来自波斯步兵方阵后面的弓箭手以 45 度高射角的齐射。虽然波斯人的箭雨未能对马其顿近卫骑兵造成足够的威胁，但仍有

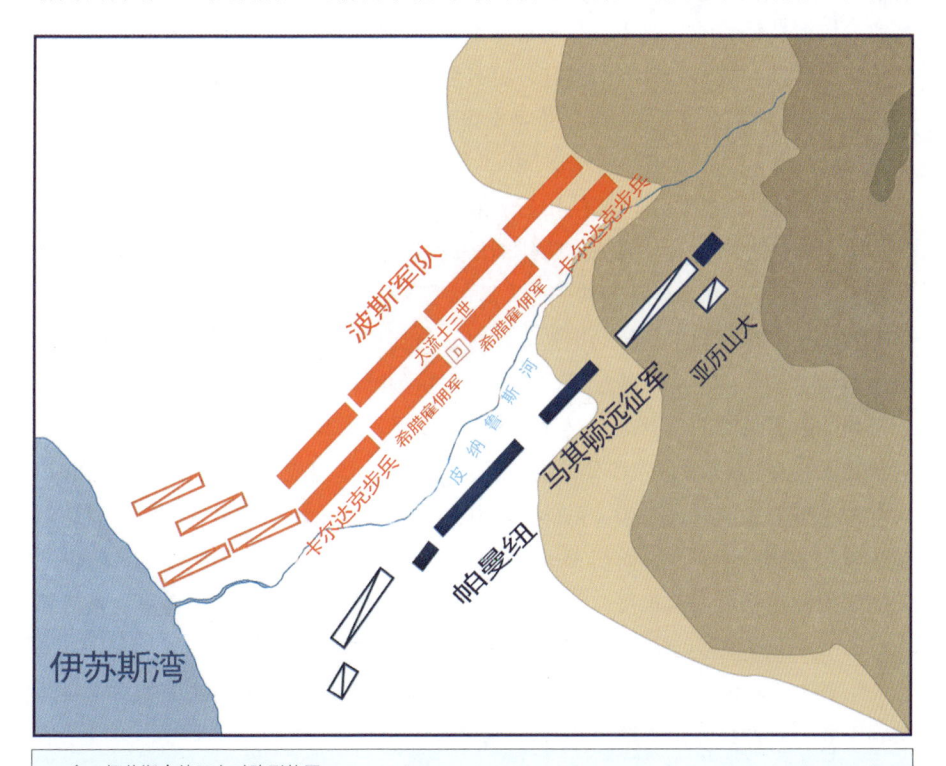

◇　伊苏斯会战双方对阵形势图

数十匹战马受惊狂跳。亚历山大见此情况，一声令下，马其顿军队当即发起冲锋。

亚历山大一马当先，近卫骑兵各个中队以楔形队形紧随其后，步兵方阵也加快步伐。马其顿军队像山洪奔泻一般冲进河中，一时水花飞溅，杀声震天。河对岸首当其冲的2000名波斯马迪亚弓箭手被马其顿骑兵的声势和速度吓住了。天色已暗加上自己的慌乱，弓箭都失去了准头。迎着波斯马迪亚弓箭手密如飞蝗的直射，大概在波斯人三次齐射的工夫，亚历山大就率领近卫骑兵冲到近前。马迪亚弓箭手魂飞魄散，纷纷转身逃命。

事实上，大流士三世的排兵布阵相当精明，一大败笔是将2000名马迪亚弓箭手部署在波斯左翼卡尔达克重装步兵的前面。马迪亚人是来自伊朗高原西南部的游牧民族，以优秀的弓箭手闻名波斯帝国。大流士三世这样布置是为了充分发挥马迪亚弓箭手快速准确的直射火力，阻击马其顿骑兵的冲锋。他想用弓箭给敌人一定杀伤后，再由卡尔达克步兵接战。然而，大流士三世高估了弓箭对马其顿骑兵的杀伤力。轻装的马迪亚弓箭手根本不具备抗冲击能力，而他们身后的卡尔达克重装步兵排列成希腊风格的方阵，没有留下足够开阔的通道给弓箭手后撤。现在，马迪亚弓箭手退得太快，卡尔达克步兵不及分开阵形让路，于是互相冲撞践踏，秩序大乱。

马其顿骑兵趁势冲杀，摧枯拉朽一般突入波斯步兵阵列。马其顿近卫步兵各个方阵也陆续过河接敌，将波斯防线的缺口越撕越大。由于波斯步兵方阵异常厚实，马其顿骑兵突进敌阵后很快陷入人海，寸步难行。近卫骑兵习惯于高速冲击，并不擅长在狭小空间里同步兵肉搏。这时，马其顿军队的步骑协同发挥了威力。跟进的近卫步兵投出手中的长矛，纷纷拔出短剑冲入敌阵格斗。罗马史学家科丘斯曾如此记述当时的情景："双方阵列犬牙交错，士兵挥舞着刀剑格挡劈砍，向对手暴露的面部猛刺。现在即使胆怯懦弱的人也无法逃避战斗，双方步兵逼近肉搏，只有对手倒下才能前进一步。虽然（马其顿步兵）厮杀得筋疲力尽，他们的对手依然前仆后继冲到面前，而伤者根本无法撤下战场，因为敌人不断涌来，而自己的战友拼命在身后向前推挤。"在马其顿军队步骑协同的凌厉攻势之下，一切都像亚历山大事先预料的那样，波斯军队左翼很快崩溃了。

几乎在亚历山大率领近卫骑兵发动进攻的同时，波斯右翼的铁甲骑兵也向马其顿左翼发起冲锋。由于这里的战场宽度不足500米，波斯骑兵不得不采取添油战术，逐次投入兵力。第一攻击波的数千波斯铁甲骑兵组成密集队形冲过皮纳鲁

斯河，朝 600 名希腊盟军重骑兵猛扑过来，很快将他们击溃。然后，波斯铁甲骑兵整体左转，向马其顿左翼阵列的侧后迂回包抄，从两面攻击步兵方阵左侧的 2000 名弓箭手和标枪手。马其顿左翼阵列岌岌可危。关键时刻，亚历山大部署在方阵后面的 1800 名帖撒利亚骑兵发动反击，猛攻波斯骑兵的右侧，一举冲散了敌军的队形，逼迫波斯骑兵后退重新集结。帖撒利亚骑兵以中队为单位组成菱形战术队形，可以轻易调整进攻方向。他们向忙于集结的波斯骑兵连续发动短促突击，最后将波斯人驱逐到河对岸。帖撒利亚骑兵乘胜渡河追击，同波斯骑兵的主力部队发生激战。由于兵力悬殊，战况胶着起来。

帕曼纽率领马其顿方阵中路和左翼冒着箭雨渡河，艰难爬上陡峭的河岸，越过波斯人设置的尖桩鹿砦，向波斯阵列的希腊雇佣军发起进攻。过河以后，许多马其顿士兵受地形阻碍没能跟上，这样方阵前沿就出现了许多缺口。由于亚历山大率领马其顿军队右翼突进得太快，方阵中路和左翼没有跟上，中路右侧同亚历

◇ 发动冲锋的波斯铁甲骑兵

山大的近卫步骑兵已经脱节，这造成整个方阵的分裂。希腊雇佣军所期待的战机终于出现，大批手持圆盾和短剑的希腊雇佣军士兵立刻冲进马其顿阵列的缺口和右翼侧面，猛攻马其顿方阵暴露的部位。马其顿步兵不得不扔掉长矛，拔出短剑格斗。伊苏斯战役最血腥残酷的战斗发生在这里。双方士兵风格相似，实力相当，彼此以死相拼杀红了眼，仿佛波斯和马其顿两个民族之间的新仇旧恨要在此一并清算。马其顿方阵伤亡惨重，仅马其顿军官就有120人在此阵亡，士兵伤亡数千人。由于希腊雇佣军加上右侧的波斯卡尔达克步兵有3万人，兵力上占有3∶1的绝对优势，逐渐将马其顿方阵逼退。落后的马其顿左翼方阵几乎被赶下河去，马其顿军队死伤不断增加。如此，除了亚历山大在右侧进展顺利以外，中路和左翼的形势都不容乐观。

其实，战局正朝着亚历山大预想的方向发展。马其顿方阵将波斯步兵主力紧紧吸引住，正好起到一块砧板的作用。亚历山大此时就要高举近卫骑兵这把利刃，对大流士三世痛下杀手。波斯左翼溃散以后，马其顿军队右翼在亚历山大的率领下向左旋转。近卫步兵开始攻击希腊雇佣军的左翼，亚历山大率领近卫骑兵从侧后方直扑大流士三世。希腊雇佣军抵挡不住来自两面的攻击，不久阵形瓦解。但顽强的雇佣军士兵们依然三五成群，和步步逼近的马其顿方阵殊死搏斗。他们都知道格拉尼库斯战役中希腊雇佣军的下场，人人抱定必死的决心。亚历山大挺矛

◇ 浮雕——亚历山大马踏波斯人　　◇ 浮雕——骁勇的帖撒利亚骑兵

冲在最前面，完全不顾自己的安危。近卫骑兵在主帅身先士卒的感召之下奋勇向前，很快马其顿骑兵就冲到了大流士三世的2000骑兵禁卫军阵前。

以大流士三世的兄弟奥萨特雷亲王为首的一批波斯贵族将领和他们的卫队拱卫在大流士三世周围，外围是2000骑兵禁卫军。波斯贵族一如既往地以身作则鼓舞士气。奥萨特雷亲王是享誉波斯帝国的勇士，他率部击溃了突破波斯骑兵禁卫军防线的一股马其顿骑兵，亲手将数人砍落马下。在这场混战中，波斯人的单打独斗和马其顿人的组织纪律性形成鲜明对比，后者始终保持严整的队形互相照应。大流士三世的战车周围，双方阵亡将士的尸体堆积如山，包括埃及总督萨巴西、格拉尼库斯战役中幸存的骑兵将领里奥米特雷等波斯贵族将领都战死于此地。

在这关键时刻，波斯帝国皇帝大流士三世却逃离了战场。据说大流士三世战车的役马受惊，拖着他向敌阵冲去，车夫根本驾驭不住。大流士三世不得不放下波斯帝国皇帝的架子，亲自拉住缰绳，战车才停下来。这时大流士三世猛然发现，战车距离敌阵近在咫尺。他亲眼看到了，亚历山大正率领近卫骑兵冲锋。那个盔甲鲜明、金发飞扬的年轻人，正纵马向自己冲来，那个人手中的长矛正将一个波斯禁卫骑兵刺穿。大流士三世身体前倾，两眼圆睁，满脸是震惊和难以置信的表情。他知道，自己有被马其顿人活捉的危险。不能再等下去，大流士三世想也不想，掉转车驾，在奥萨特雷亲王的保护下丧魂落魄地逃走了。残余的1000禁卫军紧紧跟随。大流士三世驱车逃在败兵的最前头，只要能找到平地就驱车拼命逃跑。遇上峡谷和崎岖的山路，大流士三世干脆丢弃了车驾和武器，将御用盾牌、皇袍和弓都扔在车上，跳上战车后面备用的一匹马，跑得没了踪影。

这时波斯军队并没有战败。右翼的波斯骑兵正在与帖撒利亚骑兵进行殊死战。波斯骑兵又集结起来，寸步不让，步步紧逼，将帖撒利亚骑兵压迫得不断后退。希腊雇佣军宁死不降，马其顿军队死伤不断攀升。可是，波斯人所有的努力都被他们怯懦的皇帝断送了。大流士三世的逃遁一举摧毁了整个波斯大军的战斗意志，本来尚秩序井然的波斯大军刹那间土崩瓦解。

大流士三世逃跑的消息一传开，波斯人立刻军心动摇，士气涣散，一股拼死而战的劲头顿时泄了。见到大流士三世逃跑，亚历山大来不及追赶，先指挥马其顿方阵彻底封堵希腊雇佣军冲杀进来的缺口。接着，继续指挥马其顿军队右翼转向中央夹击，希腊雇佣军完全被马其顿方阵切断，像割草那样被马其顿人大批撂倒。接着，波斯军队右翼的重骑兵开始败退。波斯骑兵统帅纳巴扎尼发现皇帝已经逃跑，立刻下令撤退。波斯军队的大溃退终于全面开始了。

波斯骑兵身披重甲，马匹由于骑兵装备太重早已疲惫不堪。溃退之中，惊恐万状的大批波斯人马挤在狭路之中胡冲乱撞。波斯骑兵拥挤在狭窄的海岸边上夺路而逃，肆意践踏挡道的步兵，将后面的卡尔达克步兵踩死无数，后来有人形容说被自己的人马踩死的波斯士兵几乎和被敌军杀死的一般多。马其顿军队全线追击，在帖撒利亚骑兵的穷追猛打之下，溃败的波斯步兵和骑兵被成群砍杀。波斯人丢盔卸甲，狼奔豕突，溃不成军。幸好这时天快黑了，马其顿军队不能追远，好多人才得以逃脱。

此役波斯军队的大部分伤亡发生在逃亡途中，唯一在退却中能够保持队形完整的是残余的 8000 名希腊雇佣军。他们井然有序地且战且退，越过阿曼山脉南行，撤到叙利亚北部的特里波利港，登上波斯海军前来接应的运输船逃生。一直到波斯军队全面崩溃，亚历山大才腾出手来追击大流士三世。亚历山大率骑兵追出 40 公里，却不见大流士三世的踪迹。天黑下来，由于不辨路途，亚历山大只好收兵

◇ 1831 年，意大利那布勒斯王国发掘古罗马庞贝遗址的过程中，发现了一幅保存相当完好的壁画，这就是著名的"伊苏斯壁画"。"伊苏斯壁画"长 5.82 米，高 3.13 米，由 50 万块小马赛克组成。壁画表现的是伊苏斯战役的关键时刻，左边是亚历山大正率领近卫骑兵冲锋，他手中的长矛将一个波斯骑兵刺穿；右侧是高居战车之上的波斯帝国皇帝大流士三世，以及簇拥在他周围的禁卫军。大流士三世身体前倾，两眼圆睁，满脸是震惊和难以置信的表情，他的车夫拼命挥动马鞭，驱使战车掉头逃命。伊苏斯壁画作为西方古典艺术的代表作闻名世界，而大流士三世的形象也因此为千万世人所熟悉

◇ "伊苏斯壁画"细部——正纵马出枪的亚历山大

回营。马其顿人将大流士三世的战车和车上的御用盾牌、皇袍,还有那张弓都带了回来。据当时与亚历山大一起追赶大流士三世的托勒密描述,追赶大流士三世的马其顿骑兵在半路上遇到一条深沟,沟里边竟然密密麻麻填满了波斯士兵的尸体,他们就是踩在死尸上过去的。而大流士三世早已取道阿曼山口,一路不断换马,昼夜兼程逃回了巴比伦。

伊苏斯会战以马其顿军队大捷而告终,根据古代史学家的记载,波斯军队此役阵亡达10万人。即使这个数字有所夸张,波斯军队的损失也是极为惨重的。希腊史学家阿里安统计,伊苏斯战役中马其顿军队阵亡骑兵150人,步兵300人,4500人受伤。后世史学家认为马其顿方面5000人的伤亡数字大致准确,伤亡比例至少应该是4∶1,这样估算阵亡将士有1200人。2万人的希腊雇佣军伤亡12000人,其中绝大部分战死。战役当中波斯骑兵并没有遭到沉重打击,最后基本全身而退。波斯卡尔达克步兵则元气大伤,自此以后从波斯军队的序列中消失。波斯军队溃退当中互相践踏死伤甚众,更多的溃兵在返乡时因缺乏补给而死在茫茫沙漠中。

马其顿大军冲入波斯大营,缴获黄金2900泰伦,珠宝粮秣不计其数,大批波斯妇女成为俘虏。罗马史学家科丘斯记载,马其顿士兵肆意奸淫掳掠,享用自己的战利品。波斯大营一片狼藉,到处可闻女人的哭喊之声。只有大流士三世的大帐得以幸免，因为按照马其顿的传统，这是亚历山大个人的战利品。大流士三世的母亲西斯冈比斯、妻子斯塔蒂拉、两个成年的女儿和年仅六岁的王子都做了俘虏。当时他们身边聚集着一群妃嫔侍女，个个披头散发，衣衫不整，惊魂未定。他们本以为这次不过是来观光而已。其他波斯将领却有所防备，早把女眷和财物送到大马士革去了。不久之后，帕曼纽率军攻克大马士革，波斯将领们乃至大流士三世本人寄存在大马士革的那些财物和家眷还是落到了亚历山大手里，连希腊雇佣军统帅门农的遗孀巴耳馨也未能逃脱。全军将士都发了一笔横财，马其顿人第一次尝到波斯人的富裕、女色和豪华生活的滋味。从此以后，马其顿远征军就像追踪的猎犬一样，渴望得到更多的财富。

战役结束后，亚历山大才发现自己大腿上挨了一刀，他在紧张的战斗中浑然无觉。所幸伤势不重，草草包扎一番即可。取胜的当夜，亚历山大移驾波斯大营，住进大流士三世的豪华大帐。波斯帝国皇帝的穷奢极欲，即使在战场上也可见一斑。对过惯了朴素生活的马其顿人而言，简直令他们瞠目结舌。不知有多少镶嵌宝石的日用品被遗弃在大帐中，甚至连豪华的浴缸都带到了战场上，看起来令人目眩神迷。亚历山大卸下全身的披挂，要去沐浴，随口说道："让我们用大流士的浴室洗净战争的疲惫吧！"他的一个朋友回答道："现在状况不一样了，应该说是亚历山大的浴室。被征服者的财产属于征服者所有，这是理所当然的事。"

亚历山大在浴室里面看到浴池、水瓶、浅盆和放置膏油的箱子，全部都用黄金制作，精巧美观，充满芬芳的香气。沐浴过后，亚历山大走进高大宽敞的篷幕，其中摆设着金碧辉煌的躺椅和长桌，桌上满是各种美味的菜肴，亚历山大对左右感慨道："这才像一个帝王的生活啊！"

亚历山大正在进晚餐之际，听到附近有女人悲痛而惶恐的哭声。亚历山大问身边的朋友："这些女人是什么人？为什么将她们安置在离我这么近的地方？"

朋友回答："陛下，那是大流士的母亲、妻子和孩子们。他们听说大流士的盾牌、弓和那件皇帝斗篷都被您缴获，以为大流士已经阵亡，所以就哭起来。"

亚历山大马上派自己的朋友去安慰他们，告诉诸位女眷大流士三世并未阵亡，大流士三世逃跑时把御用武器和皇袍留在战车里了，亚历山大只得到了这些东西。而且，她们仍可保留皇室头衔、贵族身份与扈从。亚历山大转告她们，自己并非怀着个人的仇恨来对大流士三世进行战争，他只是为亚洲的统治权而战。亚历山大准许她们埋葬愿意入土为安的波斯将士，她们可以从战利品当中随意拿取安葬

波斯将士所需的衣物和器具。

  第二天，亚历山大与自己的朋友赫菲斯提昂一同去看望大流士三世的母亲西斯冈比斯。当时亚历山大与赫菲斯提昂穿戴完全一样，赫菲斯提昂身材又比亚历山大更伟岸一些，大流士三世的母亲居然认错了人，以为赫菲斯提昂是国王，向赫菲斯提昂跪拜行礼。赫菲斯提昂大窘，急忙往后退。侍从赶忙指着亚历山大告诉西斯冈比斯，这位才是国王。西斯冈比斯顿时难堪不已，也慌慌张张地往后挪动身子。亚历山大却颇有急才，立即设法消除难堪——亚历山大亲自将西斯冈比斯扶起，对她说："您并没有认错人，夫人，因为这个人也叫亚历山大。"在古老的语源中，"亚历山大"有"驱使众人者"或"人类的保护者"之意，亚历山大借此代指赫菲斯提昂高贵的身份，并暗指他是自己的心腹之友。这段插曲，让亚历山大因自己的宽容大度而颇得后世史学家的赞扬。

◇ 马其顿人将为波斯人效力的希腊雇佣军视为叛徒，俘获之后往往就地格杀

  亚历山大没有降低大流士三世的母亲、皇后与子女的排场，他们所受到的照顾和尊重都与从前一样，马其顿人支付给他们的内廷供奉费用比过去还要多。他们过的完全不是俘虏的生活。而且，亚历山大以君主的高贵和气度，绝不损害他们的美德和懿行。据说大流士三世的妻子斯塔蒂拉（同时也是他的妹妹）是东方世界中最美丽的皇后，如同她的丈夫是波斯帝国挺秀英俊的君王，女儿也与她们的父母一样美丽。亚历山大清楚，克制自己者比起征服敌人者更具备王者之风。对于他们，亚历山大始终保持礼节，秋毫无犯。至于后世传言亚历山大与希腊雇佣军统帅门农的遗孀巴耳馨发生了一段感情，则实在是令人难辨真伪。

  当然，亚历山大这样做还有一个内心深处的动机——传说中阿喀琉斯一向宽

◇ 亚历山大会见大流士三世的家人

待弱者和不幸的人。特洛伊城下，阿喀琉斯在决战中杀死了特洛伊国王普里阿摩斯的儿子赫克托尔。当赫克托尔的父亲普里阿摩斯前来赎取儿子尸体的时候，阿喀琉斯对这位老者给予了应有的尊重。他给老人让座，留他吃饭，不仅答应了普里阿摩斯的全部请求，还设法保护其安全。亚历山大只是要再现阿喀琉斯的行动和思想。

不过，对于女人，亚历山大实在是表现得太过冷淡。他曾用开玩笑的口吻说道，波斯女人的眼神真是让人失魂落魄。亚历山大对女人表现出异乎寻常的克制，似乎只是将美丽的女人视为没有生命的雕像。他曾特别提到，自己对女人没有什么意愿，也不希望有任何人在自己的面前讲起大流士三世的皇后是如何的美丽。亚历山大时常说起，唯有睡眠和交媾使人觉得终究难逃一死，疲劳和快感是人类的弱点和愚行的必然结果。后世怀疑，亚历山大可能是一个双性恋者，甚至同性恋者，或许不无道理。

随着年岁渐长，还有远征不断取得胜利，亚历山大强烈的使命感、钢铁般的意志和近乎完美的自制力似乎变得愈发炽烈。他不像其他的马其顿将领那样，时

间总被饮宴、睡眠、找女人、看戏或其他各种消遣所占据。平素的日子里，亚历山大起床之后总是先向众神献祭，然后坐下来进早餐。一天其余的时间，他都是用来处理军务，业余消遣是打猎或是写回忆录，再不然就是读书。远征途中，只要不是全速强行军，他总是边走边练习箭术。有时亚历山大搭乘战车行军，不时从战车上跳上跳下，随时与将士们交谈。晚上宿营后，亚历山大要等到天全黑后才开始用餐。亚历山大也会摆开宴席，招待众将领和朋友们欢聚。他的宴席总是很丰盛，他常常在餐桌上花费很长的时间。其实，这些时间是用于谈话而非畅饮。他借助晚宴探讨军务，处理政务，每一杯酒都在激烈的讨论和不停的交谈中慢慢喝下去。亚历山大在吃的方面其实毫不挑剔，他总是将餐桌上的美味菜肴——比如被征服者呈奉的稀有海鲜和水果——全部分给朋友，自己一点都不留下。在亚历山大的餐桌上，每个人都如坐春风，亚历山大不会让任何一个人受到冷落。一场欢宴聚谈之后，亚历山大再去沐浴一番然后就寝，等待明天的日出。

晚宴上，有人献给亚历山大一件礼物。这是一只非常名贵的小箱子，上面镶满华丽的宝石。在大流士三世满目璀璨的财宝和战利品当中，这只箱子显得尤为光彩夺目。亚历山大饶有兴趣，他问身旁的朋友们，把什么东西放在里面最为合适？

朋友们给出了种种建议，亚历山大都不以为然。最后，他给出了自己的答案——他要用那个小箱子收藏老师亚里士多德为他注解的那本《伊利亚特》。

这是亚历山大真正的追求。

总之，伊苏斯会战是亚历山大迄今最辉煌的一次胜利。如果古代史学家所说波斯军队有60万人是可靠的话，那么亚历山大是以1:15的少数兵力，而且是在被敌迂回、返身应战的不利形势下取得这次大捷的。

这一战也是具有决定性意义和深远影响的一战。由于亚历山大封锁海岸的战略，波斯海军的处境本就艰难。大流士三世战败的消息传来，波斯海军舰队军心涣散，很快就自动瓦解了。大流士三世带着他的一小撮随从星夜逃命，顺便纠集了沿路逃命的残兵败将。他总共带着大约4000人马飞奔向幼发拉底河，试图尽快形成与亚历山大隔河对峙的局面。可是，波斯军队如今士气尽丧，各地总督和属国都无心再为大流士三世而战。几位总督不跟从大流士三世撤退，而是将残部撤往腓尼基，再经水路撤往埃及。临撤退前，他们将带不走的海军船只全部集中在船坞里烧掉，以免资敌。

按照既定的战略构想，亚历山大留下一部分军队镇守叙利亚，乘胜挥师南下，

◇ 亚历山大会见大流士三世的家人——版本之二（有趣的是，在欧洲中世纪画家的笔下，所有人都被画成了中世纪装束）

亲率大军开赴腓尼基，并准备在占领腓尼基后向更遥远的埃及进发。一路上，各地望风归降，腓尼基各城邦的领袖们纷纷将金冠戴在亚历山大头上，主动将自己的属地和城市献给他。

当亚历山大率军进驻繁华的马拉萨斯城时，他收到了大流士三世派使者送来的一封信。大流士三世请求亚历山大将他的母亲、妻子和孩子们还给他。他在信中说：马其顿国王腓力二世和波斯帝国皇帝阿尔塔薛西斯三世曾和平相处，并曾缔结和平条约。在阿尔塔薛西斯三世的儿子阿西斯继承波斯帝国皇位后，是腓力二世首先对阿西斯无礼，事先阿西斯并未对他无礼。自从大流士三世继位为波斯帝国皇帝以来，亚历山大也未派使者到他那里去重修两国的旧谊和盟约，反而率领大军越界侵入亚洲，给波斯臣民造成极大危害。因此，大流士三世不得已才率军前来保卫国土和祖传的主权。现在，大流士三世以一个帝王的身份，向另一个帝王郑重请求，请求亚历山大将他那被俘的母亲、妻子和孩子们放回，并愿意和亚历山大修好结盟。大流士三世请求亚历山大派全权代表随波斯使者来与自己谈判，双方互相向对方做出保证。

亚历山大对此有自己的应对之道。他派人跟大流士三世的使者回去，并带了一封信给大流士三世，但不和大流士三世讨论任何问题。亚历山大的信是这样写的：

"虽然我国从未曾侵略过你们的祖先，但你的祖先却侵略过马其顿和希腊其

他地区。我被正式任命为希腊联军统帅，率军进入亚洲，为的正是攻打波斯，报仇雪耻。一切罪恶皆由波斯人而起，你曾帮助其他城邦作恶，为害我的父王；你曾派兵侵入属于希腊主权范围的色雷斯；你还曾指使阴谋家刺杀我的父王，这件事你们竟然还在信件中向全世界公开吹嘘；你还曾借助宦官巴古阿之手暗杀皇帝阿西斯，以不正当的手段篡夺皇位，按照波斯法律，这是大逆不道，更是对波斯臣民的莫大污辱；你还给希腊人写信，教唆他们向我宣战；你还向斯巴达人以及某些希腊城邦送去贿赂，除斯巴达人外，其他城邦都未接受你的贿赂；最后，你竟然派使者收买并腐蚀我的朋友，妄想破坏我在全希腊促成的和平局面。这时，我才忍无可忍，拿起武器来对抗你。挑起争端的是你。现在，我已经在战场上先将你的众将领和总督们征服，这次又将你本人和你的军队击溃，从而占领了这一带的土地，这是神之意愿。既然我赢得了胜利，我就应当对你那些未战死沙场而投奔到我这里来的所有将士负责。确实，他们投奔到我这里完全是出于自愿，而且还自愿在我的军中服役。因此，你应当尊我为亚洲的统治者，前来拜谒。如果你担心来到之后我会对你无礼，你可以先派你的亲信前来接受适当的保证。等你前来拜谒时，当面提出请求，你就可以领回你的母亲、妻子和孩子以及你希望得到的其他东西。只要我认为你提的要求合理，都可以给你。将来，不论你派人来还是送信来，都要承认我是亚洲的最高统治者。不论你向我提出什么要求，都不能以平等地位相称，要承认我是你的一切的主宰。不然，我会把你当作一个行为不正的

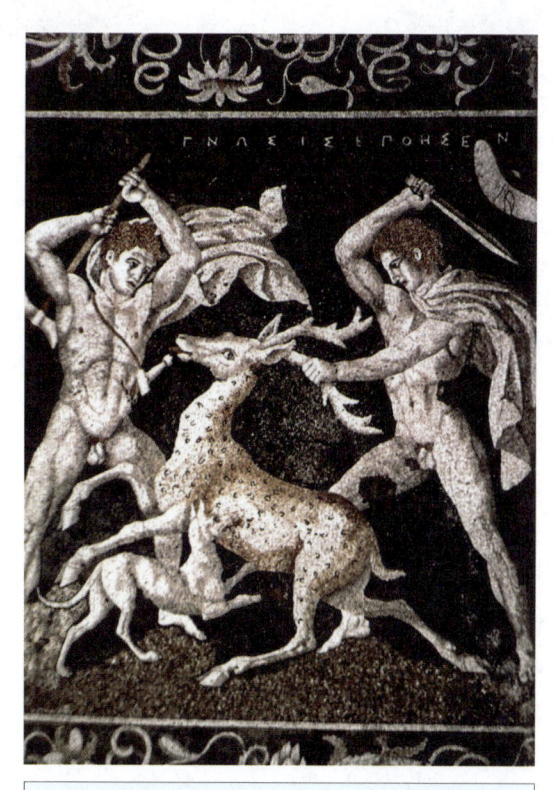

◇　年轻的马其顿贵族外出行猎图

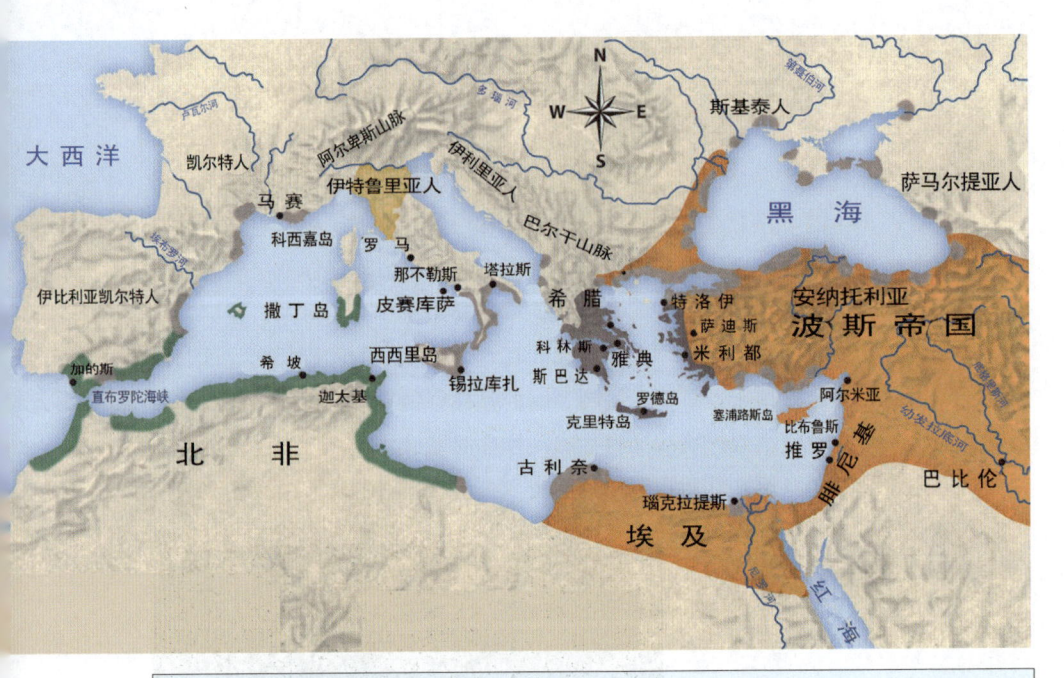

◇ 地中海沿岸的希腊城邦与腓尼基城邦分布图

人对待。如果你想要回你的国土，那你就应当据守阵地，为你的国土而战，而不是逃跑。因为，不论你逃到哪里，我都绝不会放过你。"

亚历山大回信中提及的事情并非件件真实，但这些无关紧要。这时的亚历山大已经感觉到，统治亚洲的大业近在眼前了。

第七章

阿蒙之子

给大流士三世送出信件后,亚历山大从马拉萨斯率部出发,一路又接受了数个城邦的归降。有些城邦,比如古城西顿,由于极其厌恶波斯人和大流士三世的统治,当地居民主动迎接亚历山大进城。现在波斯海军基本全军覆没,只有滨海的古城推罗还保留着一支舰队,不肯屈服。亚历山大的下一个目标正是推罗。

推罗人知道自己面临着什么,他们也主动派出代表前去迎接亚历山大。代表们向亚历山大表示,全体推罗人决定接受亚历山大的统治。其实,这是以攻为守,借机刺探虚实。亚历山大对此心知肚明。他称赞推罗这个神奇的城邦,称赞这些代表,称赞推罗的国王。亚历山大与代表们谈到了推罗的古老历史与神话传说:

在希腊神话中,很久之前,推罗国王的女儿欧罗巴有着惊人的美貌。一天,当公主和侍女在海边采集花朵时,天神宙斯看到了她,一时惊为天人,决定引诱欧罗巴。宙斯化身为一只雪白的公牛出现在海边,好奇的欧罗巴看到这样温顺的巨兽,便骑上了公牛的背。没想到,公牛急速冲向大海,惊慌的欧罗巴只能紧紧地抓住公牛的角。公牛把欧罗巴带到克里特岛,才在欧罗巴面前显露出自己的真身。欧罗巴和宙斯生了三个儿子,其中米诺斯后来成为克里特岛的统治者。欧罗巴失踪后,推罗国王叫儿子们出去寻找,并且下令若没有找到公主就不要回来。因此,他的儿子们都滞留他乡,其中的卡德摩斯据说把腓尼基字母带到了希腊。所以,历史上希腊人把爱琴海以西的大陆称为"欧罗巴"，这也成为欧洲名称的起源。而孕育文明的欧罗巴、传播腓尼基字母的卡德摩斯都来自推罗，这象征着在早期文明西传到爱琴海以及后来欧洲的过程中，推罗所扮演的枢纽地位。

谈到这里，亚历山大话锋一转。他要代表们回去告诉推罗人，因为自己高贵的神圣血统，所以他打算到推罗城内著名的赫拉克勒斯神庙中向大力神献祭。

此言一出，推罗人顿时紧张起来。亚历山大的要求，无异于明说要让马其顿军队进入推罗城。代表们回去将这件事向推罗的百姓宣布，推罗人马上决议——愿意接受亚历山大的一切命令，但决不能允许任何希腊人或马其顿人进城。推罗代表委婉地向亚历山大传达推罗人的决议："如果陛下希望参拜神庙的话，我们相信希腊本土的神庙应该比较适合。"

这样的回答正中亚历山大下怀。他将推罗的代表打发回去，而后召集众将领，向他们发表了讲话：

"朋友们，只要波斯仍然掌握着制海权，我就看不出我们怎么能够安全地进军埃及。推罗现在态度暧昧，如果把它留在我们背后，同时埃及和塞浦路斯又仍在波斯手中，特别是由于希腊当前的局势，在这种情况下我们去追击大流士显然很不妥当。恐怕当我们率领全军进逼巴比伦和追赶大流士的时候，波斯军队很可能再把沿海地区占领，然后还要用更大的兵力把战争推向希腊。而在希腊，眼下斯巴达人正在与我们作战；雅典目前虽然还算安分，但也只是因为惧怕我们，而不是亲近我们。不过，一旦我们战胜推罗，就能占有整个腓尼基；波斯海军中最强大、最精锐的腓尼基人，就有很大可能转投到我们这边来。因为就腓尼基的水手和士兵来说，当他们的城镇已落入我们之手时，他们就不可能再有勇气为别人出海冒险。再进一步，塞浦路斯或者主动向我们投降，或者我们以海军舰队袭击，都能轻易地把它占领。到那时，如果我们以马其顿舰队加上腓尼基海军控制海面，而且塞浦路斯又在掌中，我们将稳操制海权。在这种情况下，我们的军队再远征埃及，将如探囊取物。得到埃及之后，我们就不必再担心希腊本土。到那时，国内既已安定，又有我们日益增长的威望，整个大海又和波斯以及幼发拉底河北岸广大地区完全隔绝，我们远征巴比伦将再无后顾之忧。"

众将毫无异议，对推罗的围攻随即展开。公元前332年的1月，战火在推罗城下燃起。

当时腓尼基的25个城邦中，以推罗最为强大。推罗的位置在今天的黎巴嫩以南，

是一个重要的海港。这里位于地中海东岸，位置及环境均极优良。除陆上的主城以外，还包括一个离岸不足一公里的海岛，岛上也建有城池。数百年前，推罗曾遭遇巴比伦的尼布甲尼撒大帝率军入侵。因推罗城东面靠山，西面临海，南北两端又多峭壁，故易守难攻。尼布甲尼撒大帝费尽力气将推罗攻破，推罗人却早已将财富移入海岛城内，故尼布甲尼撒大帝破城之后一无所获。腓尼基人惯于航海，凭借海岛天险继续顽抗。巴比伦是一个内陆国家，没有海军，尼布甲尼撒大帝只能望海兴叹，无可奈何，愤而将已被攻破的推罗主城彻底毁坏，而后移师南下去征服埃及。因此，推罗的陆上主城虽被毁坏，其海岛城市却屹立不倒，继续作为名城存在数百年。海岛离岸约1600米，如今岛上的推罗城城墙高大坚固，正对大陆的东墙竟有50米高，环城的海水有5米深。虽然推罗城不大，周长不足9000米，人口却有4万。岛城的东面还有两个葫芦状港口，北面的港口正对西顿方向，南面的港口正对埃及方向。两港肚大口小，易守难攻。而且推罗人拥有大批战船，作为波斯海军舰队的一部分仍然掌握着制海权。推罗舰队以两港为基地，不断环岛巡逻，戒备森严。

　　针对这种情况，亚历山大拿出了一个大胆的方案——由陆地修一条堤道通往推罗，变海战为陆战。这一带海峡很浅，靠近陆地的地方都是浅滩和泥地。靠近推罗城的那边是渡海必经的最深之处，附近有大批石头和树木。马其顿士兵在泥里打桩，又用泥将一块块石头牢固黏结在一起。亚历山大亲临现场，整天和那些筑堤的士兵们在一起。他对工程的每一步骤都亲自指导，对干活的人进行鼓励，每天还按工程量给出色的士兵发放奖品。

　　起初筑堤工程在陆地附近进展顺利。但当推进到水比较深、接近推罗城的地方时，困难陡然加大。高耸的城墙上，排箭纷纷射来，不时将筑堤的马其顿士兵射倒。推罗人掌握着制海权，他们乘坐战船向堤道冲来，一会儿冲击这边，一会儿又冲击那边，马其顿人的筑堤工程在许多地方无法进行。针对这种情况，马其顿军队在已经伸入海中很远的堤道上筑起两座防御塔。这两座防御塔由亚历山大的首席军事工程师、帖撒利亚人狄亚德斯监督制造，堪称古代世界最优秀的攻城器械之一。防御塔上安装了多座投石器，可以时刻对推罗城墙进行轰击。马其顿士兵还用各种兽皮将投石器遮掩起来，以免遭受从城墙上扔过来的燃烧标枪的袭击，如此也让筑堤的马其顿将士有了挡箭屏障。如果推罗人乘船来骚扰筑堤工地，马其顿士兵从防御塔上可以随时向下放箭，轻易将推罗人击退。

◇ 示意图1——推罗人以火攻挫败亚历山大的攻城行动

◇ 示意图2——亚历山大下令加宽堤道,形成第二条堤道,继续攻城

推罗人很快想出了破解之法。他们在一艘大船上装满易燃的木料,在船头竖起两根桅杆,桅杆四周筑起高高的舷墙,舷墙中装满木屑、刨花、松脂、天然沥青、硫黄等引火之物。推罗人又在每根桅杆上拴两根桁杆,把大锅吊在下边,锅里装满各种助燃物,准备随时从锅里倒出来助长火势。他们还在船尾压上重物,使船头尽量升高。做完这一切,推罗人用粗粗的缆绳将这条船与一艘战船拴牢靠,等海面上刮起吹向堤道的风,便用战船拖着这条大船的船尾前进。

离堤道和那两座防御塔越来越近了,推罗人点着易燃物,战船拖着燃烧的大船向堤道边沿猛扑过来。大船上燃起熊熊烈火,水手们跳进水里游泳逃生。轰隆一声,大船撞上堤道。转眼之间,大火扑到两座防御塔上。桁杆一断,大锅里的助燃物一齐倾泻到火海之中。推罗战船趁机靠向堤道,顶风停泊。

战船上的推罗士兵一齐朝那两座防御塔放箭,阻止马其顿士兵靠近防御塔救火。两座防御塔很快火焰冲天。大群大群的推罗士兵从城里蜂拥而出,跳上小艇,冲

到堤道两边纷纷靠岸，跳上堤道助战。他们捣毁保护堤道的木栅栏，烧毁安放在堤道上的投石器。此战推罗人大获全胜，马其顿军队在堤道上的军事设施全部被毁，攻城行动受阻。

亚历山大毫不气馁。他下令从陆地这边将堤道加宽，以便在上边修建更多的防御塔。他还命令工匠们制造更多的投石器。这些工作正在进行之际，亚历山大却带领一部兵马前往了西顿。他计划从西顿集合战船，重建海军。看来只要推罗人还控制着海面，马其顿军队就无法攻下这座城市。

去西顿之前，亚历山大先亲自率领这一部人马扫平四周，征讨居住在安蒂利巴努斯山区一带的阿拉伯人。亚历山大早年的老师黎西玛克斯坚持要随他前往。亚历山大劝他，您老了。黎西玛克斯坚定地说，我并不比阿喀琉斯的监护人斐尼克斯更为老迈，或者更缺乏勇气。没办法，亚历山大只好带着自己的老师出征。

这样一位老者随军，很容易将全军拖入极端危险的境地。马其顿人进入山区之后，只能下马步行。士兵们走在前面，亚历山大与黎西玛克斯跟在后面。黑夜即将来临，距离敌人很近，老迈的黎西玛克斯疲惫不堪，行动迟缓。亚历山大绝不肯抛弃自己的老师，他不断鼓励黎西玛克斯，搀扶着他慢慢前进。不知不觉间，亚历山大与大队拉开了距离。等他意识到时，已经跟大队失去了联络。天完全黑下来，不能再继续往前走了，亚历山大和黎西玛克斯身边只有几个卫士。亚历山大只好停止前进，在山间度过寒冷异常的漆黑长夜。看到远处有敌军很多散布的营火，

◇ 阿拉伯人的骆驼骑兵

而黎西玛克斯和卫士们却在黑暗与寒冷中发抖，亚历山大清楚，纵然目前身处险境，自己也必须分担部下的辛苦和劳累，鼓舞他们的士气。于是，亚历山大抽出短剑，如同一头敏捷的豹子，悄然隐没进黑夜之中。

亚历山大悄悄向最近的一处营火潜行。两个当地蛮族士兵正坐在营火旁取暖，对黑暗中的危险一无所知。亚历山大突然从黑暗中扑出来，用短剑割断了这两个蛮族士兵的喉咙。他拿起一根燃烧的木材，回到自己人的身边。亚历山大点起篝火，与卫士们一起紧紧守卫在火堆旁。有几股蛮族士兵从附近赶来，全被亚历山大和卫士们杀退。黑夜之中，没人再敢轻举妄动。亚历山大守卫的这处篝火让敌人大为惊慌，有些人趁夜赶紧逃走。亚历山大与黎西玛克斯得以平安度过一夜。第二天，他们顺利与大队会合。亚历山大再度出击，几天时间就将当地阿拉伯人荡平，然后抓紧时间赶往西顿。

◇ 夜晚，亚历山大与卫士们一起紧紧守卫在火堆旁

亚历山大在西顿开始了舰队的招募工作，一次就有80艘腓尼基战船投奔到他麾下。向亚历山大臣服的地方统治者也纷纷派出战船加入马其顿海军。塞浦路斯诸城邦得悉大流士三世在伊苏斯大败，又慑于亚历山大已控制整个腓尼基，于是派出120艘战舰来到西顿，投奔亚历山大。亚历山大表示，对塞浦路斯人不咎既往；塞浦路斯人从前与波斯海军的联合只是由于不得已，而非出于自愿，现在只要与马其顿军队合作，将功赎罪便可以了。亚历山大用这段时间装备战船，制造投石器，还从伯罗奔尼撒招募来4000名希腊雇佣兵，为再度向推罗城发动进攻做好了充

分准备。

一切准备就绪,马其顿海军舰队自西顿起锚,以密集队形向推罗驶去。亚历山大本人居右翼,即靠海的一边。他站在船首最前沿的位置,盔甲明亮,旗帜飘扬。塞浦路斯诸城邦舰队和腓尼基舰队跟他在一起,其他战舰编为舰队左翼。亚历山大的舰队在推罗城外开阔的海面上逆风停泊,他打算将推罗海军舰队引出来,自己用接舷战与之交锋。以马其顿士兵的强悍战斗力,定能在接舷战中将推罗人打垮。推罗人此时尚不知道所有塞浦路斯和腓尼基战舰都已投到亚历山大那边。他们的原计划是在海上正面迎击马其顿海军。推罗人看到马其顿海军舰队的战舰数量比原来预计的要多得多,而且战舰阵容严整,马上改变了主意,不再出港。推罗舰队采取收缩态势,战船密密麻麻挤在两个海港入口处,把两个海港都封住,不让敌舰在任何一个港内抛锚。

亚历山大见推罗舰队不再出港,马上拿出第二个方案——舰队保持原有队形,全速猛冲过去,开始攻城。亚历山大事先命令将造好的投石器全部安置妥当。有的安置在堤道上,有的安放在船上。马其顿人在西顿对一些运输船进行了改装,使之成为专门的投石战舰。还有一些慢速的战船,上面也安放投石器,专门进行远程攻击。为了制造这些投石器,亚历山大从塞浦路斯和腓尼基全境招来大批工匠,日夜赶工。现在一切准备就绪,亚历山大一声令下,陆上海上大批投石器同时开火,总攻开始。

推罗人在城垛口上竖起木制防御塔,正冲着堤道,从塔里向外射箭投石。马其顿人的投石战船如果靠近城墙,推罗人就用火箭全力向投石战船射击,不断向投石战船抛下各种东西。因此,马其顿人在南北两面无法接近推罗城墙。正对堤道的城墙高约50米,用巨大的长方石块拌以灰泥砌成,东面同样不是马其顿人能靠近的。推罗人把大批石头推进海里,水底形成许多石堆,马其顿战船还是无法靠近这一面的城墙。

必须从水底清空这些石头,战船才能从这一面靠近城墙。马其顿战舰开始打捞石头,一船一船运走。推罗人则挑选出一些战船,给战船外面罩上金属护甲,照准马其顿战船的抛锚处撞过去,将锚索撞断,使马其顿战船不能在近处停泊。亚历山大也如法炮制,给一些三十桨的大船装上铁甲,横泊锚前,专门阻击推罗人的装甲战船。推罗人很快又有了办法——派勇士泅渡过去,在水里将马其顿战船的锚索割断。马其顿人又改用铁索,铁索抛锚无法割断,推罗人再也无计可施。

马其顿人也改变了作业方法。他们从堤道上作业,将带活扣的长绳扔到石堆上,把石头从海里拉出来,再用投石器将石头抛到远处水深的地方。时间不长,通向城墙的水道清理干净,马其顿战船逼近城墙,直接停泊到城墙之下。至此,推罗城与陆地的联系被完全切断,马其顿军队的包围算是彻底完成。

推罗人现在四面受压,必须要找一个打破包围的突破口。推罗城北面的港口正对西顿,这个港口由塞浦路斯舰队负责封锁。推罗人经过反复筹划,决定打击马其顿军队的薄弱点,击破这里的封锁。推罗舰队先是故布疑阵,战船扬帆停在港口,对面的塞浦路斯舰队看不清这边的虚实。大约在中午时分,塞浦路斯舰队的希腊水手开始懈怠下来,亚历山大也下船回到城南的军帐里去休息。推罗人抓住战机,迅速进攻。推罗人以3艘五排桨和四排桨的战船、7艘三排桨的战船为先导,满载最熟练的水手和装备最好的水兵,准备与塞浦路斯舰队进行接舷战。开始行动时,推罗舰队成单行,轻轻摇桨,慢慢前进,静悄悄无人喊号子。当他们转向塞浦路斯舰队,同时也快要被看见的时候,推罗水手们突然高声呼喊号子,一排排桨整齐而有规律地划着,推罗战舰全速冲了过去。

当时亚历山大回到自己的军帐中去休息了。一切似有天意,他未像往常那样休息太久,而是处理了一点事务就马上回到船上。完全出乎意料,推罗舰队向抛了锚的塞浦路斯舰队冲过来,将塞浦路斯舰队打得措手不及。很多希腊水手下船吃饭休息去了,当时根本不在船上。发现推罗舰队冲来,慌乱中希腊水手们急忙上船,结果不堪一战。推罗人轻而易举地击沉了几艘五排桨的大型战船,用战舰将剩下的船连推带撞全部毁坏,许多马其顿船只搁浅在了海中。

◇ 示意图3——推罗舰队向塞浦路斯舰队发动突袭

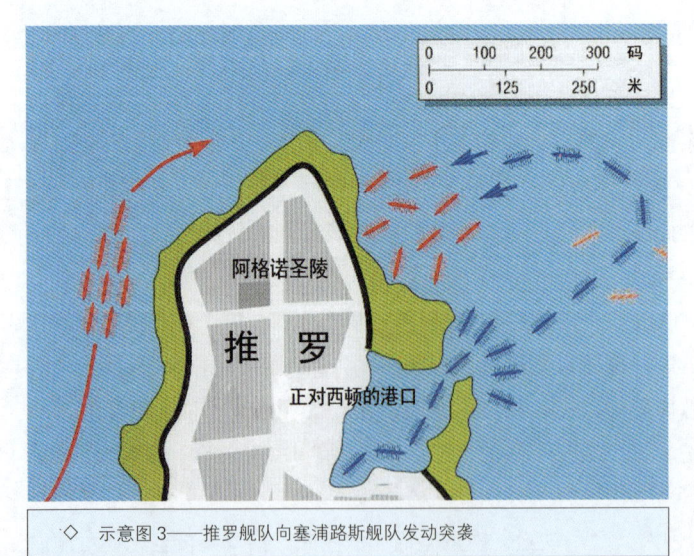

第七章 阿蒙之子

亚历山大得知推罗舰队出击的消息,命令全体战船配足兵员后立即在港口逆风停泊,以防其他推罗战船冲入。然后,他将火速配好兵员的所有五排桨战船和5艘三排桨战船集中起来,亲自率领,在推罗城墙四周绕行,打击冲出城来的推罗战船。城墙上的推罗人看到马其顿人进攻,还看到亚历山大本人也在战船上,大声向出击的推罗舰队呼喊,叫他们退回去。在一片震耳欲聋的喧噪声中,谁也没听见。

城上的推罗守军用各种信号催促舰队往回撤,等推罗舰队发现亚历山大亲率舰队进攻时,为时已经太晚了。推罗舰队只得慌忙掉头向港内逃跑。有几只推罗战船千方百计逃出险境,绝大部分战船在亚历山大舰队的冲击下都被打得失去了战斗力。一艘五排桨战船和一艘四排桨战船在港口被俘,推罗水手死伤倒是不多,他们一看到自己的战舰被困,便赶紧跳进水里,没多大困难就游回了港内。

现在推罗人已经失去了海军舰队的支援,亚历山大马上将投石器调上去攻城。马其顿人沿堤道向城墙投石,不停攻打。然而推罗城墙异常牢固,攻城简直看不出有什么效果。推罗城北面正对西顿的港口方向,塞浦路斯舰队也用投石战船攻城,轰击同样未获成功。亚历山大亲率一批战船向南驶入面朝埃及方向的那个港口,试图从推罗城的南面攻击城墙。这一方向的攻击收到些效果,投石器开始轰击后,城墙被打得松松垮垮,有一部分城墙直接坍塌。亚历山大刚打算在这个地方扩大进攻,试试在突破口上能不能架起攻城的搭板,推罗人的反击便将马其顿军队赶下了海去。

虽然进攻再次失败,亚历山大却发现了推罗城防的薄弱点。他明白,只有在这里扩大突破口,才能攻进推罗城。亚历山大等了三天,终于等来了风平浪静的好天气。马其顿远征军作战甚久,已经疲惫不堪,亚历山大抓紧这三天时间整补休养。临出战前,马其顿远征军中的祭司阿瑞斯坦德照例宰杀牲畜,向众神献祭。老祭司亲自操刀宰杀祭品,剖开牲畜的肚子,检视内脏以定凶吉。忙碌一番之后,阿瑞斯坦德很有信心地向马其顿将士们宣称:一定可以在本月之内攻下推罗城。

马其顿将士们听到他的话,当即爆发出一阵哄笑。人们对阿瑞斯坦德大肆嘲笑,因为今天是这个月最后一天。阿瑞斯坦德平时的预言都非常灵验,这次却连他自己都窘迫不安起来。

亚历山大却举起手臂,大声高呼:"今天,我们会攻下这座城市!"

说完,亚历山大下令号角手吹响进攻的号声,全面发起攻城行动。激昂的号

◇ 示意图 4——马其顿军队最终从城墙薄弱点攻入推罗

角声中，留守在大本营的马其顿将士都忍不住兴奋的情绪，纷纷出动前去协助。这次攻势空前浩大。

亚历山大亲自率领一批投石战船驶到城墙边，命令众将迅速投入战斗。亚历山大先指挥投石战船全力轰击，将城墙轰垮很大一段。看到豁口够大了，他命令投石战船向前推进。两艘装着搭板的战船紧随其后，准备将攻城搭板搭在城墙缺口上。两艘船上满载着马其顿近卫步兵，这是准备拼死登城的第一波力量。亚历山大本人和他的卫士们也准备好了。只要那段城墙一垮，他们就冲上去。

亚历山大还命令一部分战船在南北两个港口间来回行驶，扰乱推罗人的判断。亚历山大指示其他装运投石器石弹和弓箭手的船只绕城行驶，只要有可能就开进推罗守军的射程以内，能靠岸就靠岸停泊，不能靠岸就在岸外顶风抛锚，从四面八方远程打击推罗人。他既要让眼花缭乱的推罗人忙于对付其他方向的"攻城部队"而无暇他顾，自己这边乘机突破缺口，更要让推罗人感到处处危急，直至最后丧失斗志。

搭载第一波登城部队的两艘马其顿战舰离城墙越来越近了，船上的马其顿近卫步兵个个屏住呼吸，瞪大眼睛，紧握武器。终于，战船抵近城墙，投石器轰开的缺口就在眼前。搭板立即被从船上搭到城墙上，近卫步兵们仰天高呼，跳上搭板，一鼓作气冲到城上。亚历山大与普通士兵一样，也踩着搭板冲了上去。

第一个登上城去的是马其顿部将阿德米塔斯。他努力杀开缺口，鼓励战士们拼死往上冲，冲破推罗人的阻击。阿德米塔斯是一个真正的勇士，他直杀到精疲力竭，最终被长矛刺中，战死城头。与他一起爬上去的20名近卫步兵也全部阵亡。亚历山大也冲在前面，他一手持盾，一手持长矛，身上的盔甲光耀夺目。几名推

罗士兵冲过来跟他肉搏，亚历山大挺起长矛左挑右刺，几名推罗士兵全部倒在他手下。一名推罗士兵趁亚历山大尚未收回长矛，一刀朝他头上砍去。只见亚历山大丢开长矛，闪开身子，抽出短剑，朝对手当胸一剑，将那名推罗士兵活活戳穿。

亚历山大一脚将那个推罗人的尸首踢到城下，回身怒视尚跃跃欲试的推罗士兵。推罗人不敢靠近他了，只敢远远向他投掷各种东西，手里有什么投什么，抓到什么扔什么。马其顿近卫步兵们见自己的国王遭到围攻，个个热血沸腾，高声号叫着朝推罗人扑去。就这样，亚历山大亲自冲上去的那段城墙成了马其顿人最先攻占的一段，这段城墙上的推罗守军稍加抵抗便溃下城去。

马其顿士兵从这里直接杀进城来，不用再如履悬崖走搭板了。城楼之间的一段段障壁相继被夺占，马其顿士兵穿过垛口源源不断冲进推罗城区。亚历山大不但像普通士兵一样战斗，而且还处处留神，把将士们英勇出色的事迹都看在眼里，记在心中。对于他而言，这才是统帅的职责所在。

与此同时，停泊在南面港口附近的腓尼基舰队也捣毁了水栅，冲入港内。腓尼基舰队成功全歼了停泊在港内的推罗舰队残余力量。推罗战船一艘接一艘被焚毁在港内，或是搁浅在岸边。北面的港口则连水栅都没有，港外的塞浦路斯舰队直接闯入港内，占领了推罗城北部。推罗人见城墙已入敌手，只得开始逃跑，没能逃出城的人集结在一个叫阿格诺圣陵的地方做最后的死守。此时，从南北港口和城墙突破口开来的后续部队全部进入城内，控制了这座城市的每一个角落。马其顿军队成了推罗城的主宰，一场屠杀开始了。

由于围城太久，马其顿人的火气早已按捺不住。而且，推罗人曾残酷处置马其顿战俘——他们将这些俘虏拖到城墙上，让城外的马其顿人都能看到，就这样在众目睽睽之下将战俘砍死，将残缺不全的尸体扔进海里。这激起了马其顿人的万丈怒火。围城期间，推罗人一度谣言纷传，说太阳神阿波罗对他们的行为表示不满，要离开他们投奔亚历山大。推罗人把太阳神当成捉回的逃兵，用绳索把阿波罗雕像捆绑起来，再用长钉钉在底座上面，谴责他是偏袒亚历山大的变节分子。如此渎神的行为，令马其顿人不容。如今推罗城破，马其顿士兵复仇心切，不论看到什么人都狠命砍杀。如此，有8000名推罗人倒在血泊之中。

推罗的国王和贵族们逃进了赫拉克勒斯神庙，向大力神祈祷活命。有趣的是，当时推罗城里还有一个来自迦太基的使团。迦太基是腓尼基在北非建立的殖民地，腓尼基人将源自推罗的赫拉克勒斯崇拜也带到了那里。这些迦太基人是来推罗的赫拉克勒斯神庙朝拜的，没想到居然在这里遭遇了战事，只得随推罗贵族们一道躲入神庙。最终，亚历山大全部赦免了他们，下令将城中所有平民出卖为奴。连推罗人带异邦人，共有约3万人被卖做奴隶。推罗总共有约4万人口，其中2000人战死城头，8000人遭屠杀，其余基本全部成为奴隶。

亚历山大兑现了当初向推罗人提出的条件——进城向赫拉克勒斯献祭。献祭之后，为向大力神致敬，亚历山大举行了全军武装大游行，海军舰队也举行了大检阅。按照希腊人的风俗，亚历山大在赫拉克勒斯神庙的大庭院里举行了体育比赛和火炬赛跑，还把轰垮城墙的那架投石器献给神庙。攻城时马其顿军队还俘获了推罗人献给赫拉克勒斯的圣艇，亚历山大命令也刻上献词，一并献给赫拉克勒斯。推罗之战就此落下帷幕。

推罗之战历时七个月。经过这七个月的艰苦围城，亚历山大终于彻底摧毁了推罗，歼灭了波斯帝国的最后一支海军力量，除掉了心腹之患。要知道，当年巴比伦的尼布甲尼撒大帝围攻推罗城，打了整整十三年。推罗人全部被出卖为奴，但推罗城尚存。亚历山大战后从内陆招募新移民，还在当地留下一支驻军。推罗城完全被置于马其顿控制之下。

在围城期间，大流士三世曾再次派使臣来求和，愿意用1万泰伦的巨额黄金来赎回被俘的亲属，把一个女儿嫁给亚历山大，并割让幼发拉底河以西直到爱琴海的全部土地。亚历山大在一次军事会议上宣读了这些条件，马其顿将领们听了很高兴，帕曼纽首先发言：

"我们所要达到的目标都在这里了。如果我是亚历山大，我就会接受这个提议。"

亚历山大将目光从老将军身上移开，缓慢而清晰地说："如果我是帕曼纽，我也会接受这个提议。"

粗鲁无文的马其顿将领们虽然一时弄不明白这话是什么意思，但话音中所包含的傲慢和轻蔑他们却感觉到了。会场的气氛一下子变得尴尬和紧张起来。帕曼纽面无表情，垂目端坐，只有颌下长须微微颤动。年轻的将领们首先反应过来，帕曼纽的长子、近卫骑兵将领费罗塔斯觉得父亲受到了不公正的待遇，他涨红了脸，想站起来争辩，被他旁边的托勒密硬拽住了。

年轻国王的言下之意明确无误——我是亚历山大，我不会接受这个提议。

亚历山大对众将的反应视若无睹。他命令卫士将波斯使臣叫进来。他对使臣说：

"告诉大流士,我不要他的黄金,也不要他的部分领土。因为他所有的黄金和土地都将是我的。我如果想与他的女儿结婚,我自己会安排。我是全亚洲的统治者。叫他尽快亲自来见我,这样才可以获得优待。"

媾和被拒绝了。大流士三世接到这个回答之后,把向亚历山大提出的所有建议一笔勾销,开始准备再战。战争将继续打下去。不过这已经成了一场一边倒的战争。

在攻克推罗之后,亚历山大继续挥师南下,一路势如破竹。现在,亚历山大下定决心远征埃及。从推罗往南,沿着海岸向埃及行进约150英里后,便到了古城加沙。叙利亚和巴勒斯坦已经站到亚历山大这一边,只有加沙总督巴提斯始终拒绝加入亚历山大的阵营。巴提斯以阿拉伯雇佣军守卫加沙城,并囤积给养,准备应付长期的围攻。

亚历山大率远征军抵达加沙城下,派人向巴提斯招降。巴提斯坚信加沙坚不可摧,坚决拒绝投降。加沙是古老的圣城,位于埃及沙漠的边缘,距海岸约1英里。加沙城很大,建在高岗上,四围的城墙极为牢固,城墙外就是沙漠。可以说,加沙是通往埃及的道路上,位于沙漠边缘的最后一座城市。与推罗的战略地位一样,亚历山大不能冒险让波斯人威胁自己通往埃及的交通线,必须占领加沙,才能安全地进入埃及。加沙当然不是容易占领的。在当地语言中,"加沙"一词的意思就是"坚强"。

亚历山大勘察了地形,找到了一段似乎是薄弱点的城墙。他命令马其顿远征军在这段城墙附近扎营,并下令工匠立即开始组装投石器。首席军事工程师狄亚德斯向亚历山大禀报:陛下,山岗太高,投石器无法将石弹投那么高,攻城器械也无法接近城墙,强攻是拿不下这座城的。

亚历山大的想法却与此相反,越是难拿就越要拿下。因为奇迹般的壮举将使一切敌人闻风丧胆;如果拿不下来,消息传到希腊和大流士三世那里,对他的威望将是一次打击。所以,亚历山大告诉狄亚德斯:你只需要说,有什么办法能克服山岗的障碍。

首席军事工程师说,陛下,唯一的办法是在城外积土成山,然后在山上安置攻城器械。

亚历山大当即命令,照这个构想去做。

于是,马其顿远征军在加沙城南面的城墙附近开始堆山的工作。亚历山大将

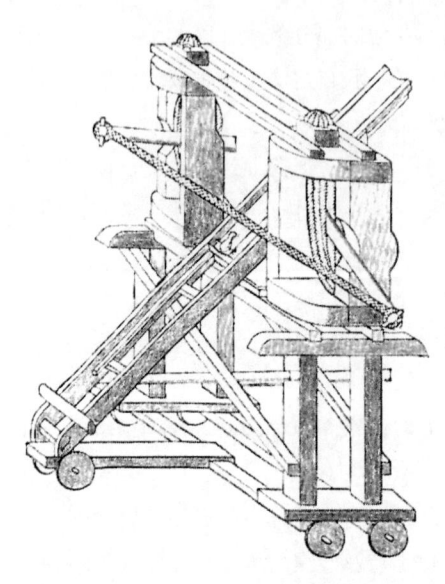

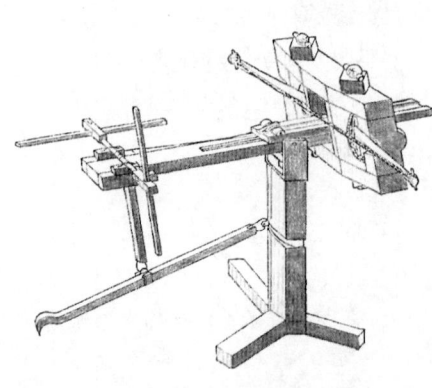

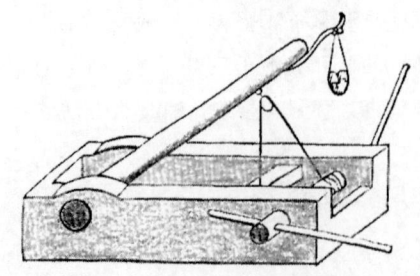

当地百姓也征发起来，强迫他们一起来修筑这座土山。攻打推罗时使用的攻城器械也正从海上运来。土岗修得够高了，马其顿远征军将投石器的各部分搬上山岗，在山岗上组装完毕。这个位置已经是离城最近的了。

就在这时候，亚历山大头戴花环，准备祭祀众神。但刚要按祭礼献上第一只牺牲时，一只在祭坛上空飞翔的猛禽，爪子里抓着的一块石头掉在亚历山大的脑袋上。然后，这只大鸟停在了一门弩炮上。弩炮上蒙着牛筋制成的网子，这种网子是为保护操纵弩炮的绳索而设。大鸟懒洋洋地抖抖羽毛，却不小心与网子纠缠在了一起，被马其顿士兵捉个正着。

这一幕有些巧合，也有些灵异。亚历山大心中并无丝毫不安，但他还是请教老祭司阿瑞斯坦德，这只鸟的兆头是什么。阿瑞斯坦德回答说："陛下，您将夺得这座城市。不过，今天您必须注意照顾自己。"

听到这个劝告，亚历山大退出了城上敌人的弓箭射程，在土岗上的投石器旁待了一阵子。城里的阿拉伯雇佣军突然大举出击，企图攻上土岗，烧毁投石器。同时，阿拉伯雇佣军在城头居高临下向马其顿军队射箭投石，犹如急雨，甚至一度将马其顿人赶下新修的土岗。

亚历山大也许是有意不听老祭司的

◇ 马其顿军队的攻城器械

话，也许是因为全神贯注于激烈的战斗，完全忘记了那回事。他不顾一切，立即率近卫步兵亲自参战。他把近卫步兵带上去支援马其顿军队战线压力最大之处，成功顶住了阿拉伯雇佣军的突击，让马其顿军队牢牢守住了土岗。不过，亚历山大本人还是负了伤。有一颗从弹弓射来的石弹穿透了他的盾牌和胸甲，一直打进他的肩膀。医生为亚历山大裹伤，发现肩伤还颇重。亚历山大心里却明白，阿瑞斯坦德说的话应验了，他果真负了伤。

应验了后半句，则前半句也一定是真的。阿瑞斯坦德还保证加沙城定能攻下。

所以，虽然肩伤不轻，亚历山大倒显得颇为高兴。

亚历山大的伤好不容易才裹好，攻打推罗时使用的攻城器械已经从海路运来了。亚历山大下令围绕全城挖掘一道对垒的工事，以防守军的突击。首席军事工程师指挥马其顿将士们把土堆加高加宽，使其与城脚看齐。攻城器械安装好了，马其顿远征军立即开始了轰击。

一颗颗沉重的石弹，把城墙轰得弹坑累累，面目全非。亚历山大又命令士兵们在几处城墙下同时挖掘坑道。加沙城的城基逐渐往下沉，最后城墙下陷坍塌，陷进下沉的地道里。与此同时，地面上的马其顿军队也用石弹把城墙轰平了一大片，城上堡楼里的守敌被迫撤退。

阿拉伯雇佣军虽伤亡惨重，仍然勇敢地顶住了马其顿远征军的三次冲击。第四次冲击中，亚历山大把马其顿方阵调了上来。马其顿士兵从四面八方猛扑上去，把一处已挖空地基的城墙推倒，将另一处已被投石器打得松松垮垮的城墙拆开很大一个缺口。这样，在倒塌的城墙上搭云梯，攻击不再困难。只见马其顿士兵将大批云梯搭在城墙上，一个个纷纷向前，一场攻城竞赛就此展开。

马其顿战士个个勇悍不畏死，拼命都要争取第一个登上城去的荣誉。结果，夺得桂冠的是纽普托利马斯，亚历山大童年的伙伴之一。随后，在各中队指挥官的率领下，马其顿步兵一队接一队爬上城墙。先头的几个中队入城后，将所有的城门全部破坏，马其顿全军立时杀入城内。

虽然全城已入敌手，加沙百姓还是抱成一团拼死抵抗。每个人都在自己的岗位上战斗到底，直至全部战死。最终，加沙无一人投降。

亚历山大俘获了身负重伤的加沙总督巴提斯。据说，亚历山大模仿自己的先祖阿喀琉斯在特洛伊城下对待赫克托尔的方式，将巴提斯的脚绑在战车后面，快马加鞭全速前进，将巴提斯活活拖死。此事在正史上没有记载，或许史学家不愿

◇ 《伊利亚特》中,阿喀琉斯在特洛伊城下杀死特洛伊王子赫克托尔后,将赫克托尔的尸体拖在自己战车后面,凯旋。先祖的作为,正是亚历山大努力要效仿的对象

暴露亚历山大残酷的一面,所以只字不提。也有人相信,这并非残酷,而是亚历山大在表达自己对阿喀琉斯的崇敬。他很可能真会做出这样的事情。

马其顿远征军从这个城市获得了丰厚的战利品。亚历山大将自己的战利品运回马其顿本土,大部分都送给了母后奥林匹娅斯和朋友们。他也没有忘记自己早年的老师李奥尼达斯,特意送给李奥尼达斯重达500泰伦的乳香和100泰伦的没药,感谢他在幼年时期对自己的栽培和期许。亚历山大记得,幼年时代,有一次自己在祭祀众神的时候,李奥尼达斯站在自己的身边监督。亚历山大双手捧着一把香投进火里,李奥尼达斯当场提出告诫:"现在还是要节省一些。等到将来,你征服了生产橡胶和香料的国家,就是浪费再多也没有什么关系。"

现在,亚历山大略带俏皮地写信给李奥尼达斯,说道:"我现在送给您大量的乳香和没药,以后您对众神就不必那样小气了。"

亚历山大将加沙城中剩余的妇孺都卖为奴隶,把附近部族招来在城内定居。从此,亚历山大将加沙用作军事要塞,通向埃及的道路就此畅通,马其顿远征军的交通线也获得了保障。

公元前332年冬,亚历山大率马其顿远征军水陆并进,轻而易举征服古国埃及。

亚历山大之所以要占领埃及,一方面因为埃及气候温暖,盛产粮食,可以保证希腊本土的供给;另一方面他不想跟大流士三世追来追去,故意给大流士三世一段时间,让他去重新组织部队,这样好在下一次会战中彻底解决问题。而最重

要的是，亚历山大要在这里实现自己的梦想。

亚历山大率军在埃及古都孟菲斯祭祀了众神，然后乘船沿尼罗河顺流而下，朝地中海驶去。当亚历山大从尼罗河口三角洲的法洛斯岛附近登岸时，他突然如同受到神启一般，开始注意附近的景色。这个地方紧邻尼罗河河口，是长长的地峡，一边是礁湖，另一边是地中海。在地中海这边的尽头有着面积广阔的天然港湾。亚历山大当即下定了决心——在这里建造一座理想中的城市。这座城市将供来自希腊的移民居住，必须幅员广大，人民众多，繁荣兴旺。最重要的是，这座城市要以亚历山大的名字来命名。

亚历山大满腔热情，当场下令动工兴建。他亲自把城市草图标画出来：四周的城墙修在何处，什么地方修建市场，什么地方修建神庙，神庙中雕刻什么样的神像……一一都在亚历山大胸中。值得注意的是，亚历山大规划中的神庙，里面既供奉着希腊的众神，又供奉着埃及的众神。

后人纷纷传言当时的盛况：亚历山大打算把城墙的具体位置在地面上勾画出来，留给筑城的工匠按线修建，但找不到画线的材料。身边有一名卫士异想天开，给亚历山大出了一个好主意。这名卫士建议将士兵们随身做口粮用的粗麦粉收集起来，亚历山大在前面走，后边跟着的人就往地上撒。亚历山大走到哪里，粗麦粉就撒到哪里。就这样，亚历山大设计的城墙具体位置画出来了。他在黑色的土壤上用撒粗麦粉的方式，规划成半圆形的范围，再在里面用直线表示道路，使得整个城市的结构呈斗篷或披肩的形状。当亚历山大满心喜悦打量着这个设计图的时候，天空中突然出现大群飞鸟。鸟群像一片乌云从河流和湖泊飞过来，不过片刻功夫就将用来画线的

◇ 亚历山大立马埃及

粗麦粉啄食得干干净净。这个不吉利的兆头让阿瑞斯坦德这样的老祭司都难以解释，亚历山大却乐观地表示，这个征候所表示的意义，是他所建造的城市资源极其丰富，不仅毫无匮乏的顾虑，还可以把粮食供应很多国家。也确如此言，后来埃及成为古希腊和古罗马最重要的粮仓，这座城市的确是埃及出口粮食的最重要港口。现在，亚历山大命令工匠们加紧施工，早日让这座伟大的港口城市屹立于大地之上。

当然，这一切只是传说而已。事实上，亚历山大找来了最优秀的建筑师狄诺克莱特斯，让他指挥建筑师们按照自己的吩咐，依照地势画出整个建造的图样。工匠们测量出土地，竖起木桩标明地界，才开始破土奠基。亚历山大深信这座城市能够成为世界上一流的城市，而且是最美观、最华丽和最奢侈的。当他东征归国的时候，他要在地中海沿岸留下的最宏大的礼物，就是这座城市。

就这样，亚历山大在尼罗河三角洲修建了以他的名字命名的第一座城市，在人类历史上留下了自己征服业绩的纪念碑。这座城市，就是存在至今的埃及历史文化名城亚历山大港。亚历山大去世后，在托勒密王朝统治埃及时期，亚历山大港成为整个地中海地区最大的城市，东西方经济文化交流的中心。它建有世界上第一个，也是最大的图书馆。城外的法洛斯岛用堤道与大陆相连接，岛上矗立着高达120米的灯塔，40公里外都可以看见它的灯光。亚历山大港灯塔与古埃及吉萨金字塔、古希腊奥林匹亚宙斯神像、罗德岛太阳神巨像等人造奇观一起，被合称为古代世界的七大奇迹。

亚历山大的远征进行到此时，已经过去了整整两年时间。征服埃及，是第一阶段远征的最大成果。这两年间，亚历山大对小亚细亚沿海诸城邦的统治策略在渐渐变化。当初提出的尊重自治的宣言，如今被完全专制的统治手法所取代。驻兵埃及休整补充的半年里，随着征服地域的不断扩大和军事实力的不断膨胀，亚历山大的权力也越来越大，越来越集中。他本人变得愈发像东方的独裁帝王，他的话开始具有法律的效力。亚历山大对身为科林斯同盟的盟主不再有兴趣，他想要的是全世界。

半年时间中，亚历山大坐镇孟菲斯，不断接见从希腊各城邦来的代表，恩威并重，让他们心服口服。代表们表态，希腊城邦同盟永远效忠亚历山大，将继续全力支援他的远征。安提帕特罗斯不断从希腊本土派来援军，马其顿远征军的实力不断壮大。亚历山大还全力整顿埃及的政务，在埃及划分行政区，安排驻军，

推行税法，让埃及真正成为自己的粮仓和后勤基地。经过他的治理，埃及似乎也变成了希腊城邦同盟的一部分。

这些事办完后，亚历山大还有一个压倒一切的愿望——到利比亚沙漠深处的西瓦绿洲拜访古埃及太阳神阿蒙的庙宇。他深知，这是自己此次远征亚洲必须要做的事情。

稍加准备之后，公元前331年初春，亚历山大与几位朋友一起出发，进入荒凉的沙漠，去找寻阿蒙神庙。这一次的旅程，更为亚历山大的人生增添了一层神秘的色彩。后人常用夸大的解释来揣测亚历山大的动机。亚历山大在这次旅程途中的种种奇遇，更有许多传说留存至今。

冒着吹到脸上的热风和漫天的黄沙，亚历山大与朋友们沿海岸的沙漠一路前行。路上荒无人迹，接连好几天见不到一滴水。走完这段路之后，亚历山大与朋友们从海岸折向内陆，向沙漠深处的阿蒙神庙前进。他们要通过的内陆沙漠广袤无边，沙质又很软。如果遇到强烈的南风，风暴会吹起成堆的黄沙，如同波涛汹涌的海洋。大约200年前，正远征埃及的波斯帝国皇帝冈比西斯二世听说国内发生变乱，急忙派出5万大军回师波斯镇压。这支波斯军队正是在这片沙漠中遇上史无前例的大沙暴，结果5万大军全部被黄沙吞没，葬身茫茫沙海。

亚历山大的旅程却是出乎意料的顺利，仿佛命运之神在眷顾他。沙漠中没有任何水源。亚历山大与朋友们的水喝光了，正当要陷入饥渴的绝境时，沙漠的天空中居然下起了大雨。后人只能将沙漠中的降雨解释为众神相助。丰富的降雨使亚历山大和朋友们免于渴死，更让极端干燥的沙漠变得潮湿，地面结实易于行走，连空气都变得干净清纯起来。

最不可思议的还不是水。沙漠中大风飞扬，给原本依稀可见的道路盖上一层厚厚的黄沙，将沙漠中道路的痕迹完全湮没。亚历山大与朋友们在漫无边际的沙漠中完全迷失了方向。如同在大海中一样，四周没有任何标志物。既无山，又无树，连坚实的土丘都没有。如果有这些标志物，行路的旅人还能像水手们在航行中看星星那样，掌握大概的方向。可现在亚历山大与朋友们是真的迷失了方向，连向导都不知往哪儿走才好。

后人传说中神奇的事情在此出现了。据亚历山大的好友托勒密多年后说，他们发现有两条蛇在前面爬，还发出说话似的声音。于是，亚历山大命令向导跟着这两条蛇走，他要求朋友们相信神的指引。这两条蛇一路上真的充当了他们的向导，将亚历山大与朋友们带到了阿蒙神庙，后来还将他们带了回来。

据深得亚历山大信任的另一位建筑师阿瑞斯托布拉斯说，领路的不是蛇，而是乌鸦。每当指路的标志毁损不见，亚历山大与朋友们迷路，或是往返徘徊无所适从的时候，便有一群乌鸦出现为他们带路。这群乌鸦飞在亚历山大一行人的前面，如果亚历山大与朋友们耽搁或落后了，乌鸦就在半空盘旋等待他们。最令人惊奇的是，如果在夜间走错路，乌鸦竟然会不停发出嘶哑的叫声，直到把亚历山大和朋友们引导到正确的路途上为止。

其实，这些众神相助的说法，或许更多出自亚历山大朋友与部下的杜撰，为的是给亚历山大增添神秘的光环。他遭遇险恶之际，众神施与解救和帮助，这样的故事因为亚历山大无敌的神威更容易取信于人。人们更愿意相信，亚历山大是上天命定的征服者，亚洲的统治者，乃至整个世界的主宰。而事实上，命运之神一直眷顾亚历山大，是因为他有着坚忍不拔的意志，遇到任何事都会坚持自己的主张。勇敢的天性会激起克服一切困难的雄心壮志，不仅让亚历山大在战场上保

◇ 亚历山大亲自规划修建埃及的亚历山大城

持常胜的威名,更让他能够凭借意志征服空间、时间以及大自然形成的重重障碍。这样的亚历山大,是常人难以企及的。

经过三周的艰难旅程,阿蒙神庙所在的西瓦绿洲终于到了。沙漠中极目四望,遍地死寂,绝无一点生命的迹象。阿蒙神庙周围小小的沙漠中心地带却是绿树成荫,橄榄、棕榈等植物共同为神庙撑起了这一片绿洲,毫无生气的沙漠中只有这处地方有露水。西瓦绿洲中还有一股泉水从地下涌出。据亚历山大的朋友回忆,这口泉和一般从地下冒出来的泉水大不相同。这口泉的水,在中午喝起来便非常清凉,用手一摸更觉得凉爽。一到傍晚太阳落山的时候,泉水开始变暖,越晚越暖,到半夜温度最高。天亮之后,泉水又开始变凉降温。一年到头,泉水每天都这样循环变化。这一带还盛产从地里采掘出来的天然食盐晶体。这种食盐晶体颗粒很大,一颗颗像水晶那样透明。它比海盐纯洁,是宗教仪式上不可缺少的神圣祭品。不论在埃及或是在其他地方,祭司们总要在宗教仪式上使用这种盐。阿蒙神庙的祭司僧侣们常将食盐晶体带往埃及。他们用棕榈叶做成蒲包,装上食盐晶体,随身携带,作为礼物送给埃及法老或其他贵人。这样神奇的地方,让亚历山大又有了神奇的遭遇。

阿蒙神庙的大祭司对亚历山大表示欢迎。不同于其他大祭司对亚历山大的称呼"我的孩子", 阿蒙神庙的大祭司称呼亚历山大为"神的孩子"。

亚历山大向阿蒙神庙敬献了丰厚的祭品,然后开始向大祭司问卜。亚历山大问:"谋杀我父亲的凶手当中,有没有人漏网,有没有人逃过惩罚?"

大祭司并不回答这个问题,而是庄严地说:"说话的时候用语要审慎,因为你的父亲,不是一位凡人……"

亚历山大心中一震,马上明白了祭司的意思。他改换措辞问:"在谋杀马其顿国王腓力二世的凶手当中,是否还有人未受到该得的惩罚?"

大祭司回答:"腓力的死亡,已经获得了充分的报复。"

亚历山大默默点头。他鼓起勇气,问出了萦绕自己心头已久、真正想问的问题:"一个囊括全世界的帝国,是否会为我所有?"

阿蒙神庙大祭司以最严肃的口气回答:"神的孩子,你将拥有全世界。"

亚历山大心中在说——这就是我想听到的回答。

他以希腊主神宙斯之子自居,他也要获得埃及主神阿蒙的认可。只有这样,他才能合法统治西方和东方。这正是亚历山大长途冒险来到阿蒙神庙的真正目的。

他当然不会真的以神自居，他只是将加诸己身的神性当作促成其他民族臣服的一种手段。后来亚历山大喜欢对朋友们说，神是全人类共同的父亲，那些最优秀的人便是他宠爱的子女。

从阿蒙神庙回来，亚历山大进一步推行他的亲东方政策。他任命两名埃及人做上下埃及的总督，尊重埃及人的宗教信仰，继续给祭司僧侣们大量馈赠。由于阿蒙神庙对亚历山大已经表示认可，埃及祭司僧侣们为表示对他的敬意，便慷神之慨，宣布亚历山大为"阿蒙之子"。

"阿蒙之子"向来是埃及法老的头衔，于是亚历山大便成了古埃及王国神授的合法继承人。

这一行动引起了很多马其顿将领的不满，尤其是那些跟随腓力二世多年的老将。他们觉得亚历山大甘愿做异教神的儿子，简直是对希腊主神宙斯和先王腓力二世的背叛。克雷塔斯忿忿地说："我看他是昏了头了，简直忘记自己是马其顿人了！"费罗塔斯出于对亚历山大羞辱他父亲的怨恨，更是四处游说，煽动对国王的不满。

马其顿将士参加远征的目的，是要征服东方民族，抢掠他们的财产和土地，自己做世界的主人。亚历山大的野心，却是建立囊括整个世界的庞大帝国，实现真正的四海一家，马其顿只不过是其中的一部分。马其顿将士无法容忍这种前景：他们拼死拼活流血牺牲，换来的却是与其他民族的平起平坐。这就是亚历山大与他的将领们分歧的根源，一个无法弥合的裂痕。这个裂痕已经在扩大了。

第八章

高加米拉
——永恒的胜利

公元前331年晚春，亚历山大又率军踏上了征途。经过两次大胜和一冬休眠的马其顿远征军，信心十足，斗志高昂，锐不可当。亚历山大照例先回头镇压了当地城邦的反马其顿叛乱，然后继续北上。经过重建中的推罗城时，亚历山大下令暂时停止前进，就地继续休整。亚历山大知道大流士三世在进行全波斯帝国范围内的总动员，要做最后的殊死战，所以，自己也要利用这段时间做最周全的准备。

经过两年征战，亚历山大已控制了孟菲斯、萨迪斯、大马士革等名城，财力今非昔比。他将大量金银运回马其顿，用来招募更多的部队。安提帕特罗斯在马其顿本土全力筹措，大约1.5万增援部队赶来推罗会师。这样亚历山大的兵力有所增强，总共约4.7万人。其中步兵有4万人，包括重装步兵1.8万人；骑兵7000人，包括近卫骑兵2000人。亚历山大迅速将军队编制完成，加紧操练。

另一方面，亚历山大还要处理希腊国内事务，尽可能让身后的黑云消散。波斯帝国希腊雇佣军统帅门农生前用占优势的波斯海军舰队联结希腊本土诸城邦密谋反抗马其顿。以斯巴达为首，这一计划原本反响热烈。但随着波斯帝国在伊苏斯会战中的惨败，亚历山大在东方的胜利进军，参与密谋的城邦纷纷退缩，只剩下斯巴达。斯巴达国王亚基斯三世始终不与马其顿妥协，他私下里拉拢雅典，希望共抗马其顿。正巧这时雅典使节来到推罗城，请求亚历山大释放在格拉尼库斯战役中被俘的雅典人。亚历山大当机立断，同意释放雅典战俘，增加雅典对自己的好感；同时派海军舰队分出100艘战舰，回援伯罗奔尼撒半岛稳定局势。软硬两手兼施，希腊本土局势迅速稳定下来，斯巴达不敢再轻举妄动。东征的后顾之忧又暂时解除了。

在推罗停留期间，亚历山大第三次接见了波斯帝国派来的使节。大流士三世给亚历山大送来一封书信。在这封信中，大流士三世最后一次表达了和平的意愿。大流士三世在信中称亚历山大为"陛下"，他完全放下了波斯帝国皇帝的身架。他在信中以一个长者的身份跟亚历山大讲了一点人生的经验。他告诉亚历山大，自己见过太多了，而亚历山大还是太年轻。人生一世，幸运之星不会永驻，一个人越是荣耀，越容易引起别人的羡妒，如同轻灵的飞鸟会不由自主被气流带到高空。大流士三世提醒亚历山大谨防被年轻人的虚荣心所蒙蔽，因为在他这个年纪没有什么比控制自己的虚荣心更加困难的了。

亚历山大照例拒绝了大流士三世的和平请求。他回答说，波斯帝国皇帝正在许诺并不属于他的财产，他同意分割的土地早就失去了。亚历山大让大流士三世准备决战，因为世界容不下两个大帝。

就这样，一场决战将最后决定，谁会是世界上唯一的大帝。

罗马史学家科丘斯记载，当大流士三世得知亚历山大再次拒绝了他的求和时，当场悲愤地呼喊："亚历山大，我到底对你犯了什么不可饶恕的大罪？难道你的哪一位亲人为我所杀，因此我的暴行应得到这样的惩罚？"此时的大流士三世，真可谓呼天不应，呼地不灵。

两个月后，亚历山大率部继续出发。马其顿远征军向东经巴勒斯坦、叙利亚，渡过幼发拉底河，进入美索不达米亚平原。亚历山大选择行军路线时非常谨慎。他渡过幼发拉底河后并没有立刻南进，而是继续向东渡过底格里斯河，然后沿着库尔德山脉南行，这样就避开了幼发拉底河上游的沙漠地区。为保障自己的后勤补给线，亚历山大在行军路线上筑城3座，部署了卫戍部队。

就在这时，发生了一起奇异的天文现象，对日后马其顿和波斯的国运都造成了一些影响。古典史料记载，那是一场月食。现代科学家经过计算，将这次月食时间定为公元前331年9月20日，正是马其顿与波斯两军决战前的第11天。月食发生时，马其顿远征军刚刚渡过底格里斯河，而波斯大军正在南面100公里的

地方严阵以待。

根据史书的记载，月食发生的当晚，马其顿大营乱成一团。原本纪律严明的马其顿士兵奔走呼号，埋怨亚历山大把他们带到天涯海角，攻打别人的国度，导致天神盛怒，遮掩了月亮的光辉。亚历山大拿出自己天神之子的威严平息了这场混乱，并指使军中的老祭司阿瑞斯坦德出面解释这场月食。阿瑞斯坦德声称，希腊人崇拜太阳神阿波罗，波斯人崇拜月亮女神阿斯塔特，因此月食是不利于敌方的征兆。这样解释，方才平息了马其顿士兵的恐慌。

月食当晚，波斯大营同样一片恐慌气氛。不幸的是，大流士三世面对这种局面无能为力。古巴比伦的天文学家数百年来一直用天象来预测国家大事，根据他们的经书，这次月食是波斯帝国亡国的征兆。古巴比伦《天文日记》这样记载那次月食："大流士5年乌吕卢月第13天有月全食，月亮完全变黑，挡住了木星，四指以外的土星可见。月食完全时，西风劲吹；月亮重现时转为东风。"按照巴比伦天文学家们的解释，月食当中劲吹的西风，表示征服者将从西方来；月食完毕以后转东风，表示战败者必须逃向东方才得保全。古巴比伦的天文学类似中国古代的《易经》，是波斯贵族的必读科目，波斯人对此深信不疑。月食出现的

◇　全身披挂的马其顿方阵步兵

那天，所有对天文略知一二的波斯贵族，包括大流士三世本人，都明白波斯帝国大势已去。

亚历山大将月食的困扰抛诸脑后，继续不屈不挠率军前进。马其顿大军一路上都有波斯轻骑远远跟随。不用说，那是大流士三世的斥候。大流士三世显然想诱敌深入，所以马其顿大军安然无恙渡过两河，没有遭遇任何抵抗。大流士三世这个策略相当务实。他重新组建起来的波斯军队规模庞大，粮草消耗惊人。波斯

141

大军离帝国重镇巴比伦越近，后勤供给的压力就越小。相反，马其顿军队劳师袭远，越深入两河流域腹地，后勤供给的压力就越大。

渡过底格里斯河4天后，亚历山大正领军沿底格里斯河东岸南下，马其顿军队的骑兵斥候报告，发现前方高加米拉平原上有敌人的骑兵，具体数量不明。

亚历山大率近卫骑兵迅速前进，命令步兵方阵主力随后跟上。前方的波斯骑兵是大军前哨，不过1000人，看到亚历山大亲自逼来，赶紧逃跑。马其顿近卫骑兵在后面紧追，将他们消灭大半，还连人带马活捉了一些。经过审讯俘虏，亚历山大得知大流士三世率领的军队就在离这里不远处扎营，彼此相距只有十几公里了。就这样，双方将要在高加米拉平原上展开一场决定性的战役。

"高加米拉"这个词在古波斯语中的意思是"骆驼之家"。据说古代有一位波斯帝国皇帝遭到敌人追击，幸亏骑着一匹脚程很快的骆驼才得以脱险。为了感恩起见，这位波斯皇帝为这匹骆驼建立起一座放养的牧场，以附近村庄的租税来供养它。这个牧场的所在地，就被称作"高加米拉"。在大流士三世看来，现在他的命运就与那位被敌人追得走投无路的先皇一无二致，却并没有一头神骏的骆驼能帮自己脱险。

同伊苏斯战役前指挥若定、成竹在胸的那个波斯帝国皇帝相比，此时的大流士三世俨然判若两人。伊苏斯战役的失败固然严重动摇了大流士三世的声誉，包括太后、皇后、公主和皇子在内的所有皇室成员落入敌手，这对大流士三世的自尊心和荣誉感有致命的打击。亚历山大敏锐地察觉到这一点，他将波斯皇室一直带在身边当作人质，并以礼相待。在此前一系列心理较量当中，亚历山大以征服者居高临下的姿态，傲慢地三次拒绝大流士三世割地赔款赎回人质的建议，成功重挫大流士三世的自信心。亚历山大期望大流士三世对亲人的牵挂焦虑会干扰他对战役的策划指挥。的确，高加米拉战役前夕的大流士三世内心承受着巨大的压力，寄希望于一场决战来挽救自己的帝国、家人和尊严。这必须是一场光明正大、完美无缺的胜利，因为任何瑕疵都将使大流士三世无法洗尽耻辱，完成自我救赎。

就在高加米拉战役爆发的前几天，一个从马其顿大营逃出来的波斯宦官泰里乌斯给大流士三世带来噩耗——他的皇后斯塔蒂拉几天前病死。斯塔蒂拉的死因众说纷纭，有些古典史料，记载她是难产而死。古典史学家一方面极力塑造亚历山大崇高的形象，说他对波斯皇室执礼甚恭，对有波斯第一美女之称的斯塔蒂拉从不多看一眼；另一方面却交代她死于难产，这种春秋笔法令人解颐。斯塔蒂拉和其他皇室成员两年前就沦为亚历山大的人质，她怀的孩子是谁的不言而喻。

大流士三世得到消息悲痛欲绝，双拳不停捶打自己的头颅，号啕痛哭，泪流满面："天神欧罗玛斯德啊！波斯人怎么会遭受如此巨大的灾难！皇帝的妻子和妹妹生前成为俘虏，死后还要无声无息地草草下葬！"

报信的宦官泰里乌斯颇费了一番口舌向大流士三世解释："啊，陛下！提到皇后的丧礼和所获的尊荣，您不应该有所抱怨，更不应该把它归于帝国的厄运。据我所见，皇后在世的时候，连同太后和皇子、公主，都过着养尊处优的生活。除了无法与陛下相见，其他方面与过去没有丝毫差别。就这点来说，天神欧罗玛斯德会恢复陛下昔日的光荣。我在此向陛下如实禀告，在皇后过世以后，不仅下葬的典礼极其隆重，就连陛下的死敌也流下了同情的眼泪。亚历山大获胜之后的温和，如同在战场上的凶狠，同样令人畏惧。"

大流士三世明白了。在难以抑制的悲伤与激动之中，他将宦官泰里乌斯带到帐篷比较隐蔽的角落，对他说道：

"如果你没有像波斯的命运一样背弃我，在内心之中将自己看成一个马其顿人；如果你还承认我是你的主人大流士，就要凭借尊敬米塞拉斯的光明和帝王的右手，在这里向我发誓——斯塔蒂拉的被俘和死亡，就我的悲悼而言，难道只是最小的不幸？在她活着的时候，我是否遭到过更为可耻的悲痛？如果我要面对一个更为严苛和残酷的敌人，我的荣誉是否会少一些损毁？因为像他这样一位年轻人，之所以对敌手的妻子如此优待，难道他的动机不是出于对我的羞辱？"

大流士三世的话还没有说完，宦官泰里乌斯扑通一声跪伏到他脚下，恳求道："我的陛下，请您不要讲这种话，以免冤枉亚历山大，以免玷污您过世的妻子和妹妹！"

泰里乌斯真诚地说："我的陛下，战胜您的那位敌手，他具备超越凡人的美德，这也是您在灾难之中最大的安慰。如果您的心中还存有您刚才说的那些想法，这种仅有的慰藉也会被破坏无遗。"

大流士三世沉默了，他知道自己的确不该存那些想法。泰里乌斯继续苦劝他用敬爱和佩服的态度来对待亚历山大。他告诉大流士三世，亚历山大对波斯妇女所表现出的克制，不下于其对波斯男子所表现出的英勇。泰里乌斯发誓自己说的一切都真实不虚。大流士三世感谢宦官泰里乌斯的直言，他亲自写信给亚历山大表示感谢。

写完信，大流士三世做了战役前最后的祷告。他来到帐篷的另一边，在自己的大臣和将领们面前，大流士三世举起双手，向苍天祈祷：

"主宰我的家族和帝国的众神，恳请你们挽回波斯的倾颓和劣势，恢复波斯原有的强大和繁荣，使我有能力报答亚历山大——他在我遭遇不幸的时候，给我最亲近的人施加了恩惠。如果命运的安排，使我不能继续统治亚洲，神意和世事的变迁，让我们难以逃脱灭亡，我恳求你们允许，除了亚历山大之外，不要让其他任何人坐上居鲁士（波斯帝国开国皇帝）的宝座。"

显而易见，大流士三世希望自己战死后，波斯帝国能被亚历山大统治。大战一触即发，他祈祷的并非胜利，竟然是死亡。

高加米拉会战是古代西方规模最大的战役之一。大流士三世为了这最后的一战，从东方各民族中招募组织了一支极其庞大的军队。大流士三世集结起的这支大军，人员之庞杂不在当年薛西斯一世远征希腊时统领的那支大军之下。巴克特里亚总督带来了索格地安那人、巴克特里亚人、斯基泰萨卡人以及各种印度部族；阿拉科提亚总督带来了阿拉科提亚人和印度山地各部族；阿瑞亚总督带来了阿瑞亚人、赫卡尼亚人和塔普瑞亚人。还有米底亚人、卡杜西亚人、阿尔贝尼亚人、萨色辛尼亚人等组成的联军，红海地区各部族组成的部队，巴比伦人，亚美尼亚人，叙利亚和美索不达米亚地区的全部剩余驻军，等等。据古代历史学家记载，仅仅骑兵和战象骑兵就有8万人；加上步兵和其他兵种，号称百万大军。即使这个数字有很大的夸张，但对于只有4.7万人的马其顿远征军来说，也是一个巨大的压力。这支部队数量极其庞大，但质量低劣。大流士三世的意图，是利用人数优势彻底粉碎亚历山大。

大流士三世之所以还敢进行这样一次会战，除了求和不成别无选择外，还在于他对波斯军队从上到下进行了一次全方位的革新，认为自己堪与亚历山大一战。他主持了波斯军队有史以来最大规模的武器换装，给波斯骑兵全部配备了鳞片甲。大流士三世让波斯骑兵效仿马其顿骑兵，将过去惯用的标枪更换为希腊式样的长矛，因为在以往多次交锋中证明标枪用起来不够灵便。步兵则换装更大、更厚重的盾牌。

大流士三世殚精竭虑寻求击破马其顿方阵的良策，最后寄希望于没来得及在伊苏斯之战中上阵的200辆尖刀战车。尖刀战车又称卷镰战车，由四匹披甲的骏马拖拽，每辆战车有驭手和士兵各1人，装备长约3米的长矛、弓箭以及数支标枪。

战车的车辕向前突出数米，顶部装有锋利的冲角，显然是用于突破敌人的盾牌防线；轮轴两头还各装有1米长的三棱镰刀，冲进方阵时高速转动的利刃无坚不摧，能够扫杀近旁的敌兵。这种波斯战车由于车身笨重，速度并不快，但冲击力惊人，理论上讲的确是对付马其顿方阵的利器。

大流士三世检讨伊苏斯会战，将失败归咎于战场地形的狭窄，无法充分发挥骑兵的优势。于是，他为即将到来的大决战精心选择了战场。高加米拉，这片位于底格里斯河上游东岸的"骆驼之家"，在巴比伦以北约300公里，毗邻著名的波斯帝国大道，后勤运输可以得到保障。高加米拉的地貌是平坦开阔、略有起伏的砂土地，非常适合军队展开和骑兵活动。大流士三世选择了一片开阔地，特地让人将战场中央铲平，以便于波斯战车冲锋。他还花了很多时间操练这些来自五湖四海的军队，以使他们能够协同作战，共同打败敌人。

根据审讯俘虏得到的情报，公元前331年9月25日傍晚，马其顿远征军开进到距离波斯大营不足10公里的地方。马其顿远征军还看不到波斯军队，但波斯百万大军的人马喧嚣清晰可闻。入夜，波斯大营的灯火照亮了南方的天空。碰巧此时夜空突现流星雨，四下飞散，望去犹如在天边闪烁的篝火。不少马其顿士兵误以为身陷波斯重围而惊恐万状，军心一时浮动起来。

见此情景，亚历山大命令军队原地停止前进，就地扎营休整。长途跋涉之后，马其顿军队总算休息了四天。在亚历山大的命令下，大营四周挖出壕沟，架上栅栏，加固营垒，守卫严密。加强营垒的防守，是因为他决定将辎重牲口和士兵中的非战斗人员留下，自己只率领作战部队开赴战场。亚历山大趁夜调度部队，午夜刚过就出发，准备拂晓时与敌人会战。大流士三世方面听说亚历山大已率部前来，马上命自己的军队摆好战斗阵形。亚历山大也命大军以战斗阵形向波斯军队逼近。

一开始，双方阵前都有丘陵阻隔，互相看不到对方。当亚历山大率军翻过丘陵时，正面宽达8公里的波斯军阵陡然出现在马其顿人眼前。正午时分，马其顿大军在正对波斯军阵的高地上列阵完成。从这里向南望去，广袤的平原上黑压压地遍布波斯军队，人喧马嘶，盔甲闪亮，长矛如林，令人触目惊心。马其顿官兵见此景象，不由得瞠目结舌，面面相觑。亚历山大下令停止前进，就地扎营。下午，亚历山大派出轻骑仔细勘察战场，并亲自靠近观察大流士三世的排兵布阵。高加米拉战役的开局阶段，亚历山大表现出前所未有的小心谨慎。

同样是下午，大流士三世举行战前阅兵。面对数十万大军，大流士三世说道："你们坚定不移的忠诚，让我相信我依然是你们的皇帝！"他号召所有波斯人，为自己的亲人和祖先的墓地而战："我们将为生存而战，你们的父母妻子将如同我的家人一样落入敌手，除非你们以自己的血肉之躯横亘在敌人面前，保卫亲人的自由。"这一席话充分体现了大流士三世战前绝望沮丧的心境，也间接折射出整个波斯大军低落的士气。高加米拉之战，亚历山大面对的是一支数量众多、装备精良，但人心涣散、抵抗意志薄弱的波斯大军。他们已经不再奢望胜利，只想为波斯帝国皇帝最后一次尽忠效力。

由于双方兵力悬殊，又在平原作战，按照一般的军事规则，处于劣势的一方若要取得主动，必须抢先袭击。大流士三世正是基于这一军事常规，断定亚历山大夜里会来偷营。他命令全军披挂，就地休息，不得扎营。这样导致会战时他的士兵由于休息不好，精力不及对手那样充沛。这是他犯的第一个错误。

扎好营寨后，亚历山大召开作战会议，征求诸将的意见。老成持重的帕曼纽认为马其顿将士此时军心不稳，士气不振，不宜与波斯大军在光天化日下决战。他提议发动夜袭，因为在黑暗中马其顿将士只能感受到身旁战友的簇拥，看不见敌人庞大的数量，这样有助于保持士气；而波斯军队来自五湖四海，相互语言不通，在黑暗中很难指挥调度，更容易被击溃。在场的马其顿将领几乎都支持帕曼纽的提议。可见面对波斯兵力的绝对优势，马其顿将士缺乏信心。

◇ 波斯骑兵（注意远处供奉圣火的神庙，代表着波斯帝国的琐罗亚斯德教，即拜火教信仰）

亚历山大心中在考虑夜袭的可能性：斥候报告波斯大军并没有回营，而是留在战场上保持战斗阵形原地休息，阵列前沿遍布游动哨兵和篝火。这种情况下，夜袭很难奏效。最重要的是，亚历山大需要一场荣耀光辉的胜利，他不能容忍这次胜利蒙上"不光彩"的阴影。他不想让大流士三世在这次战败后还能找到借口，

重整旗鼓与自己周旋。只要大流士三世还拥有广阔的领土和庞大的人口，他就不会放弃战争。只有让大流士三世遭受一场彻底的失败，放弃一切勇气和希望，他才会真正地认输。

于是，亚历山大只用一句话就干脆地否决了帕曼纽的想法："我不想偷取我的胜利。"

鉴于波斯军队数量巨大，马其顿将士军心不稳，恐慌气氛遍布军营，亚历山大接受祭司阿瑞斯坦德的建议，开坛祭拜天神宙斯和战神雅典娜，祈求保佑。他命令士兵吃饭睡觉，自己则披上白袍，从容地举行祭神仪式。帕曼纽和其他将领们站在营前，眺望着布满整个平原的敌营篝火，倾听着如海潮一般的喧哗声，都觉得要在白天击败如此众多的敌人是不可能的。因此，祭祀刚一完毕，他们再次催促亚历山大趁黑夜进行突袭。亚历山大再次拒绝了，他又一次重复："我不想偷取我的胜利。"说完，亚历山大回到中军大帐，上床睡觉去了。

年轻统帅的回答一如他过去的风格，对胜利充满了绝对的自信。在这些沙场老将看来，亚历山大的自信常常是狂妄可笑的。但令他们惶惑不解的是，结局却总是证明，亚历山大是对的。因此，他们对年轻国王怀有一种对神一般的敬畏。

其实，亚历山大同样对夜袭反复考虑了几次，不过他很快就放弃了。既然帕曼纽们想得到，波斯人也自然想得到，而且早已经严阵以待。所以，夜袭定会劳而无功，徒然挫伤自己的锐气。倒不如养精蓄锐，让敌人去提心吊胆吧。他却不想对部下说清楚：少主驾驭老臣，得虚虚实实，让他们不可捉摸。

这是一个无眠的夜晚。亚历山大在人前看起来轻松自信，其实他根本未能安然就寝。他在床上苦思冥想破敌良策，在脑海中推演了四五个作战方案，直到被疲倦征服而坠入梦乡。马其顿将士提心吊胆怕波斯人前来偷袭，也睡得并不安稳。至于波斯士兵，他们枕戈待旦，疲惫困顿地望着天边渐渐现出鱼肚白，听见远处马其顿军队的大营传出集合的号角声。这是公元前331年10月1日的清晨，数以万计的生命将在这一天走到尽头。

早晨，天已经亮了。马其顿将士惊骇地发现，一向非常警醒、总是最早起身的亚历山大居然没有出现在帐外。士兵们交头接耳，开始猜测亚历山大是不是由于恐惧临阵退缩，不敢出帐。亚历山大高卧未起，将军们只好自作主张先让士兵吃早饭。后来迫于形势紧急，众将只好公推老将帕曼纽进帐去唤醒亚历山大。

帕曼纽焦急地走进中军大帐，发现亚历山大还在酣睡，连声呼唤而不应，只得用手将亚历山大推醒。老将军不无焦虑地说:"一场规模前所未有的会战即将开始,陛下怎么还睡得着,倒像已经获得了胜利一样?"

亚历山大轻松地笑了笑,反问道:"你难道没有意识到我们已经胜利在握了吗?我们再也不用跑来跑去寻找大流士了。"

帕曼纽一时语塞。

亚历山大继续说:"你们以为我心里没有想好对策以前,能够安然入睡吗?当大流士实行焦土抗战,坚壁清野之时,我绝望得不知所措;现在他准备同我决战,我还有什么可担心的呢?天哪,我的祈祷已经得到神的回应!你们都回到各自的岗位去,我马上给你们具体的命令。"

说罢,亚历山大穿上盔甲,走出营帐。这一天,他身着西西里人制作的紧身上衣,外套一件厚亚麻布缝合的胸甲,这是他在伊苏斯会战中的战利品。他的头盔精美如工艺品,虽是铁质,却光亮如最精炼的白银。头盔下面是一块颈甲,也是铁制品上面镶着宝石。他的剑是西提亚国王赠送的礼物,淬炼之精,质量之轻,当世无双。他身上的皮带也是精美的战具,是罗德岛人为表示敬意而赠送的。亚历山大下令,将"布西法拉斯"牵来。"布西法拉斯"已经年老了,平时行军跋涉、领军操练、检阅部队、外出侦察和打猎,亚历山大都不会骑它。只有在上阵作战时,亚历山大才会命人将"布西法拉斯"牵来。只要跨上这匹坐骑,就是进攻的开始。

亚历山大骑着"布西法拉斯"出现在大军面前,嘹亮的号角声随即响起,马其顿将士迅速出营列阵。再次记住这一天,公元前331年10月1日。

面对数量巨大的敌人又无山岭河流可以凭借,亚历山大在布阵上做了针对性的改变和调整。他缩短正面主战线,并使两翼向后弯折,以保护侧面。为防备波斯骑兵的大纵深迂回包抄,亚历山大在第一线部队后面约1公里的地方也布置了一道防线,特意面向后方排列。这样,整个战线就成了一个中空的长方形。

老将帕曼纽率领6个团队方阵共1.5万名重装步兵组成中央阵营,方阵之间的距离相当宽敞,这样就有足够的空间变换阵形。左翼主力是以帖撒利亚骑兵为主的希腊盟军骑兵,主要是2000名帖撒利亚骑兵,他们右边是一个大队的希腊盟军重骑兵300人,左侧是1000名希腊雇佣军步兵;亚历山大亲自指挥2000名近卫骑兵居于主战线右翼,他的左边依旧是3000名精锐的近卫步兵。亚历山大将数千名投石兵、弓箭手和标枪手摆在主战线方阵之前组成散兵线,他们的任务是遏制波斯战车的冲击。

马其顿方阵的长度勉强和波斯中央方阵等齐，而波斯骑兵组成的宽大两翼对马其顿军队形成包围之势。所以亚历山大才将两翼向后弯折，还在两翼的侧后方各部署了4个中队的希腊雇佣军骑兵、色雷斯骑兵共约1200人。其中轻、重骑兵各占一半，斜向外组成侧卫线，兵力布置前轻后重，形成防守纵深。因为估计到自己的右翼将成为波斯军队攻击的重点，亚历山大又给右翼侧卫部队加强了500名弓箭手和500名标枪手。此战马其顿军队全军尽出，只留下一支色雷斯游击步兵防守营地和看守俘虏。

大流士三世昨天一早就把他的庞大军队在平原上摆开了。他充分利用宽广的战场地形，排列出一个长达8公里的巨阵。大流士三世再次伫立于一辆金碧辉煌的战车上，在中央压阵。他身边是3000名忠诚的禁卫军，同样步、骑各一半；两侧排列伊苏斯战役幸存的2000名希腊雇佣军；波斯中央阵列还包括印度骑兵和马迪亚弓箭手数千人；大流士三世将50辆卷镰战车和15头印度战象摆在中央战线的前方，正对着铲平的那片空地。

波斯总督们率领各自的部队组成两翼，巴克特里亚总督贝苏斯率领1.6万来自中亚草原的骑兵组成左翼；在左翼前沿大流士三世部署了由100辆卷镰战车和

◇ 马其顿方阵的战斗队形

2000名斯基泰骑兵组成的突击集团，他们的目标显然是亚历山大统率的马其顿右翼。巴比伦总督马扎伊指挥的波斯右翼由1.6万来自叙利亚、美索不达米亚和伊朗高原的骑兵组成，右翼前沿是50辆卷镰战车和2000名亚美尼亚骑兵组成的突击方阵。数十万巴比伦和阿拉伯步兵在后面组成第二道阵列。大流士三世高高居于中央的战车上，俯视着整个战场。他两边伸展排列着望不到尽头的庞大骑兵，他背后是黑压压的如同大海波涛一样的步兵。大流士三世依然希望上天能赐予他此战的胜利。

太阳升起来了，冷漠地照着这片即将成为屠场的原野。亚历山大驰马阵前，高声进行战斗动员。这一次，亚历山大说得并不多。他大声告诉士兵们，这场战斗用不着他再来动员鼓励，大家过去英勇创造的许多光辉战绩已经是很好的鼓励。因此，他没有必要再发表长篇演说去鼓励大家做出崇高的行为，这种英勇气概应是大家固有的英雄本色。他宁愿对大家说，每个人在遇到危险时要严守纪律，服从命令。进军中需要安静时要做到鸦雀无声，进攻时要喊出惊天动地的杀声。每个人都要牢记，个人的疏忽会造成全军的危险，个人的努力也有助于全体的成功。"只是要记住，这次作战不同于过去，不是为了夺取叙利亚或腓尼基，也不是为了占领埃及。"亚历山大告诉将士们说，这一战之后，他们就将成为亚洲的主人。

随后，亚历山大把长矛换到左手，举起右手祈祷希腊诸神给予保护和力量。祈祷完毕，亚历山大下令全军出动。

4.7万马其顿军队保持着长方形战阵，肃然无声地朝着波斯大军的阵地前进。亚历山大率领近卫骑兵行进在右翼前列，头盔上两枚白羽毛在晨风中摇动，使人老远就能认出他来。马其顿军队渐渐逼近了敌人的阵地。这时，亚历山大发现他的右翼正对着波斯军队的中央，于是命令全军向右前方斜进，这样右翼渐渐突前，全军成楔状插向波斯军队左翼。

当代英国军事史学家富勒总结此战双方统帅的战术构想，提出大流士三世是"两翼包抄"，亚历山大则是"中央突破"。他认为波斯方面的致命弱点是中央阵列缺乏坚强可靠的步兵部队。波斯阵列的机动性无与伦比，但极其缺乏稳定性，因此没有多少抗打击能力。不过，大流士三世根本没有做防守的打算。他坚信在波斯骑兵和战车强大的攻势下，马其顿军队会疲于招架。波斯骑兵对马其顿两侧的集群攻击，如同老鹰的两只利爪抓住猎物的头尾用力撕扯，马其顿战线将很快分崩离析。紧接着，波斯军队全线出击，以优势兵力将敌人分割包围，逐个歼灭。

亚历山大洞察到了大流士三世的意图。他的构想是将计就计，三面防守，一点突破。马其顿军队在两翼顽强地防守阻击，调动越来越多的波斯军队向两翼纵深迂回包抄。等待波斯中央阵列出现缺口时，亚历山大将发动致命一击。

大流士三世对波斯战车寄予厚望。波斯方阵前沿部署的左右两个突击集团，都是以卷镰战车为攻击矛头，后面配备 2000 名铁甲骑兵。大流士三世的构想是把冲击力强劲的波斯战车当作铁锤，砸开马其顿方阵正面由盾牌和长矛组成的坚硬外壳，紧跟其后的铁甲骑兵从缺口高速突入，猛攻方阵内部脆弱的裸露部位，最后摧毁马其顿方阵。可现在，亚历山大沉着而坚定地继续朝右翼伸展，几乎走过了波斯军队铲平的那片平地。大流士三世不明白亚历山大在搞什么花样，但看出马其顿方阵这样继续向右前方斜进，将避开他特意铲平以便战车施展威力的平坦地带。他派出一支左翼前沿骑兵进行阻截，包抄亚历山大率领的希腊雇佣军右翼，阻止他们再向右延伸。

作为右翼侧卫的先导，希腊雇佣军遭到波斯骑兵的迎头痛击。排在最前面的 300 名希腊雇佣军骑兵抵挡不住，溃退下来。针对大流士三世的这一着，亚历山大下令后面的 900 名希腊雇佣军骑兵出击。一场近距离的骑兵会战展开了，希腊雇

◇ 波斯铁甲骑兵的进攻

佣军骑兵坚决顶住了波斯人的冲击,将波斯骑兵逐开。

眼看着敌军快要全部走出平坦地带,大流士三世急忙命令战车出动,指望这些"死神之车"把敌军的战阵冲乱。铁轮滚滚,大流士三世的左翼战车出动了。一辆辆双马拉的卷镰战车在巨大的轰鸣声中向马其顿军队的右翼疾驰而来。面对隆隆驰近的战车,马其顿将士毫不慌乱,战阵前面的投石手、弓箭手和标枪手呐喊着将骤雨般的标枪、弩箭和石块投射向敌人,车阵顿时陷入混乱。有的马被射倒了,停下的战车与后面冲来的撞在一起,有的战车兵摔下车来,被呼啸而过的卷镰斩成两段。马其顿轻装游击步兵们灵巧地躲过战车正面冲击,在波斯战车侧面跟随奔跑。步兵们几人一组分工协作,有的用盾牌抵挡波斯战车兵的长矛,有的用标枪攻击缺乏铠甲防护的马匹肋部和车夫。许多战车兵被抛到车外,马匹被冲上来的马其顿步兵大砍大杀。

那些躲过袭击、冲进马其顿方阵的战车也没有产生预想的效果。方阵步兵动作协调敏捷地闪开一条条通道,放它们全部冲过,留给后面的伙伴去收拾。最后这些战车全部被马其顿后卫部队缴获。读者们应该还记得,当初亚历山大在平定多瑙河沿岸特里巴利人叛乱时已经有过对付战车的经验,为此还对士兵们进行过专门训练。现在对付波斯战车,并不比当时困难多少。这一点是大流士三世始料

◇ 波斯卷镰战车的冲锋

◇ 波斯战车冲击马其顿方阵

未及的。

  尾随战车出动的波斯步兵冲向了马其顿方阵。在长矛如林的方阵面前，波斯步兵被成片刺倒。没被刺倒的波斯步兵在后面士兵的冲击作用下，无法后退，与马其顿士兵拥挤在一起。马其顿的游击步兵也从方阵的间隙冲出，与波斯军队展开激烈的肉搏战，战场一时混乱不堪。

  与此同时，大流士三世看到马其顿右翼兵力虚弱，不断命波斯左翼统帅贝苏斯派兵往左翼增援，企图围歼亚历山大突前的右翼。赶来增援的波斯骑兵见战局僵持，便向纵深前进，企图迂回到马其顿侧卫部队的身后。马其顿骑兵立刻跟随前进，阻止波斯人的迂回包抄，一时间双方骑兵并驾齐驱，如同赛跑一般。马其顿阵列的右翼侧卫线因此越拉越长，亚历山大不得不调遣二线部队前来加固右侧防线。马其顿第二道防线不断增援右侧的结果，就是整体右移，失去了同左侧的联系。这样波斯左翼骑兵的大范围扯动，导致马其顿防线出现了第一个缺口。

  大流士三世眼见敌军右翼似已处困境，遂下令两翼一齐出动，将敌军整个包围起来。马扎依统率的波斯右翼骑兵部队立刻扑向坠后的马其顿左翼，从正面和侧面发动集群冲击。他还派出3000名斯基泰骑兵向纵深穿插，目标直指马其顿大营。波斯右翼骑兵对马其顿左侧迂回扯动，迫使后者不断延伸防线。很快，马其顿方阵被撕开第二个缺口。

大流士三世大喜过望，派遣波斯中央阵列的禁卫军骑兵和印度骑兵从缺口高速突破。波斯骑兵高速穿过马其顿第二道防线左侧的缺口，直扑马其顿大营。波斯禁卫军得到了大流士三世的明确指令，不惜代价解救他的母亲和儿女。关押在大营中的波斯俘虏一看见自己的骑兵冲了进来，也跟他们一起行动，冲击色雷斯步兵。波斯禁卫军同马扎依的3000名斯基泰骑兵会合，轻易驱散了看守马其顿大营的色雷斯步兵。然后，他们开始劫掠辎重马车，寻找皇室成员。当大流士三世的母亲从仆人那里得知波斯军队大获全胜时，觉得难以置信，居然拒绝跟随波斯救兵离开大营。

无论如何，大营失陷沉重打击了马其顿军队的士气。帕曼纽看到局面异常被动，派人向亚历山大请求援助。帕曼纽征战五十载，以见多识广、临危不惧著称，此时破天荒地求援，可见马其顿军队左翼的确危在旦夕。

◇ 色雷斯战士

接到帕曼纽求援的消息，亚历山大面色冷峻，对传令的军官道："问他一句话——你是否已经丧失了理性，竟然在紧张之中忘记了最重要的原则？"

传令的军官一时呆住了，不知该如何传令。

亚历山大严肃地说："告诉帕曼纽，如果我们赢得胜利，连波斯人的大营也

将归你所有。如果失败，也就不必考虑大营中你的财富和奴隶，你只有英勇战死在光荣之中。"

马其顿远征军从来没有经历过如此糟糕的局面，不但两翼被敌人迂回包抄，阵列中央被敌骑突破，连大营也失陷敌手。马其顿将士的抵抗意志已经到达崩溃的临界点。就在此时，奇迹发生了。根据古典史料记载，一只苍鹰突然飞临马其顿方阵右翼上空，在亚历山大的头顶盘旋。身披白袍、头戴金冠的祭司阿瑞斯坦德立刻跳上一匹战马，沿着马其顿方阵奔驰，大声呼唤："看那只盘旋的鹰，这是马其顿胜利的征兆！"后世史学家大多认为"盘旋的鹰"其实子虚乌有，很可能是阿瑞斯坦德为了振奋马其顿将士的士气编造出来的。高加米拉战场是松软的砂土地，数十万人马几个小时的混战势必扬起漫天尘土，这种能见度下马其顿将士们根本无法看到一只低空盘旋的鹰。无论如何，显然这个征兆极大地鼓舞了马其顿将士的士气，原本摇摇欲坠的马其顿阵列慢慢坚挺起来。第二线的希腊盟军步兵甚至反攻大营成功，将波斯骑兵驱逐了出去。

当马其顿军队和波斯骑兵以及战车激战之时，亚历山大和他的 2000 近卫骑兵

◇ 表现高加米拉战役全景的浮雕作品（注意天空中盘旋的鹰）

一直按兵不动，等待战机。大流士三世下达总攻命令以后，奉命冲锋的波斯左翼骑兵为了躲避马其顿的标枪手和弓箭手的压力，都自动向左规避。在他们的带动下，大部分波斯骑兵都会合到了一处，奔向马其顿方阵右翼，马其顿方阵右翼一时陷入大混战。如此，就在波斯骑兵的紧急调动之际，其左翼和中央方阵的接合部出现了一个缺口。拱卫大流士三世的希腊雇佣军方阵侧翼暴露出来，亚历山大等待已久的战机终于出现了。

亚历山大抓住这个稍纵即逝的机会，立即将二线部队向左旋转，以近卫骑兵和4个中队的方阵步兵依次前进，呈斜线状组成一个尖楔，从正面攻击波斯中央阵营。他一马当先，亲自率领这支楔形突击队往缺口急速插入，高喊杀声，直扑大流士三世的座驾。

亚历山大亲率近卫骑兵一马当先奋不顾身扑向波斯人，转瞬之间形成肉搏战。希腊雇佣军在来自两面的夹击下崩溃，将大流士三世和他的禁卫军步兵暴露在马其顿骑兵的锋芒之下。亚历山大在一群近卫骑兵的簇拥下很快冲到大流士三世战车近前，在这里遭遇波斯禁卫军的拼死抵抗，每前进一步都必须斩杀数人。亚历山大率骑兵乱推硬挤地冲杀，用长矛狠扎猛刺波斯人的脸。4个中队的马其顿步兵方阵严整坚实、长矛如林，也已紧紧逼来。成堆的尸体倒下去，有些波斯禁卫军士兵濒死之际还在奋力阻止马其顿骑兵前进。

此时亚历山大和大流士三世相距大概只有30米。亚历山大已经可以看到黄金战车上波斯帝国皇帝那伟岸的身躯，大流士三世同样看到了头盔上有两枚白羽毛的少年国王正纵马向自己冲来。两人都来不及多想，几乎同时抄起身边的标枪，

◇ 亚历山大率骑兵冲杀

向对方投了过去。

投出标枪之后,亚历山大全力拨马闪身,躲开了大流士三世的标枪。而亚历山大投出的那根标枪,如同一道流星,直直射向大流士三世的身体。大流士三世的眼中满是恐惧,仿佛标枪已经刺进了他的身体。"啊!"黄金战车上爆发出一声惨叫,一个人被标枪洞穿了身体,痛苦地从战车上栽下,当场毙命。这不是大流士三世,是大流士三世的车夫,他正好挡在了大流士三世身前。

看到车夫死在自己面前,大流士三世顿时魂飞魄散。他被这个迅猛的袭击惊呆了,他不明白敌人与死亡何以突然出现在自己面前。刚才他看见自己的"死神之车"徒劳无功时已经深感忧惧和失望,这时更是心胆俱裂。四面八方已陷入险境,大流士三世再也无法支撑下去。跟伊苏斯会战时一样,大流士三世终于又一次可耻地转身逃跑了。车夫已死,车轮被累积成堆的尸体绊住,大流士三世索性跳上一匹战马,拨转马头溜之大吉,只将愤怒的亚历山大远远甩在背后。他尚能听到亚历山大的怒吼:"大流士!回来与我决一死战!"

一切仿佛伊苏斯会战的重演,大流士三世逃跑,波斯军队当即土崩瓦解。不过也有历史学家提供了另一种记载:由于战场上漫天的沙尘,大流士三世近旁的波斯禁卫军将士只能模糊地看到波斯帝国皇帝的黄金战车上有人被标枪贯穿身亡。波斯将士都以为中枪的是大流士三世本人,立刻迸发出一片哀号之声。波斯军队左翼统帅贝苏斯远远看到大流士三世周围的混战,听到波斯禁卫军的哭喊声,断定大流士三世不幸阵亡,战斗已经失去意义,他马上下令撤军。

全线撤退的命令带来了毁灭性的影响,整个波斯军队左翼随即溃退。左翼崩溃引发雪崩效应,波斯中央阵营也很快溃不成军。有古代史学家记载,大流士三世拔出弯刀打算自尽,又不忍心抛弃战场上依然浴血奋战的波斯将士,犹豫片刻后,不得不在众人的簇拥下撤离。不管真相如何,波斯军队的灾难开始了。

波斯左翼和中央阵列溃败的时候,马扎依统率的波斯右翼骑兵在这一侧几乎取得了胜利。波斯军队右翼还不知道大流士三世已经逃跑,还在向亚历山大的左翼包抄,从侧面攻打帕曼纽所部。帕曼纽的坚守已经到了极限,他派自己的儿子费罗塔斯再次去向亚历山大求援。据说,在绝境中拼杀的帕曼纽告诉自己的儿子:"如果陛下他不肯来救我,你就要活下去,报复他的背叛!"

得到帕曼纽的告急口信时,亚历山大刚刚击溃了中线的敌军。他顾不上追赶大流士三世,立刻转身援助正吃紧的马其顿左翼,对波斯军队进行两面夹击。亚历山大带着近卫骑兵回马疾驰波斯右翼，首先冲击了溃逃中的零散波斯骑兵、帕西亚人和印度人，然后攻击波斯军队右翼强大的主力。恰逢此时，奔袭马其顿大营的数千波斯骑兵原路返回。亚历山大的近卫骑兵刚刚行进至半途，两者狭路相逢。原来这些骑兵刚听说大流士三世逃跑的消息，急欲夺路逃生。猝然相遇，双方根本来不及投掷标枪和整队，立即投入一场你死我活的拼杀。

◇ 波斯轻骑兵

　　这是整场战役中最为激烈残酷的一次战斗。双方的序列都已经被打乱，所以只能面对面地冲击。双方都是精锐骑兵，波斯骑兵急于夺路而逃，而亚历山大的近卫骑兵急着救援同伴，双方只能是殊死搏斗。人人力图向前冲击，以冲破对方一切阻挠，仿佛只有这样才是一条生路。所有人拼命砍杀，每个人不再是为了胜利而战，而是为了自己的性命拼死拼活。在此阵亡的马其顿近卫骑兵就有60人，伤者数百，连亚历山大的朋友赫菲斯提昂、科纳斯和米尼达斯等人都负了伤。最后，这股波斯骑兵溃败了。

　　许多波斯骑兵杀开血路，突围逃走，亚历山大也不追赶。他摆脱波斯骑兵的纠缠，继续向马其顿军队左翼进击。等到达马其顿左翼时，战局已经发生逆转。大流士三世败退的消息传到波斯军队右翼，右翼统帅马扎依立刻领军撤向巴比伦。进攻马其顿左翼的波斯军队全线败逃，马其顿骑兵对其进行猛烈追击。波斯军队

◇ 波斯人溃不成军

至此完全崩溃，许多部队遭到围歼，活着的只顾逃命。帕曼纽趁机率军占领了高加米拉的大流士三世御营，俘获了大流士三世的全部后勤辎重。未来得及在战场上发挥作用的印度战象、大批骆驼，还有许多完好的波斯战车，全成了马其顿远征军的战利品。亚历山大命传令军官给帕曼纽捎去的口信，现在完全成真。

亚历山大这时才开始追击大流士三世。他率骑兵全力追击，一直追到天黑为止。由于过度疲累，亚历山大命令部队暂时扎营休息。到半夜时分，他又率兵向前疾驰。亚历山大只希望在前方的阿贝拉镇追上大流士三世。第二天，他们到达阿贝拉镇，这时已经追离战场50多公里。可惜，由于帕曼纽陷入困境，亚历山大停军过久，以致大流士三世又一次逃脱了。亚历山大没能捉到大流士三世，只跟伊苏斯会战时一样，缴获了大流士三世遗弃在那里的战车、弓箭、长矛和财宝。

亚历山大以他超人的勇略、出色的战术和无懈可击的指挥，赢得了高加米拉会战的伟大胜利。这是一次世纪之战，波斯帝国经此毁灭性打击，彻底陷入崩溃状态。亚洲的新主人从此产生。

总结高加米拉战役，波斯军队已经尽其所能。大流士三世对马其顿军队的优缺点研究得相当透彻。他的战役部署扬长避短，非常有针对性。虽然波斯战车的表现不佳，但波斯骑兵将机动性的优势发挥得淋漓尽致，多点进攻加上大范围扯动，使马其顿各条战线同时承受巨大的压力。

但亚历山大既然愿意在地形平坦开阔的高加米拉，打一场波斯人擅长的运动战，就早预料到了战役初期的被动局面。对于亚历山大来说，此战唯一的取胜机会，在于马其顿防线被波斯骑兵迂回突破、阵营分崩离析之前，抓住大流士三世指挥

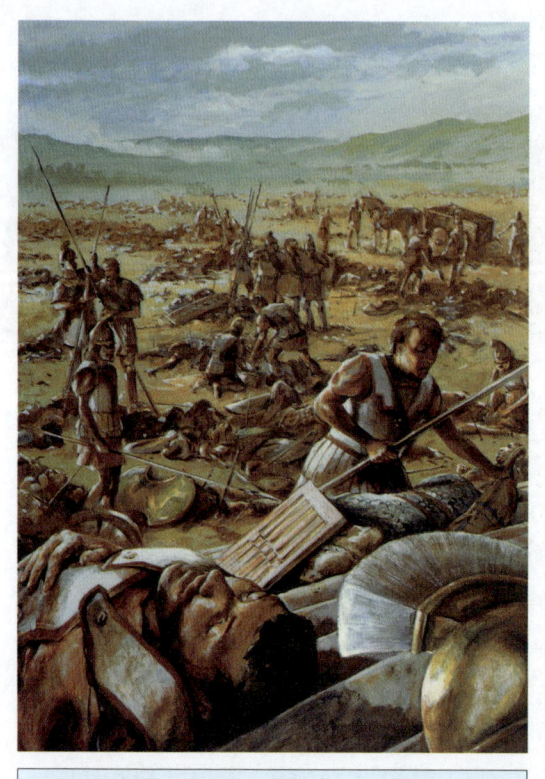

◇ 战后惨景

的漏洞，发动致命一击。这无疑是一场豪赌。

事实上，亚历山大是在与时间赛跑。倘若波斯中央阵列的缺口出现得晚一些，或者近卫骑兵的向心突击不能立刻达到目的，摇摇欲坠的马其顿防线会率先崩溃。亚历山大已经不是第一次将他的将士置于背水一战的绝境，无论是在伊苏斯，还是在高加米拉，马其顿远征军都只有取胜一条路，失败则万劫不复，绝无可能全身而退。亚历山大此战给人印象最深的并不是战术安排和战役指挥，而是他孤注一掷、舍我其谁的霸气。高加米拉战役，是一场后人无法效仿更无法复制的胜利。只有真正受到命运青睐的天之骄子，才能取得这样不可思议的胜利。

第九章

世界的尽头

　　高加米拉会战结束后，亚历山大举行盛大的祭神仪式，奖赏了有功将士。过了不到一周，亚历山大挟胜利之余威，率领大军进入巴比伦。巴比伦总督马扎依主动投降，率领祭司僧侣和百姓们迎接亚历山大进城。亚历山大尊重巴比伦的传统信仰，捐出大笔钱财重建当年被波斯帝国皇帝薛西斯下令破坏的当地神庙。如同在埃及一样，巴比伦百姓将亚历山大作为解放者来欢迎。在这座千年古都之中，亚历山大的远征军停留了一个多月时间。这一个多月是亚历山大给将士们的假期，他发给全体将士六个月乃至十个月的薪水，还有另外的赏赐；希腊雇佣军也另发两个月薪水。将士们开心不已，在巴比伦城中沉醉于轻歌曼舞，在纸醉金迷中尽情享受。这座"欢乐之都"，给他们留下了自远征开始以来最美好的回忆。

　　将士们沉湎于享乐，没有注意到亚历山大一项破天荒的举措——他将巴比伦当地的一切行政事务委托给从前的总督马扎依全权处理。遵循旧日波斯帝国支配下的行政系统，仍由原来的官员主管当地事务，这是亚历山大的一项新尝试，也是他要建立"世界帝国"的关键。他首次以东方行政长官来管理当地事务，以后对新征服的东方各地也采用同样办法。这样的办法其实在他日后的征服中并未能完全实现。而在巴比伦，他是第一次为实现自己的理想而进行试验。事实证明，效果颇佳。

◇ 亚历山大率军开进巴比伦

　　亚历山大停军巴比伦的另一个目的，还是等待本土的增援部队。此时在希腊本土，安提帕特罗斯指挥新招募的希腊雇佣军与斯巴达军队进行了决战，斯巴达国王亚基斯三世战死，伯罗奔尼撒的局势终于全平稳下来。当马其顿远征军在巴比伦休养生息时，新招募的希腊雇佣军增援部队赶来会合。从这个角度来说，希腊诸城邦普遍希望借助亚历山大的远征，将惹是生非、带来社会不稳的无业游民集团远远打发到东方去的愿望倒是真的实现了。

　　得到增援后，亚历山大继续往东，向波斯帝国的都城苏萨前进。当初亚历山大以替希腊人报百年前的希波战争之仇为口号，号召这次远征，现在波斯帝国的都城真的近在眼前。几百年来，希腊的使节、商人、旅行家所到达的波斯帝国境内最东端就是国都苏萨。苏萨以东的地区，对西方人来说完全是神秘的未知世界。据说那些地方的政治实权都落在当地的部族首领和贵族手中，波斯帝国一向只是采取怀柔政策而已。亚历山大不能以过去的理由来征讨那些比东方更靠东的地方。对那些地方的人民来说，亚历山大是一个真正意义上的"侵略者"。

　　大流士三世早已逃往更遥远的东方内地，苏萨不战而降。波斯帝国的都城落

入百年宿敌希腊人之手，连波斯人自己都将这视为帝国灭亡的标志。波斯帝国的豪奢与富庶让马其顿人彻底惊呆了，仅仅从皇宫中发现的金银钱币就有 4 万泰伦，精美的珠宝陈设数量之多几乎无法形容。马其顿人发现整仓库从西方进贡来的精美紫色衣料，价值达 5000 泰伦。由于皇宫中的精美衣料太多，用不到这些，这些衣料在皇宫府库中竟然已经被储存了 190 年都还没有动过。

在苏萨，亚历山大第一次坐在了波斯帝国皇帝的宝座上。当年与腓力二世有着深厚友情的科林斯人笛玛拉都斯特意从遥远的希腊赶来，就为亲眼目睹这一幕。老迈的笛玛拉都斯垂泪感慨，那些死去的希腊人，未能看到亚历山大坐上大流士的宝座，实在是太遗憾了。

苏萨是波斯帝国的新都城。波斯帝国的故都是在苏萨东南方 500 公里的波斯波利斯。亚历山大在苏萨没有多做停留，继续向波斯波利斯进发，追击大流士三世。一路之上，地形复杂，最后的关隘由当地部落拼死守卫。经过一连串苦战，马其顿远征军付出不小的代价，亚历山大终于抄险峻的山间小路绕过关隘，前后夹击将关隘攻克。然后，大军直抵波斯波利斯城下，将波斯帝国的故都攻陷。

波斯波利斯的富庶犹在苏萨之上。原本在苏萨已经看花了眼的马其顿将士，现在更是兴奋得难以自控。为了满足部下的要求和报复百年前波斯人对希腊神庙的侮辱，亚历山大下令——洗劫波斯波利斯。

士兵们兴高采烈地狂叫着冲进波斯波利斯的皇宫，搬出来的金银财宝要用 1 万对骡子和 5000 匹骆驼才能运走。亚历山大在皇宫中踱步，无意间发现一座倒在地上

◇ 斯巴达战士

的巨大雕像。他认识这座雕像，这是当年率军远征希腊的波斯帝国皇帝薛西斯。士兵们在疯狂地抢掠，混乱中不小心将这座雕像都给推翻了。

亚历山大站在雕像面前，仿佛与活人一样对话："你在过去曾经侵略过希腊，我是应该让你躺在这里，不理不睬呢？还是应该出于赞赏你的慷慨和其他德行，将你重新竖立起来呢？"

亚历山大在那里站了很久，默默考虑了一番。他做出了一个让人匪夷所思的残酷决定：焚毁波斯帝国的皇宫。

接到亚历山大的命令，老将帕曼纽赶来劝谏。看着周围的士兵们像饥饿的豺狼一样，贪婪地抢劫财物，残杀波斯波利斯的妇女和儿童，帕曼纽道："我的陛下，将皇宫保存下来吧。别的且不说，把已经到手的财产毁去，总不是妥善的处置。"

亚历山大根本不理睬他，只是下令："放火。"

大火燃烧数日，波斯波利斯宏伟壮丽的宫殿化为一片瓦砾，其遗迹至今犹存。没人能解释亚历山大这样做的动机。这样的做法，让人看起来并非是想将亚洲的

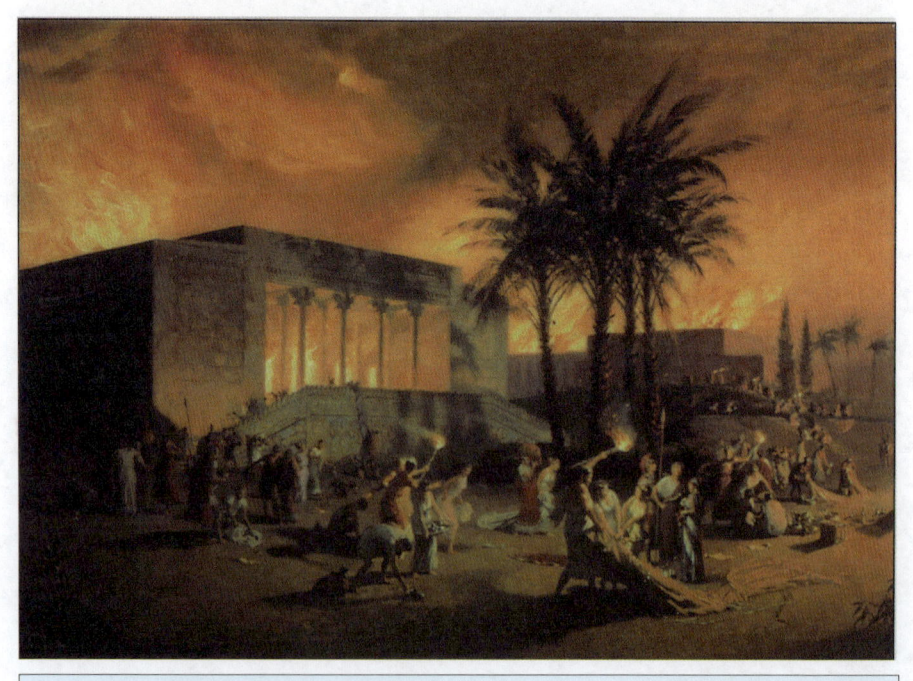

◇ 亚历山大下令焚毁波斯波利斯的波斯帝国皇宫

◇ 波斯波利斯宫殿的遗址

主权牢牢掌握在自己手中，而只是以胜利者的姿态在亚洲巡行一番。如此，亚历山大不可能将亚洲人吸引过来与自己合作。这完全与亚历山大的初衷相反。所以，有人解释亚历山大这样的做法是出自"最后的冲动"。也有学者相信，亚历山大是用这种激烈的做法向臣服于波斯帝国的各东方民族宣示，他们已经被解放，他们的新统治者已经来临。还有历史学家则相信，火焚皇宫，是亚历山大安定军心的一项举措。他是用这一把火告诉马其顿将士们，远征即将结束，自己有意返回故国，不会长期居留这东方的蛮夷之邦。所以，纵火的命令得到了全军的喝彩。喝得醉醺醺的士兵们手持火把，边唱边跳，顺手放火，将宫殿烧成焦土。但无论如何，火焚波斯波利斯的宫殿，总是人类文明的一场浩劫。

亚历山大下令在波斯波利斯休整四个月，马其顿远征军在波斯故都度过了整个严冬。亚历山大本人没有在温暖的帐篷中享受舒适的生活，他仍在附近积雪盈尺的深山中征服那些桀骜不驯的山地部族。亚历山大感觉得到，部下们跟从前不一样了。他们每人都从征服中得到了惊人的财富，个个过上了奢侈的生活。他有预感，这些人会因财富的增加而变得骄横傲慢，耽于享乐和怠惰，无法忍受行军

◇ 攻下波斯波利斯后，马其顿军队在狂欢

和远征之苦。但亚历山大更清楚，这些正是他们参加远征的目的，正是他们向往的东西，也是他们应得的。

亚历山大也变得比从前更慷慨了，对部下们的赏赐简直到了挥霍无度的地步。比如他一次将波斯大臣的豪宅连同里面的全部东西赏给帕曼纽，仅仅豪宅中储存的名贵服饰就价值1000泰伦。臣服于亚历山大的波斯贵族们感叹："从前波斯只有一个大流士，现在波斯却造就出许多亚历山大。"母后奥林匹娅斯经常从马其顿向亚历山大写信，告诫此事："你现在使他们富比王侯，每个人都有权力和机会为自己结交许多朋友，最后你自己却落得两手空空。"亚历山大根本不为之所动。

公元前330年春天，亚历山大再度率军向东进发，追击大流士三世。高加米拉战役失败以后，大流士三世再次踏上逃亡之路。这一次，他逃往伊朗高原北部山区的避暑胜地埃克巴塔那，从那里向波斯帝国东部省份的总督们发信，要求尽发勤王之兵。短短六个月里，大流士三世又奇迹般地集结起3万步兵和3000骑兵，其中甚至包括4000希腊雇佣军。波斯帝国大势已去，居然还有希腊人愿意千里迢迢前来为他效力，说明大流士三世还可以一战。不过，大流士三世已经万念俱灰。显然，大流士三世不再奢求胜利，他只期望一个体面的结局。

依然忠心耿耿守卫在他身边的，是当年希腊雇佣军统帅门农的岳父、前赫勒

斯滂总督阿塔巴兹。阿塔巴兹苦劝大流士三世不要丧失信心,大流士三世只是回答:"我不会活着看到这个帝国的灭亡,我的生命和我的统治将一起结束。"

阿塔巴兹坚定地回答:"我们一定跟随我们的皇帝走向战场。"

然而,以巴克特里亚总督贝苏斯为首的一批波斯贵族将领开始阴谋颠覆大流士三世。在他们眼里,大流士三世早已是有名无实的皇帝,只是逃亡途中一件累赘的行李而已。朝堂之上,大流士三世的宰相、伊苏斯战役中的骑兵统帅纳巴扎尼猝然发难,公开提议由贝苏斯出任摄政王。大流士三世怒骂:"你这个恶毒的奴才!"他拔刀冲向纳巴扎尼,结果被贝苏斯的亲兵拦住。

阿塔巴兹企图调解君臣之间的矛盾,但知道内情的希腊雇佣军统帅帕特龙明确告诉大流士三世:贝苏斯一伙打算弑君。一天,阿塔巴兹来到大流士三世宫中探讨对策,大流士三世无奈地说,这个时候除了依靠波斯东部的总督们别无选择。君臣两人抱头痛哭。接着,大流士三世叫来所有的宦官仆人,给予他们自由,将他们遣散。当晚,贝苏斯等人发动政变,将大流士三世囚禁。

亚历山大一连几个月在荒漠中向东急行军,时间渐渐到了炎热的6月下旬。人不是铁打的,不断有人因体力不支而掉队。亚历山大一时顾不得爱惜士兵,只能全速东进追击。11天的时间披星戴月,马其顿远征军赶了320公里的路程。就在此时,几个逃出来的波斯贵族向亚历山大请降,通报了大流士三世的困境。亚历山大唯恐贝苏斯等人拿大流士三世向他要挟,立刻率轻骑昼夜兼程追赶。他挑选了体力强壮的近卫步兵编为骑兵,不走原来的大路,沿沙漠边缘的近路前进,连夜晚都不休息。经过七天七夜的赶路,在相距400公里的地方,亚历山大终于发现了大流士三世等人车驾的踪迹。

一路上,亚历山大遇到越来越

◇ 大流士三世(右)与叛乱贵族

◇ 大流士三世之死

多的波斯贵族。他们因不齿贝苏斯所为而逃亡，带来大流士三世依然活着的消息。等到亚历山大冲进波斯人的逃亡队伍时，只有60名骑兵跟随在他身边。马其顿骑兵踏过撒满金银的地面，经过许多装满妇女的车辆。这些车辆上都没有车夫，只有马匹漫无目标地四处乱走。亚历山大用尽力气赶上逃在最前面的人群，却发现大流士三世并不在其中。叛乱的贵族将领们挟持他逃到了更远处。亚历山大毫不气馁，继续紧追。

贝苏斯等人逃到伊朗高原东北部的一个叫塔拉的地方时，亚历山大的追兵已经逼近。贝苏斯一伙惊恐万状，催促大流士三世换一匹快马。身负黄金镣铐的大流士三世拒绝离开自己的马车，声称绝不同叛国者合作。贝苏斯、纳巴扎尼及其同伙萨提巴赞斯、斯皮塔米尼斯等人恼羞成怒，挺矛猛刺大流士三世。大流士三世遍体被长矛刺穿，魁梧的身躯终于倒下了。贝苏斯等人还不解恨，又杀死他座车的役马。然后，他们抛下大流士三世，纷纷作鸟兽散，向东奔逃。

等到亚历山大率领追兵赶到时，大流士三世已经气绝身亡。他的马车旁边围

着一群忠实的随从，个个六神无主。

据古典史料记载，发现大流士三世的是一个名叫波利斯特拉的马其顿士兵。当时他因为口渴想到路边找水喝，无意间发现了一辆沾满泥污的马车停在路边。马车里躺着一个身戴黄金镣铐的人，身负致命伤。波利斯特拉意识到自己发现了波斯帝国皇帝，一时大惊。大流士三世奄奄一息，波利斯特拉拿出自己的水囊给他喂水。大流士三世的临终遗言是说给这个普通士兵的："我受你之惠而无法回报，这大概是我最后的不幸吧。"大流士三世伸出右手和他相握，希望他将握手问候传达给亚历山大："亚历山大用仁慈的态度对待我的母亲、妻子和孩子，我希望神会酬谢他的美德。他也会因你的善行而给予奖赏。请你告诉他，我伸出这只右手作为感谢的信物。"说完，波斯帝国皇帝大流士三世颓然死去，终年约50岁。

◇ 奥萨特雷（左）与他的骑兵（右）

大流士三世以帝王之尊，最后的下场却如此悲惨。亚历山大赶到现场，久久凝视着大流士三世的遗体。他脱下自己的斗篷，覆盖在大流士三世的遗体上。亚历山大将大流士三世的遗体运回巴比伦，举行盛大国葬仪式，将他的灵柩移入波斯历代王朝的皇陵中。他发誓，一定要将弑君的叛逆缉捕到手，为大流士三世报仇。亚历山大在伊苏斯战役中曾与大流士三世的弟弟奥萨特雷亲王作战。大流士三世死后不久，奥萨特雷向马其顿军队投降。亚历山大对奥萨特雷非常礼遇，赐予他极高的官位。

马其顿将领们对此不理解。他们实在搞不清楚，为什么亚历山大要对"诸恶根源"的波斯皇族如此破格礼遇。亚历山大清楚将领们内心的不悦，所以继续慷慨赐给他们财物，堵住他们的嘴。

这个问题当然不会如此简单地解决，头脑简单的将领们只是无法理解亚历山大的苦心——大流士三世悲剧性地死亡，对亚历山大来说许多问题变得容易解决了。如果当时生擒了大流士三世，则亚历山大整合东西方的事业会平添许多矛盾和困扰。现在，大流士三世被杀，统治波斯帝国200多年的阿契美尼德王朝宣告终结。按照征服者的惯例，亚历山大马上以波斯帝国正统继承人的身份自居，成为了波斯的皇帝。他要继续率军东进，履行自己"神圣的义务"。

这一年，亚历山大只有25岁。

亚历山大领军继续向东，进入帕提亚。在停军休整的日子里，他再一次认真审视了自己的梦想。亚历山大梦想建立的帝国已经具备了雏形，他已经同时是马其顿国王、埃及法老和波斯帝国皇帝。他深知，要使自己的帝国稳固和扩大，必须克服希腊人和波斯人几个世纪形成的敌意。在他的统一的世界性帝国中，不应再有胜利者和失败者的区别，希腊人、波斯人、埃及人，他们都已是他的臣民，他的臣民都应该是平等的。为了笼络波斯人，亚历山大在帕提亚第一次穿上了东方"蛮族"的服饰。起初他只是在私人场合才穿，后来在外出和接见访客时也是这身打扮。除了最亲密的赫菲斯提昂，亚历山大这一做法几乎招致所有朋友的反感。亚历山大任用的波斯贵族也越来越多，更开始在宫廷里采用波斯人的礼节，要求马其顿将士以参见波斯帝王的繁文缛节来觐见自己。

这一切激起了马其顿将士强烈的不满。他们都是些头脑简单的军人，不理解亚历山大的良苦用心。尤其是马其顿将领和希腊的谋士学者们，他们跟随亚历山大东征西讨的目的是征服和抢掠财富，波斯人只能是被征服的奴隶。而现在，许多原本是被征服者的波斯贵族居然成了他们的同僚，他们竟然与奴隶平起平坐，甚至比奴隶还不如，因为他们还得学习奴隶的礼节。一想到这些，马其顿将士便义愤填膺。裂痕进一步扩大了，从裂缝中冒出了反叛的萌芽。

波斯帝国虽然征服了，但在东方还有中亚和印度。在古代希腊人的地理概念中，印度的东方就是汪洋大海，印度就是亚洲的尽头。亚历山大决心征服整个亚洲。

公元前330年秋天，亚历山大从帕提亚率军继续东征。饱掠了财富，一心只想回家的马其顿老兵们，虽然满肚子不高兴，但囿于军令和统帅的身份，只好继续冲锋陷阵。亚历山大深知军队的情绪，他又一次向士兵发表演说，声明在东征大业完成之前绝不会轻易回国。他希望将士们能够保持过去的光荣，创造更加灿烂的明天，切勿中途返回，功败垂成。亚历山大强调，那些谋杀波斯帝国皇帝的

叛徒必须得到惩罚，决不可宽恕。这场正义的战争必须完成，使东征的成果更为辉煌。亚历山大告诉自己的士兵们，自己浑身的战伤一直在隐隐作痛。他的腿在最近与山地部落的战斗中挨了一箭，胫骨破裂，出现一些碎片；上次敌人投石兵投出的石块击中了他的颈背，让他的眼睛好长一段时间看东西都模糊不清。可是，这些伤势无法阻止他继续往东方前进。

马其顿将士们被感动了。这是他们愿意跟随亚历山大远征的真正原因——他们在战场上受过的伤，亚历山大都受过。亚历山大从不是个发号施令的统帅，他永远是带领士兵们冲锋陷阵的国王。将士们一时掌声如雷，欢呼道："只要陛下想去的地方，我们一定乐于跟随！"

亚历山大率军东行，进入了从前希腊人闻所未闻的陌生地带。这里的风土人情都异于希腊，当地的民众具有独立不羁的强悍个性。这里是后世"丝绸之路"的起点，东西方交通的重要枢纽，却很难掌控。当地的波斯帝国阿瑞亚总督萨提巴赞斯向亚历山大投降。亚历山大明知萨提巴赞斯也是谋杀大流士三世的共犯，还是破格原谅他。亚历山大让他留任总督，并将一切后勤补给和联络工作都交给萨提巴赞斯全权处理。他留下一小股马其顿将士，由自己的朋友和将领阿那克西帕斯负责监督，然后继续挥军向东追击贝苏斯。

谁知，萨提巴赞斯与贝苏斯早有勾结。两人里应外合，萨提巴赞斯用诈降来扰乱亚历山大的后方。亚历山大刚刚踏出阿瑞亚行省，萨提巴赞斯在后方猝然发动叛乱，阿那克西帕斯等人全部遇害。亚历山大接到消息，当即下令全速回师。他要给这个无情无义的背叛者最严厉的报复，他更不能容忍萨提巴赞斯的叛乱给自己的东方化政策造成更大损害。

亚历山大回师速度实在太快。萨提巴赞斯得知亚历山大飞速向他逼来时，根本来不及组织抵抗，只能率少数阿瑞亚骑兵逃跑，部下的士兵一哄而散。亚历山大以最快速度到处搜捕叛乱者，将他们就地杀戮，其余的都贬为奴隶。接下来，他还是派波斯贵族阿萨米斯为继任阿瑞亚总督。他要坚定不移地推行自己的政策。

扫平了叛乱，亚历山大暂时变更计划，南下迂回行军，去消灭纳巴扎尼，解除贝苏斯在自己后方的威胁。纳巴扎尼盘踞的地区荒凉不堪，秋风吹落了沙丘一带的树叶，树木看起来都是光秃秃的。亚历山大的行军速度变得越来越慢，食物也越来越缺乏。亚历山大克服了这一切困难，总算将纳巴扎尼消灭，还在当地留下一座要塞城市。就在这时，一桩令人难以置信的叛乱阴谋暴露了。这次的叛乱不是来自被征服的地区，而是来自马其顿远征军内部，甚至是来自亚历山大本人身边。

这件事情的起因颇为神秘。起初是有一个名叫黎努斯的年轻马其顿贵族密谋要暗杀亚历山大。黎努斯将自己的计划告诉了自己欣赏的另一位年轻贵族奈科玛克斯，邀请他参与其事。奈科玛克斯听到这个阴谋，吓了一跳，私下里赶紧告诉了自己的哥哥巴里努斯。巴里努斯是亚历山大的朋友费罗塔斯麾下的骑兵将领，听到消息大为震惊。经过仔细考虑，巴里努斯求见费罗塔斯，要求他带自己兄弟去觐见亚历山大，说自己有重要的事情向陛下当面禀报。

费罗塔斯是近卫骑兵的统帅，在同僚中权势熏天，按规定每天要觐见亚历山大两次，详细汇报军务和政务。可这一次，费罗塔斯却不肯带巴里努斯兄弟去见亚历山大，他推说陛下正在处理更重要的事务。时间越来越紧迫，费罗塔斯还是没有透露一丝口风。巴里努斯兄弟再度向他请求，仍旧遭到拒绝。他们索性去找其他重臣，这才得以觐见亚历山大。他们向年轻国王报告了黎努斯的密谋，也如实讲述了费罗塔斯是如何两度拒绝他们的请求。

亚历山大先是震惊，然后是愤怒。他当即派卫士去捉拿黎努斯，却还是晚了一步。黎努斯赶在被活捉之前，伏剑自尽了。这样一来，亚历山大再也拿不到证据去查获共谋的叛徒。

其实，亚历山大对一切心知肚明。黎努斯只是一个普通的青年贵族，怎会独自着手如此重大的阴谋？黎努斯只是一个执行计划的帮手，是幕后的阴谋家利用的工具。群臣和将领们与亚历山大一样，将怀疑完全指向了费罗塔斯。

费罗塔斯，帕曼纽的长子，近卫骑兵的统帅，与亚历山大从小一起长大的伙友，亚历山大最信任的将领之一。亚历山大其实并不相信他会参与策划谋刺自己的阴谋。亚历山大对费罗塔斯有真正的了解。费罗塔斯具备勇敢进取的精神，能够忍受战争的困苦艰辛，个性慷慨仅次于亚历山大。早年有一次，费罗塔斯的朋友向他借钱，他吩咐管家照办。管家回禀，家中没有余钱了。费罗塔斯当即说："难道不会将我的餐具和衣物拿去卖掉？"这样的性格，发展到反面就是骄傲而喜欢炫耀。连帕曼纽都曾劝他："我的孩子，你大可不必摆出如此高人一等的姿态。"

早在埃及时，亚历山大就风闻费罗塔斯的骄傲自大。费罗塔斯在私下的酒宴上，不止一次用士兵那种直爽而夸张的口吻，向其他将领宣称，所有伟大的军事行动都是由他和他的父亲来执行的，却由那个童稚无知的亚历山大坐享其成。而且，

在反对东方化政策和反对建立世界帝国宏伟目标的人中，费罗塔斯是最坚决、最激烈的。

亚历山大清楚，幕后的阴谋家就是费罗塔斯。

即便费罗塔斯不是真正的幕后黑手，他也必须来扮演这个角色。

亚历山大下令逮捕费罗塔斯，由自己和其他主要将领对其进行公开审讯。费罗塔斯坚决否认自己有弑君叛变的企图。亚历山大问费罗塔斯，为什么不向自己报告这个阴谋？费罗塔斯回答，当自己听到这件事时，觉得太荒唐无稽，不想让陛下烦心，经过深思熟虑之后还是决定不报告为好。他的回答引起了将领们的一片嘘声。费罗塔斯平日里自大而骄横，那种炫耀的姿态早已超出了自己的本分。将领们普遍对他反感，更嫉妒他掌握近卫骑兵的指挥权，所以此时没有一个人站出来替他说话，反而纷纷落井下石，指控他就是阴谋家。

费罗塔斯是难逃一死了。当死刑判决宣布时，费罗塔斯哀号着向所有人求情，向与亚历山大最亲密的赫菲斯提昂乞求活命。费罗塔斯哀求赫菲斯提昂美言几句，让亚历山大饶恕自己。亚历山大脱口而出："费罗塔斯，像你这样懦弱，怎么还有胆子从事阴谋？"

最终，费罗塔斯和其他同谋者全部被处决。处决方式是传统的马其顿刑罚——叛乱者被捆绑在木桩上，马其顿将士们纷纷向叛乱者投出标枪，将叛乱者万枪洞穿。另外一些与费罗塔斯有关的人成了惊弓之鸟，因为害怕受到怀疑，有的自尽，有的逃亡。由于牵连太广，亚历山大不便多加追究，此事也就适可而止了。费罗塔斯麾下的近卫骑兵，被其他将领如愿瓜分。

亚历山大用处置这桩谋反案，明确无误地告诉全军——没有人可以反对他的东方化政策和建立世界帝国的宏伟目标，连神都不能挫折他的意志，何况他的臣民。为了震慑其他怀有这种心思的将士，亚历山大不惜祭出费罗塔斯的生命。

更可怕的是，处决费罗塔斯之后，亚历山大竟然毫不犹疑地下令——不能留下帕曼纽这个后患。

身为替腓力二世和亚历山大征战一生的老将，帕曼纽在马其顿远征军中有着近乎至高无上的威望。马其顿军队可以说是帕曼纽一手训练出来的。当初亚历山大在危难中继承王位，得到了帕曼纽的全力支持。这番东征，帕曼纽一族担任各军将帅。帕曼纽是马其顿军队的中心人物，对于反对东方化政策、崇拜马其顿国家中心主义的将士们来说，帕曼纽是他们支持的对象。由于帕曼纽的影响太大，亚历山大将他放在后方的米底亚，负责全军的联络和补给。现在，帕曼纽手下的军队大约有2.5万人，而亚历山大率领的将士也不过3万。

帕曼纽一族身为将帅，都为亚历山大奉献了终生。他的三个儿子都在马其顿远征军中为将，两个已经战死沙场，仅剩下的费罗塔斯居然被亚历山大处死。消息一旦传到帕曼纽那里，完全有激起他反叛的可能。气氛空前紧张，马其顿远征军可能会面临分裂的危机。

亚历山大的决定干脆而残酷——只要帕曼纽活着，这个危机就不会解除。

他抓紧时间封锁营区，然后写了三封信。一封是模仿费罗塔斯的笔迹写给帕曼纽的伪信，一封是他本人写给帕曼纽的私信，还有一封是写给帕曼纽的副将克里亚特罗斯的密信。亚历山大挑选了自己身边的将领波利塔玛斯为信使，因为波利塔玛斯与帕曼纽有亲戚关系，应该不会招致帕曼纽的怀疑。波利塔玛斯对亚历山大的决定和手中三封信的内容浑然无知。他越过1300公里的沙漠，乘坐骆驼日夜兼程赶路，第11天后终于到达目的地。

按照亚历山大事先的要求，波利塔玛斯先将密封严整的密信送给克拉特罗斯。第二天一早，波利塔玛斯前去拜见帕曼纽，呈上了另外两封信。帕曼纽一边与波利塔玛斯开心地叙旧，一边展开亚历山大那封信。亚历山大在信上夸奖帕曼纽的雄心壮志，帕曼纽很是高兴。接着，帕曼纽又欣喜地打开儿子的信。就在这时，站在他身后的副将克里亚特罗斯猝然抽出短剑，照着帕曼纽的要害之处插下去。周围的亲兵全部拔剑，对准帕曼纽的身体一阵乱捅。老将雪白的须发完全被鲜血

◇ 训练中的马其顿方阵

染红，帕曼纽带着难以置信的表情倒在血泊中，死不瞑目。

波利塔玛斯这才恍然大悟，自己竟然成了死亡的使者。亚历山大的密信事后在军中宣读，信中指控帕曼纽谋反，罪证是帕曼纽给费罗塔斯的一封信里有这样一段话："照顾好你自己和你的部下，这样我们才能完成目标。"

用这种断然的手段，亚历山大让马其顿军队中帕曼纽的影响完全崩溃瓦解，马其顿远征军完全成为属于亚历山大的军队。不过，帕曼纽父子的悲惨结局也激怒了一大批马其顿将士。亚历山大借这个机会大批地整肃异己，他暗中派人调查将士们的想法，甚至严密检查来往信件。凡是对处决帕曼纽表示反感的人，一经告发就予以处置。亚历山大还采取隔离措施，将那些表示不满的官兵集中到一起单独组建部队。亚历山大果断而严厉的镇压，威慑住了马其顿将士。他以君主和神的意志与权威，把他们的意志和力量更牢固地控制在自己手里，化为一把寒光闪闪、无坚不摧的利剑，带着毁灭和灾难，继续劈向东方。

值得注意的是，据希腊史学家伊菲普斯记载，经过这次残酷的镇压，亚历山大身边的人已经生活在了恐怖统治之中。亚历山大所闻无非阿谀逢迎之辞，大多数人选择了沉默和漠视，即使是最亲近的人也不再向他进逆耳忠言。从此以后，亚历山大越来越依靠重金悬赏鼓舞士气，马其顿远征军的雇佣军色彩越来越强烈，真正愿意跟随他舍身犯险的人越来越少。

安排好这些，亚历山大继续向东方的巴克特里亚前进，去追杀贝苏斯。沿途亚历山大降伏了一个又一个强悍的土著部落。一路向东，马其顿远征军沿着水源和河谷前进，一路上看到了许多巍峨的大山，那些都是中亚兴都库什山的支脉。公元前329年，亚历山大终于来到了兴都库什山脉的面前。这里就是希腊神话中的高加索山。普罗米修斯为人类盗来天火，愤怒的天神宙斯将他锁在高加索山上，让鹰每天啄食他的心肝。直到大力神赫拉克勒斯为完成十二件功绩跋涉到此，才射死巨鹰，救下普罗米修斯。现在亚历山大已经超越了希腊人认知中凡人世界的极限，神话触手可及。

兴都库什山脉从东北一直延伸到西南，就像巨龙的背脊一样，高耸入云，具有不可摇撼的神奇和庄严感。亚历山大下令在山麓休整四个月，度过严寒的冬天。四个月的严冬里，亚历山大本人并没有休息，他将驻军的营地建设为一座储存后勤物资的前哨基地。这座由亚历山大亲自规划建设的城市，被称为兴都库什山麓下的"亚历山多利亚"。

第二年春天，亚历山大开始率军攀援绝壁，翻越兴都库什山。春雪未融的季节，整座山像被冰封一样，积雪盈尺，寒气逼人。对于没有御寒准备的马其顿远征军来说，这又是一个绝境。放眼望去，只有白茫茫一片，见不到任何动物的足迹，也没有飞鸟经过，有的只是冰天雪地的寒冷和荒凉。在这远离人间的高山上，士兵们简直难以生存。粮食越来越少，仅有的衣物难以抵挡风寒的侵袭。饥饿、恐惧、寒冷、疲惫、绝望，深深侵蚀着士兵们。除了忍耐，别无他途。有些将士支持不下去，纷纷倒在雪地里，永远埋骨在这异域的高山上。

大部分马其顿将士脚上生了冻疮，寸步难行。白雪过分刺眼，许多将士都患了雪盲症。只有前进才有活下去的希望。马其顿将士手牵着手，一个接一个地往前挪动，在半昏迷的状态下强迫自己走下去。只有这样，使四肢继续活动，才不至于被冻僵。亚历山大一刻不停地巡视部队，不断从头跑到尾，鼓励大家要振作，驱策所有将士前进。其实，亚历山大浑身是伤，他所忍受的艰苦伤痛更甚于部下们。

当亚历山大与马其顿将士们在茫茫雪山中看到当地部族居民的小屋时，还以为是自己的幻觉。连亚历山大都不敢相信，这冰天雪地的地方居然会有人烟。当地部族更想不到，会有这么多人在风雪中来到兴都库什山，而且这些部族居民一生一世都没见过异乡人。他们吓得魂飞魄散，把全部食物和取暖的燃料都献出来，只求活命。在这里，马其顿将士们终于与他们的国王一样，体会到一丝"世界尽头"的感觉。亚历山大率大军横越兴都库什山，一共用了15天时间，他们完成了人类前所未有的壮举。

贝苏斯本打算趁马其顿远征军疲惫不堪时与之决战，这时却传来了萨提巴赞斯败亡的消息——贝苏斯拨给萨提巴赞斯2000名骑兵，萨提巴赞斯再度侵入阿瑞亚地区，又煽动当地人起来造反。亚历山大留守后方的部队与效忠亚历山大的当地波斯贵族联合对其进行围剿，最后萨提巴赞斯脸部中标枪而死，余部溃散。贝苏斯随即放弃决战企图，决定用焦土战术将亚历山大拖死在巴克特里亚。贝苏斯命令军队破坏村庄和庄稼，全军撤过奥克苏斯河，将所有渡船焚毁，向东北方向撤去。

亚历山大没费什么功夫就得到了巴克特里亚，马不停蹄向北赶往奥克苏斯河。从巴克特里亚到奥克苏斯河，连绵80多公里都是沙漠。四个月前亚历山大的将士们越过了天寒地冻的兴都库什山，现在却进入了酷热难耐的沙漠。这里的沙漠与埃及的沙漠截然不同。火焰般的烈日下，沙漠简直像会燃烧起来一样。一望无际的沙漠如同一片火海，地上的热气蒸发着像雾一样的水蒸气，看起来一片迷茫。最可怕的是干渴，这片沙漠异常干燥，无论是人的口腔还是五脏六腑，所有水分都会流失。马其顿将士们往往全身乏力，整个人软绵绵精神涣散，最后连多走一步的力气都没有，一头倒毙在沙漠中。

马其顿远征军总算越过了炎热的沙漠，到达奥克苏斯河畔。当年横渡多瑙河的经验在这里依然发挥作用，亚历山大下令部队将盖帐篷用的兽皮集中起来，装上干草，缝制成不透水的皮筏，只用了五天的时间就顺利将大军渡过河去。

贝苏斯终于被逼到了绝境。贝苏斯与部下们发生争执，部下们要求投降，贝苏斯坚持投降必死无疑。他的部将斯皮塔米尼斯等人发动兵变，将贝苏斯擒获，径直押送亚历山大的大营。

亚历山大与贝苏斯双目对视，他斥责贝苏斯无耻的背叛："既然大流士是你的皇帝，又是你的亲戚，而且还是你的恩人，为什么要背叛他，囚禁他，杀害他？"

贝苏斯不敢正视亚历山大的眼睛，只是回答："这件事不是我一个人的主意，是与当时大流士身边的贵族将领们一起商量共同决定的，目的是向陛下您讨好，留下我们的性命。"

亚历山大下令将贝苏斯押回他发动叛乱的埃克巴塔那，在那里用波斯帝国处置叛徒的刑罚对其处以极刑，并广召波斯人

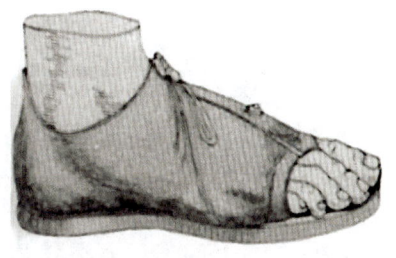

◇ 马其顿士兵的全副装具

和当地部族百姓前来观刑。贝苏斯先是遭挖眼割鼻，然后被五马分尸，死状惨烈。这样的处刑得到了波斯帝国臣民们的认同，马其顿人和希腊人却普遍觉得过火。他们说，对犯人断肢斩首是极其野蛮的行为。这话大家说得很谨慎，努力不让它传到亚历山大耳朵里。

眼见贝苏斯被残酷处死，斯皮塔米尼斯等人放弃了乞求亚历山大饶恕的希望。他们率残部东逃，决心与亚历山大周旋到底。亚历山大马上率军向东疾追，沿途不断与游牧民族斯基泰人各部族战斗。在斯皮塔米尼斯的煽动下，斯基泰人反抗的火焰在各地燃烧了起来。尽管亚历山大进兵神速，一度在两天之内连下五城，还是不能有效镇压斯基泰人的叛乱。斯皮塔米尼斯与亚历山大玩起了游击战的把戏，在巴克特里亚和更靠东的索格地安那地区与马其顿远征军不断兜圈子，让亚历山大疲于奔命。

利用对当地草原和沙漠的熟悉，斯皮塔米尼斯反复打击亚历山大的后方，袭击后方要塞，歼灭小股马其顿军队。他还与斯基泰人的几个大部族结为同盟，不断从斯基泰人那里获得骑兵部队，壮大声势。索格地安那人也在首领欧克西亚提斯的率领下与斯皮塔米尼斯结盟，起兵反抗亚历山大。

当地斯基泰人更是无分男女老幼，全部参与对马其顿远征军的袭击，迫使亚历山大屡屡下达屠杀的命令。他将步骑兵混合编制，使每一个战斗单位缩小，以增强机动性，一队一队独立作战。每次出去清剿前，亚历山大都要告诫部下："你们尽量放火烧毁他们的田园，

◇ 剽悍的斯基泰战士

看到成年男子一律格杀勿论。"这反映出他的内心是何其焦躁不安。在这种情况下，亚历山大的东方化政策大受打击。

从公元前328年秋天到公元前327年春天，长期的拉锯战让马其顿将士们，尤其是亚历山大的朋友和将领们，心理上变得非常暴躁，情绪失去了平衡，彼此之间经常发生冲突。虽然许多事情不过是疑心生暗鬼的结果，却也造成了更多的决裂与不和。当亚历山大停军马拉坎达休整时，这些决裂与不和引发了此次远征中最大的危机之一，几乎毁掉亚历山大的事业。

在战场上一时受挫的东方化进程，亚历山大要在其他方面扳回来。他接受一些波斯贵族的建议，进一步推行东方的礼节，决定正式采用波斯宫廷的叩拜礼。消息一出，马其顿将士们简直忍无可忍。希腊的传统是拜神不拜人，只有奴隶才向人下跪。他们觉得叩拜礼是对希腊人自由精神的侮辱。将士们传言，亚历山大现在正竭力仿效波斯人和东方民族的派头，这不但表现在礼节和衣着方面，而且在安排日常生活的各个方面都成套地抄袭。反正亚历山大认为他的父亲已不再是腓力二世，而是那个埃及的太阳神阿蒙了。

许多希腊的学者和哲人早年以谋士或文官的身份随亚历山大出征，他们对亚历山大东方化的做法尤为反感。亚里士多德的门徒与侄子、亚历山大的同门师兄弟和谋士、性格宽厚似乡下佬的哲人兼史官卡利西尼斯曾就此向亚历山大提出过劝谏。当时，同样以哲人和史官身份供职于亚历山大宫廷的还有希腊著名诡辩家阿那克萨卡斯，此人的品行一贯遭人诟病。有一次，阿那克萨卡斯在朝堂上公开提出，应该将亚历山大作为人间的神祇加以供奉。卡利西尼斯对阿那克萨卡斯提出严厉批评，指责他是试图将亚历山大引上歧路。然后，卡利西尼斯转向亚历山大，当面对他进行规劝：

"不错，我们现在是在异邦的土地上讨论这个问题，因而有必要考虑异邦的方式。即使如此，我仍然请求您，我的陛下，不要忘记希腊。为了希腊，您才不避艰险，远征异域，把亚洲并入希腊版图。此外，陛下还应当考虑到：当您回到希腊之后，您难道准备强迫全人类最热爱自由的希腊人，在您的面前匍匐跪拜吗？您还是打算豁免希腊人，而只把这种污辱强加在马其顿人头上呢？或许，在这个问题上，陛下想把全世界分成两半，让希腊人和马其顿人把您当人崇拜，只让异邦人用这种异邦的方式把您当神崇拜呢？"

对于这些规劝，亚历山大根本不为所动，反倒从此将卡利西尼斯打入另册。

希腊人的传统礼节中有亲吻礼。一次宴会上，亚历山大用一只金杯盛着酒给众臣轮饮，以示友好。他先将酒递给那些私下里已经向他行下跪叩拜礼的人。第一个接杯饮酒的人，喝完后站起身来，在亚历山大面前叩拜，亚历山大再向他行亲吻礼，后面一个接一个地都照着这样做。当轮到卡利西尼斯喝酒时，他没有叩拜就走向亚历山大去受吻。亚历山大当场拒绝对卡利西尼斯行亲吻礼。卡利西尼斯只好自嘲："我先走开，还欠一吻。"这一风向标十分鲜明，马其顿人的怨气和愤怒也越来越重。在酒神节的宴会上，这种愤怒终于爆发了。

酒神节，即亚历山大的母亲奥林匹娅斯曾十分热衷的狄俄尼索斯节，是古希腊人为酒神狄俄尼索斯举行的节日。这是古希腊人最热闹的狂欢节，按照风俗要举行盛大的宴会和游行歌舞。人们将自己打扮成各种神话传说中的人物，通宵达旦上街游行，公开豪饮狂欢。人们喜欢取来灌满酒并用油脂将外表涂得滑溜的皮囊或酒袋，让裸体的男孩子站在上面蹦跳舞蹈，其他人一边饮酒一边合唱"酒神赞歌"；日落时分，人们就在躺椅上畅饮，醉亦不归。远征东方多年，亚历山大早已养成了"蛮族"豪饮的习惯，与当年那个饮食简朴、只是将宴会作为会议手段的少年国王判若两人。酒越喝越多，亚历山大与其他人一样渐渐失去理智，变故就在这时发生了。

亚历山大每年都在这个节日向酒神狄俄尼索斯献祭。不知为何，只有这一年的酒神节，亚历山大忽视了狄俄尼索斯，而向狄俄斯库瑞献祭。狄俄斯库瑞，在古希腊语中意为"双胞胎"。雅典建有专门的狄俄斯库瑞神庙，供奉着希腊神话中最著名的一对双胞胎兄弟卡斯托与波拉克斯。传说从前天神宙斯迷恋斯巴达王后丽达，为接近她而化身为天鹅。宙斯以天鹅之身与丽达结合，丽达后来生下双胞胎，这便是卡斯托与波拉克斯。两兄弟是希腊神话中著名的英雄，联手完成了无数伟大的功绩。卡斯托意外身亡后，波拉克斯伤心得要随卡斯托同赴天国，却因为自己拥有永恒的生命而不能如愿。他的悲痛感动了父亲宙斯，宙斯为他们兄弟二人设立星座，并同意两兄弟轮流在天上和冥界生活。这便是十二星座中"双子座"的来历。

向这两兄弟献祭之后，酣畅的宴饮之间，人们展开了关于狄俄斯库瑞的争论。酒越喝越多，争论早已超出了探讨神话的范畴。有些人开始有意向亚历山大讨好，大肆吹捧亚历山大和他的功绩。他们大声说，卡斯托与波拉克斯根本就不能与亚历山大相提并论。还有一些喝得酩酊大醉的人举出许多英雄，说他们都不如亚历

山大,甚至连大力神赫拉克勒斯都无法与伟大的亚历山大相比。他们说,在世的英雄之所以得不到同时代的人应有的尊崇,只不过是因为人们嫉妒他们而已。更有人开始将话题引到亚历山大的父亲腓力二世身上,而沉醉于美酒的亚历山大似乎对此并不在意。

挺身而出的是亚历山大乳母的弟弟、近卫骑兵将领克雷塔斯。费罗塔斯被处决后,克雷塔斯和赫菲斯提昂共掌近卫骑兵,最近他还被任命为巴克特里亚和索格地安那总督。此时,这个巨人听别人吹捧亚历山大,说他功绩赫赫,如日中天,已远远超过腓力二世,顿时怒不可遏,站起来大声说:

"陛下的功绩应该归功于马其顿将士!是我们这些老兵,是帕曼纽、费罗塔斯这些人在战场上一刀一枪拼杀出来的!而陛下您,却把他们杀害了!……"

克雷塔斯借着酒力直言不讳:那些人用贬低古代英雄的办法来讨好亚历山大,完全不怀好意。他说,亚历山大的成就并不像他们吹嘘的那样伟大和神奇。这些业绩并不是亚历山大一个人创造的,是马其顿人共同努力的结果。克雷塔斯越说越收不住,他大摆腓力二世的功劳,贬低亚历山大的成就,滔滔不绝地指责亚历山大。甚至说,如果把话说到家,亚历山大的命还是他救的呢。在格拉尼库斯河上大战波斯骑兵时,如果不是他,亚历山大还活不到今天呢。克雷塔斯把右手伸出来,大喊大叫:"那时,就是这只手救了你的命,亚历山大!"

从没有人敢这样当面斥责亚历山大。他顿时雷霆震怒,连声叫骂克雷塔斯是"懦夫"。亚历山大跳起来喊叫卫兵,并想向克雷塔斯冲去。他身边的一些将领赶紧拉住他,托勒密也使劲把克雷塔斯拖了出去。克雷塔斯被托勒密拖出去时,依然骂不绝口:"当天神之子从波斯人的刀下逃生的时候,就是你说的这个懦夫救了你的命!你今天能爬上这个崇高的位置,完全靠着马其顿人流的血和受的伤!所以你才会不承认腓力是你的父亲,到处吹嘘自己是阿蒙的儿子!"

亚历山大怒火冲天:"你这个卑鄙的家伙,到处胡说八道!你以为煽动马其顿人叛乱可以不受惩罚吗?"

克雷塔斯回骂道:"我们受到的惩罚已经够多的了!这就是我们辛劳卖命所获得的代价!我羡慕那些已经阵亡的马其顿人,他们看不到自己的同胞屈居于奴隶之下,要向波斯人讲好话才能见到自己的国王!"

这时喝酒喝到头脑发热的亚历山大嘶声叫喊,要卫士们立刻动手,处决克雷塔斯,但没有人敢执行这一命令。亚历山大口中也在不停叫骂:"我现在正是处在大流士有过的逆境中！就像他的部下贝苏斯一伙把他关在囚车里奔波那样！现在我自己也是这样了！除了名义上还是个国王之外，什么都没有了！……"

亚历山大抓起桌上的酒杯向克雷塔斯掷去。卫士们藏起了他的佩剑，也没有服从他要求吹起号角、结合全军的命令。事后卫士们获得了表扬，如果真按照亚历山大的命令行事，全军恐怕都将陷入惊慌和骚动之中。

众臣们其实都同情克雷塔斯。他们也无法忍受与那些"蛮族"和"奴隶"生活在一起，不愿意向亚历山大的波斯腰带和东方式样的白色袍服跪拜致敬。克雷塔斯虽咄咄逼人，却说出了大家的心里话。所以，大家一起为克雷塔斯求情。在左右人的劝说下，亚历山大的怒气刚刚开始平息，谁知克雷塔斯又挣脱了托勒密的手冲了进来。亚历山大见状大叫一声："克雷塔斯！"

克雷塔斯也高声叫道："亚历山大，你看！克雷塔斯就在这里！"

亚历山大再也忍不住，跳起身从卫士手中抢过一支长矛，高声喊道："现在就请你到腓力、帕曼纽、费罗塔斯那儿去吧！"

呼啸的长矛一下子贯穿了克雷塔斯的胸膛。这个巨人紧握胸前的矛杆，睁大眼睛死死盯着他曾经抱在手上，而且在格拉尼库斯救过一命的小主人，像山一般扑倒在地上。宴会厅中顿时变得死一般沉寂。

亚历山大目不转睛地盯着倒卧在地上，背上露出长长矛尖的克雷塔斯，头上的汗水开始雨点般滴落下来。他的酒醒了，脸上露出惊愕和痛苦的表情，接着就向克雷塔斯跪倒下去，口中叫道："宙斯，惩罚我吧！我犯了罪……"

◇ 亚历山大塑像

接下来的三天中，亚历山大躺在床上，拒绝任何饮食。有人说，杀人之后，亚历山大立即认识到这种行为的丑恶。还有人说，亚历山大因为酒后杀害朋友，感到无颜再活下去，于是把长矛倚在墙上，打算扑上去自尽，幸亏被卫士们拉开。更多的人都说，亚历山大行凶后马上伏榻痛哭，一边哭一边喊着克雷塔斯和他姐姐兰妮斯的名字。亚历山大泣不成声地说："是您哺育我长大的，今天我成人了。可我又是怎样报答您的恩惠呀，您亲眼看着您的孩子们为我作战而牺牲。可现在呢？我却亲手杀死您的弟弟！"

不知道亚历山大是真的悔恨不已，还是表演出色，总之，马其顿将士们原谅了他的过失。事后，亚历山大对酒神狄俄尼索斯进行了补祭。他宁愿把灾祸归因于神怒，也不愿归因于自己。

此时发生的另一件事，传出去后令人感到更加不安——当诡辩家阿那克萨卡斯看到亚历山大正在床上哭泣时，竟然哈哈大笑。面对亚历山大恼恨的眼神，阿那克萨卡斯解释道：

"全世界都在仰望的亚历山大，竟然会畏惧别人的批评，像一个奴隶那样躺在这里哭泣？陛下应该是法律与是非的尺度，因为您伟大的征服，您获得了无上的权力，您早已成为了统治一切的最高主宰。正是因此，古代哲学家们让'公正'坐在宙斯的宝座旁。这样，不论宙斯做什么事，他都是与'公正'一起做的。如此，宙斯做的所有事都是公正的。所以，一位伟大的帝王，他的所作所为，不但帝王本人认为是公正的，全世界都认为是公正的。难道陛下连这个道理都不明白？"

亚历山大对此深以为然，他从这番话中获得了巨大安慰。从此，阿那克萨卡斯更得亚历山大的宠幸，亚历山大也似乎变得更加妄为。卡利西尼斯因而与亚历山大更加疏远。卡利西尼斯因自己的品格和学识，在亚历山大的军队和帝国中深受年轻人的尊重。当初随亚历山大出征，他明言自己并不是为了获取财富和荣誉，而是要让亚历山大在全人类面前生辉。卡利西尼斯曾说，亚历山大之所以会受尊崇，并不是因为奥林匹娅斯所说的关于亚历山大诞生的离奇故事，而是要靠他所撰写的、应当公之于世的亚历山大传记。现在，身为史官的卡利西尼斯却深感，自己手中的传记越来越难写下去。

第十章
血战吉达斯浦河

亚历山大深知，若要将有陷入分裂瓦解隐患的马其顿远征军重新团结起来，唯一的方法是继续远征。他再次出征，全力追剿斯皮塔米尼斯，彻底镇压斯基泰人的反抗。亚历山大似乎将满腔怒气都发泄在战场上。发现了斯皮塔米尼斯的踪迹之后，马其顿远征军全力咬住，将他那支由斯基泰人、巴克特里亚人和索格地安那人组成的军队打到崩溃。斯皮塔米尼斯率残部逃进沙漠，亚历山大就率军追进沙漠。最终，一群斯基泰人骑兵割下了斯皮塔米尼斯的脑袋，向亚历山大请降。巴克特里亚有组织的反抗终于平息。

斯皮塔米尼斯败死，最后不肯向亚历山大屈服的敌手只剩了索格地安那人。索格地安那人首领欧克西亚提斯率百姓躲进索格地安那山区，继续抵抗。亚历山大照例先停军过冬。春天一露头，马其顿远征军立刻向山区开进。进山之后，亚历山大才发现，山间四面都是悬崖峭壁，无法进攻。更可怕的是，山区冬雪未融，早春的天气又变化不定，天空中随时狂雷大作，常有大风和冰雹天气。雪风怒号，竟然让马其顿远征军在三天之内冻死数百人。死者倚在树干上，仿佛还在讲话的样子，却已经没了声息。这样凄惨的情景比比皆是。

反观索格地安那人，已经储备了大量粮草，准备在山间长期死守。亚历山大派使者劝欧克西亚提斯投降，保证只要他交出这座山，就允许他和他的家人、百

姓安全地返回家乡。

欧克西亚提斯听了哈哈大笑，对使臣说："叫亚历山大去找有翅膀的士兵来替他夺取这座山吧，因为索格地安那人对没有翅膀的士兵是不怕的！"

一个部族首领居然如此狂妄，亚历山大发誓定要给他教训。亚历山大向远征军将士宣布，谁能第一个登上山顶，得12泰伦重赏；后面登上山顶的士兵依次排序，皆有重赏。重赏之下必有勇夫，马其顿将士们的士气为之一振。亚历山大将过去在围攻山地部族的山寨时有攀岩经验的士兵挑选出来，精选了300名勇士。这300名勇士个个悍不畏死，愿意尝试最严峻的挑战——趁夜晚攀爬绝壁，直捣索格地安那人的老巢。

深夜，这300勇士开始行动了。他们随身携带固定帐篷用的大铁钉，准备用来钉在冻得牢固的冰雪或裸露的地面上。他们事先用坚固的麻绳将这些铁钉连接起来，趁黑夜出发，来到了石壁最陡处。索格地安那人不敢想象马其顿人竟然敢从这里攀岩，所以根本无人把守。300勇士将铁钉钉进裸露的地面，一边往上攀爬，一边将铁钉钉进不易垮掉的冰雪里。远远望去，他们一个个吊在悬崖上，用自己的方法拼命往上攀。气温很低，手脚不灵活，有30多名勇士不慎滑落下去，惨死在万丈悬崖之下，尸骨无存。其余的勇士天亮时攀登成功，全部登上山顶，成为欧克西亚提斯所说的"有翅膀的士兵"。

山下接应的士兵看到他们登顶成功，立刻向马其顿大营挥动旗帜。亚历山大马上派传令官向索格地安那人的前沿大

◇ 山间的苦战

声喊话，指着山顶上的马其顿士兵叫索格地安那人看：亚历山大真的找来了有翅膀的士兵，已经占领了你们的山顶！传令官呼吁索格地安那人马上投降，别再耽误。

索格地安那人看到这一幕奇迹，个个吓得目瞪口呆。他们惊恐万状，不知道占领山顶的兵力有多少，只能乖乖投降。亚历山大攻上山去，俘虏了全部索格地安那百姓，包括欧克西亚提斯的妻子和几个女儿。欧克西亚提斯趁乱逃到更东方的深山中，继续抵抗。

欧克西亚提斯的女儿中，有一个名叫罗克珊娜，年仅16岁。罗克珊娜，这个名字在巴克特里亚语中的意思是"闪耀的星星"或者"光明"。亚历山大的将领们纷纷传言："除了大流士的妻子之外，她是全亚洲最可爱的美人。"见到她之后，没过几天工夫，亚历山大便向全军宣布——我将娶她为妻。

多年来与亚历山大患难与共的马其顿军队自然不赞成他和东方的"蛮族"通婚。罗克珊娜只是一个俘虏，一件战利品，她的父亲只是索格地安那人的部族首领而已，根本无法与亚历山大相比。已经建立起庞大帝国的亚历山大居然要娶这样一个出身微末的"蛮族"女子为王后，马其顿将领们感到不安。他们感到，亚历山大不但在坚持推行东方化政策，他整个人都越来越东方了，与追随他的将领们之间的差异不断扩大。但是，费罗塔斯、帕曼纽直至克雷塔斯等人的下场，让他们不敢对此多说什么。

◇ 亚历山大与罗克珊娜的婚礼

古罗马历史学家阿利安写道，由于"真诚的爱情"，亚历山大选择以传统的巴克特里亚仪式与罗克珊娜举行婚礼，而不是仅将她当作俘虏看待。婚礼隆重而奢华，亚历山大的密友赫菲斯提昂充当了新郎的男傧相。

其实，亚历山大迎娶罗克珊娜基本是出于政治考量。从长远来说，这是亚历山大对自己东方化政策做出的重大宣言，他用联姻的形式将东方和西方联结在一起，象征东方和西方从此有着共同的血脉，将在同一个世界大帝国中如家人一般和睦相处。就现实的政治利益而言，迎娶罗克珊娜，让亚历山大拥有了一位具备强大影响力的巴克特里亚岳父。欧克西亚提斯得知女儿成为了亚历山大的王后，亲自去向亚历山大表示归顺。亚历山大给予他极高的荣誉，并表示好事既成，理当如此。亚历山大的这番联姻，对于控制叛乱近两年的巴克特里亚地区，应该是大有助益的。经过这次联姻，巴克特里亚及索格

◇ 亚历山大远征路线图——前半部分

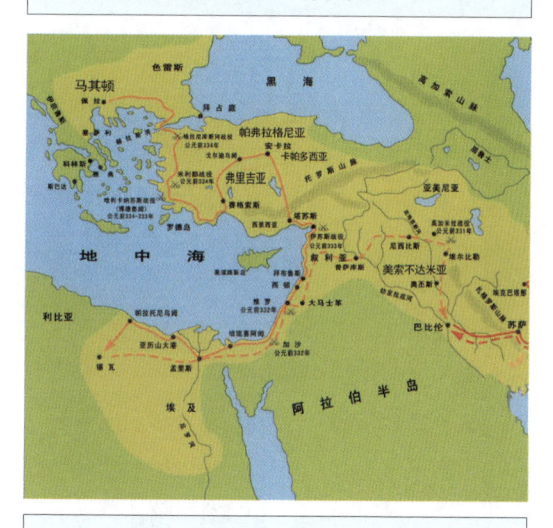

◇ 亚历山大远征路线图——后半部分（包括马其顿军队在巴克特里亚的苦战、远征印度与班师返乡）

地安那地区的叛乱完全平息，广阔的中亚最终归于亚历山大的统治之下，成为"世界帝国"的组成部分。此时是公元前327年，距亚历山大开始远征已经过去了七年时间。

权力使人疯狂，统治着东方与西方的亚历山大，性格中暴虐恣肆的一面渐渐

◇ 亚历山大率卫士们狩猎

展露无遗。他闭口不提何时班师回国，而衣锦还乡早已是马其顿将士最迫切的心愿。亚历山大的所作所为使马其顿将士到了离心离德、士气涣散的边缘。当恐怖和威慑已经无法压制部下的情绪时，又一桩令人胆寒的阴谋爆发了。

按照马其顿传统，年轻的贵族子弟要在国王身边充当卫士。他们要服侍国王的日常起居，为国王值夜宿卫，为国王牵马，在国王打猎时充当陪猎。亚历山大身边的卫士中，有一个名叫赫摩劳斯的年轻贵族。这个青年爱好哲学，勤于学问，是哲人卡利西尼斯的学生。有一回，他正跟亚历山大一起外出打猎，忽然一只野猪朝亚历山大冲来。赫摩劳斯急于保护国王，纵马冲过去，一矛将野猪刺倒。从前性情温和的亚历山大一时勃然大怒，痛斥赫摩劳斯不懂规矩，让自己连刺野猪的机会都没有。亚历山大下令当着其他年轻卫士的面，对赫摩劳斯施以鞭笞之刑，还没收了赫摩劳斯的马匹。

赫摩劳斯深感屈辱，这件事成了阴谋的导火索。他与自己的几位卫士伙伴商量，亚历山大欺人太甚，此仇不报，誓不为人。这些马其顿年轻贵族心中埋藏已久的积怨爆发出来，想到亚历山大种种令人难以接受的政策，他们发誓必须除掉这个"暴君"。他们谋划，轮到自己值夜宿卫时，等亚历山大入睡后，潜入御帐下手杀掉他。他们等到了第一次值夜宿卫的机会，亚历山大却与宠臣们一起纵酒狂欢，整整喝了一夜，直到天明都没有入睡。这次机会落空了。

第二天，同谋者之一无意间将这件事告诉了自己的密友。那个卫士又将事情告诉了另一位年轻贵族。这位年轻贵族顿感事情重大，马上向托勒密报告。托勒密随即汇报亚历山大，大逮捕立刻开始，全部参与阴谋的年轻卫士被一网打尽。

阴谋平息后,被捕的年轻"阴谋家们"在审判会议上慷慨陈词——他们列举了亚历山大的种种"恶行",包括滥杀费罗塔斯和他父亲帕曼纽等人,在宴会上杀害克雷塔斯,把自己打扮成东方"蛮族"的样子,下令部将群臣对自己行下跪叩拜礼,迎娶"蛮族"女子,常常狂饮昏睡,等等。这些年轻人直言不讳,他们就是因为对这一切再也无法忍受,所以打算刺杀亚历山大,解放自己,同时也解放马其顿同胞。

审讯无可避免地牵扯到了卡利西尼斯。赫摩劳斯坚决否认老师卡利西尼斯参与任何阴谋,唯一的证据是他与卡利西尼斯的几番谈话。审判会议指出,赫摩劳斯曾请教卡利西尼斯,怎样才能成为世界上最有名的人。卡利西尼斯告诉他,最简便的方法是杀死世界上最显赫的人物。他鼓励赫摩劳斯去做叛逆的事情,不要被亚历山大的王座吓倒,要记住亚历山大也像旁人一样会生病和受伤。亚历山大据此定罪——卡利西尼斯是阴谋的教唆者。

亚历山大对这些年轻卫士的处置毫不留情。他们当场被出席审判会议的马其顿将士们用石头活活砸

◇ 卫士们随亚历山大出猎

死。卡利西尼斯被戴上脚镣押去游街示众,在狱中遭受非人折磨,不久染病而死。

古代史学家普遍认为,这件事情是亚历山大一生最大的污点。300多年以后,罗马著名哲学家塞尼卡听他的学生历数亚历山大的英雄事迹和旷世武功后,回答说:"这些都不错,只可惜他谋杀了卡利西尼斯。"言下之意,亚历山大的所有功绩加起来也无法抵消这个罪孽。

这个庞大的危机四伏的帝国,由于一个天才人物的权威和意志,暂时维持住了表面的统一。

亚历山大警醒了。远征,只有持续不断地征战,才能让将士们无法顾及一切

矛盾与不满，将全部精力耗尽在战场上。伟大的事业远远没有完成，自己决不能就此耽于平淡。世界还没有完全征服，中亚之外，亚洲还有最后一块没有臣服于自己的土地——印度。

他清楚，完全占领巴克特里亚之后，他拥有的只是印度河上游，他必须要继续向恒河流域和东边的大海进军。在古希腊人的地理概念中，东面的大海是与赫卡尼亚海（即里海）连在一起的，古希腊人所知的整个大地都由海洋所环抱。因此，亚历山大坚信自己可以率领马其顿远征军从印度湾到达波斯湾，或从波斯湾绕过利比亚（即古希腊人概念中的非洲），到达赫拉克勒斯石柱（即直布罗陀海峡）。如此，他才会真正征服全世界。

亚历山大这一年29岁，虽然因权力的膨胀而变得偏执残暴，但无论在智力、精力、经验还是军事成就等方面，他都处于一生的顶峰。亚历山大用四年时间灭亡了强大的波斯帝国，又用三年多时间征服了波斯帝国广袤的东方诸省，几十个民族近千万人口都臣服在亚历山大脚下。无论是好勇斗狠的兴都库什山民，还是弓马娴熟、神出鬼没的斯基泰骑兵，都无力与他的马其顿大军争锋。亚历山大在中亚留下了许多座取名为"亚历山大"的边塞城市，他深信同样的城市也可以建到印度去。

亚历山大渴望能在印度看到世界尽头的海洋。对于踏入印度这块土地，他有着难以抑制的冲动。远征印度与从前的远征截然不同，不是为了复仇，也不是为了扩张领土，而是出于亚历山大个人的冲动。他要实现自己的梦想，真正突破自己，成就超越凡人的伟业。传说中大力神赫拉克勒斯曾经到过那里。亚历山大发誓，自己也要完成与赫拉克勒斯同样的功绩，踏足赫拉克勒斯曾到达的地方。他要实现《伊利亚特》中阿喀琉斯的愿望，追求到人间至高的荣誉，与永恒同在。这才是驱使亚历山大率领大军走向天涯尽头的真正动机。

公元前327年6月，亚历山大再一次率大军翻越兴都库什山，向南进入印度河流域。出于稳定军心和扩充实力的考虑，亚历山大对自己的远征军进行了重组。亚历山大发放大量赏赐，遣散了数万希腊盟军，连精锐的帖撒利亚骑兵也退役回乡了。亚历山大只保留了来自马其顿的核心部队，随他征战多年的老兵们依然紧紧跟随着他。在此基础上，亚历山大招募了大量来自希腊半岛、小亚细亚和色雷斯的雇佣军。平定巴克特里亚的过程中，亚历山大对弓马娴熟、精于骑射的斯基泰轻骑兵印象深刻，特意挑选组建了一支1000人的斯基泰骑兵部队。这些优秀的

马上弓箭手极大丰富了马其顿军队的战术手段，后来成为亚历山大倚重的精锐部队。古罗马史学家普鲁塔克记载，亚历山大的远征军有12万人，其中大多数应该是非战斗人员，近现代史学家普遍认为马其顿远征军的战斗部队不超过4万人。亚历山大显然对印度的自然环境有所了解，从埃及和腓尼基征召大批造船工匠随军，使马其顿远征军具备了两栖作战能力。与七年前离开马其顿时相比，这支远征军早已面目全非。

亚历山大踏足印度之前，这个古老文明已经存在了3000年。古代西方史学家对印度所知甚少。阿里安记载，印度人爱好和平，崇尚道义，从来没有向印度以外的地方发动过扩张战争。所有的古典史料都提到印度小邦林立，是一片富庶的土地。

对于志在征服的亚历山大来说，印度的确是一个强大的敌手。与从前的任何对手都不一样，印度军队大量使用战象。印度人早在4000多年前就开始驯化大象。印度战象身高三米以上，全身披挂镶嵌铁片的战袍，前胸有整块铁甲保护，象牙上套着铁制矛尖。战象背上可驮一名驭手和一座木制小城堡，里面是三名弓箭手。未经专门训练的战马对大象的气味和吼叫有天生的恐惧，接近到200米距离以内就会受惊，因此无法使用骑兵对付战象。

◇ 印度战象

重装步兵方阵可以遏制骑兵的正面冲锋，却阻挡不了战象的冲击。战象的冲击速度只有每小时30公里，可是战象普遍重达5吨，因而具有巨大的冲击力。加上坚硬的厚皮和披挂的铠甲提供防护，战象可以轻易冲破长矛盾牌方阵。突入方阵的战象舞动象牙大步践踏，杀伤力极强。紧跟其后的印度步兵冲进方阵近距离格斗，阵形散乱、陷入各自为战的方阵很容易被击破。

战象最大的威力在于让人难以承受的心理震慑。一字排开的战象集群冲锋时，一个个庞然大物阔步向前，高声吼叫，如同一堵快速移动的高墙，景象异常骇人。没有见过战象的军队往往会魂飞魄散，溃不成军。面对战象冲锋的步兵方阵需要钢铁的意志才能屹立不动。

印度军队对战象的弱点非常了解。大象受伤后经常狂性大发，夺路而逃，根本不听驭手指挥。受惊的战象不辨敌我，旁边跟随的步兵往往遭到冲撞践踏。正由于这个原因，印度战象的驭手都备有一根铁凿，一旦大象失控，就将铁凿钉入大象的后脑。高加米拉战役中波斯大军曾有15头没来得及上战场的战象成为亚历山大的战利品，但马其顿远征军的确是在进入印度后才初次遭遇战象。现在，马其顿方阵将接受印度战象的考验。

印度步兵比较特别的武器是印度长弓。印度长弓由坚韧的木条和竹片复合制成，反曲上弦以增强拉力。印度长弓的现代仿制品上弦时全长1.77米，拉力近35公斤，发射近1米长的重箭，射程可达300米，破甲能力相当强。古典史料记载，印度长弓由于分量不轻，通常一端装有长钉，弓箭手将长弓钉在地上单腿跪地射箭，这样可以提高准确度。

印度军队对战车依然情有独钟，在战斗中大量使用。印度战车的车体宽阔，由四匹马拖拽，车上六名乘员，包括两名驭手、两名持盾牌的刀斧手以及两名弓箭手。从这个人员配置可以看出，印度战车兼有运兵效用，冲进敌阵后刀斧手很可能会跳下战车接敌格斗。印度骑兵似乎并没有类似波斯的铁甲骑兵，因此突击能力有限。综上所述，印度军队显然是包括多兵种、远程火力和重型突击力量的混合部队，单凭战象便足以抵消马其

◇ 印度弓箭手

顿近卫骑兵和马其顿方阵的战术优势，而印度士兵向来以斗志顽强著称。在两军人数、战斗力相当的情况下，统帅的指挥水准将决定胜利的天平向哪一方倾斜。

这年秋天，亚历山大兵分两路行军，自己亲率其中一军，通过海拔1100米的开伯尔山口，进入印度河平原。从这时起，马其顿远征军再度陷入了与沿途当地各个部族无休无止的苦战和纠缠中。围攻沿途第一座城邦时，亚历山大就再度负伤。一支箭穿透他的胸甲，射入肩部。所幸胸甲抵挡，箭矢未把肩膀穿透，伤势不重。攻打另一座城邦时，亚历山大的好友托勒密在陡峻的山间追击当地印度部族首领，因为马匹上不去，他索性将马丢下，自己徒步追击。部族首领见托勒密逼近，带着卫队掉头做困兽之斗。他在近距离用一杆长矛刺穿了托勒密的胸甲，扎在托勒密的胸口。矛头被胸甲卡住，没能戳进肉里。在这一瞬间，托勒密一矛戳透了他的大腿，将对手摔倒，拔出短剑结果了对手的性命。后面的士兵牵来马匹，帮托勒密将敌酋的尸体驮回马其顿大营。亚历山大与托勒密君臣两人带伤相拥，为日后更艰难的征程而互相勉励。

一路征战，马其顿远征军发现印度的富庶的确名不虚传。攻陷阿斯帕西亚城邦后，仅掳获的牛就达到23万头。亚历山大命令工匠们用当年攻克加沙时的经验，堆积土岗组装投石器，并在山间修建栈道发起奇袭，经过昼夜攻打，拿下了当地传说中大力神赫拉克勒斯都未能登上的阿尔诺斯山。亚历山大一路进抵印度河畔，下令工匠伐木造船，大军乘船沿河而下，与赫菲斯提昂的另一军会合。

连番血战中，亚历山大的行为渐渐变得遭人非议。与希腊世界中的情况类似，古印度盛行雇佣军，从城邦处领取酬金的印度雇佣军作战勇猛，给马其顿远征军造成了不小的麻烦。围攻马萨伽城时，当地的7000印度雇佣兵拼死抵抗，将亚历山大拖延甚久。后来，印度雇佣军统帅被一颗石弹击中身亡，雇佣兵也在围城战中大批倒下，伤亡惨重。他们派代表到亚历山大那里，要求投诚。亚历山大有心将这些勇敢的战士保留下来，让他们加入自己的军队。于是，印度雇佣军听命出城，在马其顿大营对面的小山上单独扎营。当夜，亚历山大接到密报：印度雇佣军实际上并不愿意去攻打其他印度人，而是打算趁黑夜溜走，去找他们自己的部族。亚历山大当即命令全军出动，趁夜将那座小山团团围住，将数千名印度雇佣军尽数屠灭。很多人认为这样背信杀降的行为，与亚历山大的征服者风范不相称。另外，印度的婆罗门也给亚历山大带来许多困扰。这些贵族僧侣对那些归顺亚历山大的印度土邦王侯痛加抨击，鼓舞崇尚自由的民族挺身反抗。对于这些婆罗门，

◇ 苦战印度

亚历山大往往在捕获之后予以处决。卡利西尼斯之后，亚历山大似乎已经不再忌惮处死哲人了。

赫菲斯提昂早已指挥从波斯帝国征召来的工匠们在印度河上以船搭桥。搭桥用的船队事先停泊在桥址上游，工匠在下游用旗帜指挥。看到信号后，船队头朝上游顺着水流按次序漂向下游桥址处。由一只小艇负责调度，工匠们将船一只接一只地带到停泊地点。他们把船上装着粗石块的金字塔形大柳条筐从船头推到水里，用来把船泊稳。一只船泊稳后再泊第二只，两船之间的距离正好可以安全负荷船上的浮桥结构。停泊时船头也都朝上游。在两船之间，工匠们敏捷而准确地架上木梁，在木梁上再横着铺上木板钉牢，将木梁连接固定在一起。这样一步一步安装好，直到整座浮桥搭完为止。桥的两侧都安上栏杆，既可以把桥加固，也能使马匹和驮兽通过时更为安全。相当短的时间内，全部工程顺利完成。这样的架桥法，正是当年波斯帝国皇帝薛西斯一世率军征伐希腊、大军通过赫勒斯滂海峡时用过的。征召波斯帝国臣民从军的好处在此终于体现了出来。如此，亚历山大的军队陆续过桥，顺利渡过印度河。

渡过印度河，马其顿远征军抵达奈萨城下。附近几个城邦一起向亚历山大派出使臣，表示臣服。他们公推奈萨城邦的长者和贵族阿卡菲斯为领袖，请求亚历山大允许他们的城市仍由印度的神照管。亚历山大答应这些城邦代表，继续保持城邦的自由和独立。亚历山大向他们提出条件，要求从他们的城邦中选拔100名最优秀的人到马其顿远征军中充当人质。亚历山大指示由阿卡菲斯负责选拔这些人，并任命他为奈萨地区总督。

阿卡菲斯听到这个要求哈哈大笑。亚历山大颇为好奇，问他为什么笑。阿卡菲斯说道："啊，陛下！从一个城市里抽走100名最优秀的市民，这个城市还怎

么能治理好呢？不如我从最差劲的公民里选200人，给您当人质。这样，当您下次再来的时候，您就可以看到，这个城市还是跟现在一样井井有条！"

这话既幽默风趣，又通情达理。亚历山大也听得哈哈大笑，当即表示不再要求那100名人质了，也用不着别人顶替他们。他有意表现自己的宽容大度，希望赢得印度的民心。阿卡菲斯感谢亚历山大的大度，将自己的儿子和外甥都送来亚历山大军中。安抚了奈萨地区，亚历山大成功地在印度获得了一个较为稳定的后方。

位于印度河和吉达斯浦河之间的塔西拉邦国也主动向亚历山大输诚。国王盎庇斯赠送给亚历山大献祭用的牛3000头、羊万余只，还有用于作战的大象30头。盎庇斯还派来700名骑兵作为助战的盟军，并邀请亚历山大率军开进自己的都城，印度河与吉达斯浦河之间最大的城市塔西拉。亚历山大深感欣慰，亲率将领们来与盎庇斯相见。盎庇斯也亲率本国的贵族们前来迎接。马其顿将士们传言，盎庇斯的国土面积广阔，土地肥沃，且他本人深具智慧。

盎庇斯与亚历山大相见后，当面说道："明智的人知道为何而战。如果你来这里并不是要强取我的水和粮食，那么我们为什么要作战呢？如果我的财富比你多，我愿意和你共享；如果你的财富比我多，我也愿意接受你的馈赠。"

亚历山大对盎庇斯的态度极为满意，他对盎庇斯说："我知道你是一位仁慈慷慨的国王，但是我绝不希望你在慷慨方面胜过我。"于是，他回赠给盎庇斯大批钱币，总价值达到1000泰伦。马其顿将士们对此颇为不满，他们私下嘲讽道："我们的陛下不远千里来到印度，就是为了花1000泰伦去结交这样一个朋友。"这样的做法，却为亚历山大赢得了当地的民心。

马其顿远征军在塔西拉停留了一个多月，享受当地百姓热情的款待，就像五年前进入巴比伦时受到的欢迎一样。在塔西拉过了一个月舒适的生活，亚历山大并没有忘记作战的准备。他不停搜集当地的各种情报，得知这一带的印度各部族相互间从来无法和平相处，要将它们各个击破似乎并不困难。

这段时间里，亚历山大派自己的朋友和将领科纳斯回到印度河，将印度河渡口的船只全部拆卸，从陆路用畜力运往吉达斯浦河。工匠们将较小的船拆成两段，三十桨大船截成三节，装在大车上运到吉达斯浦河岸边。工匠们要等待命令，随时准备在那里再将船重新安装起来放到水里，届时亚历山大在吉达斯浦河上又将拥有一支完整可观的船队。

盎庇斯告诉亚历山大，吉达斯浦河对岸的邦国保拉瓦是自己的敌国，其国王波鲁士与自己之间素有嫌隙，彼此世代为仇。要渡过吉达斯浦河继续东征，则与波鲁士必有一战。亚历山大派出使臣，要求波鲁士对其纳贡，并迎接马其顿远征军过河，遭到对方一口回绝。波鲁士毫不犹豫要同亚历山大对抗到底。

如此，亚历山大率军继续东进，盎庇斯亲率5000军队从征。公元前326年6月，马其顿远征军抵达吉达斯浦河畔。亚历山大将盎庇斯赠送的战象留在了塔西拉。马其顿军队没有时间演练同战象协同配合，贸然使用战象有害无益。不过，亚历山大从盎庇斯那里详细询问了战象的弱点，为马其顿方阵步兵设计了有针对性的战术，提前为即将到来的对抗做好准备。

波鲁士率领3.6万印度大军在吉达斯浦河对岸严阵以待。吉达斯浦河是印度河的支流，这一年的季风提前来到，吉达斯浦河已经开始泛滥，河面宽达800米，深不见底。波鲁士的大军在对岸一字排开，控制了上下十几公里的河段，随时准备消灭胆敢渡河的敌军。波鲁士大军有步兵3万人，骑兵4000人，战车300辆，战象200头。尤其是200头战象，这些庞然大物沿河排列为步兵压阵，从一公里以外看去依然高耸如塔。它们恐怖的吼叫声清晰可闻，着实令马其顿远征军将士心惊胆战。

随亚历山大来到河边的马其顿远征军有骑兵8000人，其中包括近卫骑兵5000人，斯基泰轻骑兵1000人；步兵总共2.3万人，其中包括近卫步兵3000人，重装步兵七个团队共1万余人，其余是游击步兵、散兵、弓箭手和印度盟军。两军兵力相当，马其顿军队骑兵占有明显优势，但印度军队拥有战象。印度军队设防的位置是最容易渡河的河段。波鲁士显然打算充分利用这道天堑，他下令沿岸设置鹿砦，部署步兵昼夜戒备。亚历山大仔细观察了地形，他明白强渡吉达斯浦河无异于自取灭亡。

于是，亚历山大开始利用一系列假象迷惑对手，非常罕见地展现了自己诡计多端的一面。亚历山大首先让塔西拉国王盎庇斯征集大量粮草，并故意放出风，声称打算在这里长期驻扎，等待季风过去，到秋冬季节枯水期时率军徒涉渡河。几天之后，亚历山大突然命令部队到河边集结，制造大批充草皮囊做成的筏子，大张旗鼓准备渡河。波鲁士非常紧张，沿河部署军队严阵以待。结果马其顿军队一阵忙乱以后一哄而散回营休息，让印度人虚惊一场。

亚历山大清楚，马其顿远征军的战马其实连登上对岸都不敢。战马一登岸，大象立刻冲来，巨大而奇怪的形状和怪声怪气的吼叫会将战马吓坏。甚至战马在

皮筏上渡河之时，老远看见大象，都会吓得跳进水里。所以，渡河之法，唯有偷渡。

夜间，亚历山大带领大部骑兵在河岸上来回奔驰，高呼希腊冲锋口号，人声喧嚷，还用其他各种办法搞得乱哄哄，一片喧嚣。一切做得仿佛大军马上就要强渡的样子，亚历山大好像在寻找其他渡河地点。波鲁士高度警惕，率骑兵和战象随着声响的方向在对岸沿途跟随。亚历山大如此牵着波鲁士的鼻子走，让波鲁士疲于奔命。这样的闹剧反复上演了几次，波鲁士除了听见对岸的高声喊叫和冲锋口号，没见到任何别的行动，索性不再随着对岸的骑兵东奔西跑了。他开始掉以轻心，只布置岗哨戒备，不再派大军出营。

让波鲁士对马其顿远征军夜间渡河的戒心松弛下来之后，亚历山大又巧设一计。吉达斯浦河岸有一处像个半岛似的岬角，河道在那里绕了一个大弯。这个岬角上生长着各种树木，非常茂密。对面河中有一个长4公里宽2公里的河心岛，岛上遍布树木，从无人迹，中间还有一条山谷。这个岬角和对面河心岛上繁密的树木，足以隐蔽大军。亚历山大选择这里为渡河点。

这个岬角在马其顿大营北面17公里的上游河段，亚历山大先在沿河各处布置岗哨，岗哨之间保持可以互相看得见的距离。不论从哪一个地点口传命令，各个岗哨都能收到。晚上，亚历山大命令士兵们到处喧嚷不止，各处岗哨都点起熊熊篝火。这样一连折腾了好几夜。

为了保证渡河不被印度军队发现，亚历山大冒险分兵。马其顿将领克拉特拉斯指挥牵制部队留守大营，这支部队有骑兵3000人，两个团队的重装步兵3000人，以及5000塔西拉的印度盟军。亚历山大指示克拉特拉斯：继续制造各种假象迷惑印度军队，等到波鲁士向上游移动后立刻渡河。他特意嘱咐："但如果波鲁士只率领他的一部分军队攻击我，把另一部分留下守卫营地，而且还留下战象作为预备队，那你就仍然不动；如果波鲁士率领他的全部战象向我攻击，只有一部分军队留驻营地时，那你就全速渡河。战马下船上岸时，最怕的就是战象。其他兵力不会给战马造成多大麻烦。"

亚历山大又一次将自己置于危险境地中，以自己为突击矛头。他准备带领迂回部队悄悄北进渡河，途中再次分兵，让三个团队的重装步兵和部分希腊雇佣军共5000人停留在途中，组成第二攻击波，伺机渡河攻击印度军队的侧背。实际上，亚历山大亲率的迂回部队只有近卫骑兵4000人，斯基泰轻骑兵1000人，近卫步兵3000人，重装步兵两个团队3000人，游击步兵2000人，以及弓箭手2000人，总兵力 1.5 万人。

午夜过后，亚历山大带领部队与河岸保持距离，秘密前进，很快抵达渡河地点。大部分事先拆卸的船只，包括几十艘三十桨大船，早已运到现场。工匠们几天前就以最快速度组装好船队，将数百个皮筏装上干草谷壳仔细缝好，把这些船只和皮筏都藏在茂密的树林里。当晚暴雨倾盆，亚历山大的准备工作和渡河企图得到了更好的掩护。武器的碰撞声和传达命令的喧嚣声，被隆隆的雷声和哗哗的雨声淹没。破晓前风雨停息，骑兵登上皮筏，船队满载步兵，沿岛屿边缘开始渡河。这样在渡河部队绕过岛屿靠岸前，不致被波鲁士的哨兵发现。

亚历山大乘坐一艘三十桨大船率先渡河，托勒密等人同船相随。登上对岸之后，亚历山大等人意外发现，他们登上的不是吉达斯浦河东岸，而是另外一个小岛！再仔细一看才明白，原来黑夜间的骤雨过后，吉达斯浦河的河水暴涨，流势湍急，将河岸冲溃，形成一个缺口，河水涌泄而出，一时给河道分出一条支流。亚历山大率军登岸的那块陆地，正好位于这两条"河流"之间。这里泥泞不堪，无法立足，而且狭长平坦，缺乏植被，部队根本无法隐蔽。对岸的印度哨兵很快发现了他们。

◇ 表现吉达斯浦河之战内容的钱币

情况紧急，必须立即做出决定。亚历山大明白这是一场宿命之战，与高加米拉一样。高加米拉决定了大流士三世与波斯帝国的命运，吉达斯浦一战也将决定马其顿远征军和亚历山大庞大帝国的存续，从希腊到波斯，多少双眼睛在紧盯着自己。亚历山大仰天一叹："啊！你们这些雅典人，我为了赢得你们的赞誉，经历种种险阻艰辛，有人会相信吗？"没有任何犹豫，亚历山大断然下令部队涉渡。

虽然这一侧的河道由于泥沙冲积，河水只有齐胸深，但水流湍急，很难立足。马其顿将士冲进河里，每匹战马只能把头露出水面，拖拽三四个士兵，奋力渡河。最先登上东岸的是斯基泰轻骑兵，他们立刻组成一道屏障保护登陆点。拂晓时分，马其顿军队全部上岸。亚历山大率领骑兵部队向南疾行，打算趁印度军队行军时发动突袭。马其顿步兵列阵完毕，远远跟在后面。

波鲁士接到报告，难以判断马其顿远征军渡河部队是主攻还是佯攻。他无法决定是北进迎敌，还是按兵不动。英国军事史学家福勒认为，亚历山大的迂回机动是本次战役的关键所在。无论波鲁士如何应对，都避免不了腹背受敌的困境。波鲁士最终决定暂时按兵不动，只派遣自己的儿子率领2000骑兵和120辆战车北进，试探马其顿渡河部队的虚实。

这支印度先遣部队遭到马其顿近卫骑兵的迎头痛击。亚历山大下令在行军途中接敌，马其顿近卫骑兵不是拉开战线冲锋，而是整中队直接掩杀上去。400多印度骑兵很快连人带马倒下，余众溃散。亚历山大亲自追上去，当先一矛将波鲁士的儿子捅下马来。冷不防，旁边一名印度骑兵狠狠刺中了亚历山大胯下的坐骑"布西法拉斯"。布西法拉斯悲嘶一声，努力支撑住身体，不让自己倒下去。它已经30岁了，与亚历山大同龄。对于一匹马来说，布西法拉斯早已过了垂暮之年。它强自支撑着最后一次同亚历山大上阵杀敌，注定要在战场上终结自己的一生。亚历山大死命将那个刺中布西法拉斯的印度骑兵斩杀，翻身下马。来不及抚摸布西法拉斯与之道别，他匆匆换马，继续向前杀去。布西法拉斯注视着主人向前方冲杀的背影，发出最后的悲鸣，终于倒在战场上。

波鲁士的儿子和大批印度骑兵战死，120辆战车全部被缴获。道路泥泞，车辆难以运转，马其顿军队将缴获的战车全部丢弃。直到残部逃回报信，波鲁士才确定渡河的是马其顿远征军主力。他留下一部分步兵和战象监视克拉特拉斯的牵制部队，自己率领主力北进八公里，选择一个平坦开阔的地点布阵，等亚历山大来攻。

波鲁士将印度战象部署在最前面组成一道屏障，使后面的步兵阵列免受马其顿骑兵的正面冲击。每头战象之间相距30米，战象后面是步兵阵列，每个方阵大约30米宽，排列在战象之间的空隙位置。战象和步兵阵列两侧是骑兵，骑兵前面部署一排战车。印度军队仅战象排开阵列就长达三公里，加上两翼的骑兵和战车，阵列全长应有四公里。波鲁士的排兵布阵给亚历山大出了一道难题——波鲁士显然志在防守，印度阵列以战象和战车组成的前沿貌似铁板一块，亚历山大怎样才

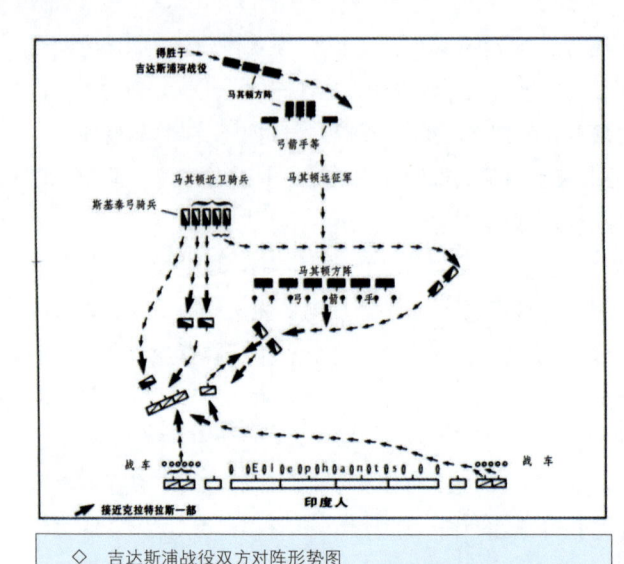

能找到突破口，打开局面呢？

亚历山大率领5000骑兵在敌军视距以外停了下来，一边等待步兵跟进，一边思索破敌之策。此时作为第二攻击波的部队渡河前来会师，使马其顿参战兵力增强到2万人。五个马其顿方阵共8000人组成阵列左翼，前沿是2000游击步兵和2000弓箭手；阵列右翼是3000近卫步兵、4000近卫骑兵和1000斯基泰轻骑兵。

◇ 吉达斯浦战役双方对阵形势图

亚历山大洞察到对手的战役企图——波鲁士显然认为马其顿军队会率先发动全线进攻，所以打算用两翼的重型战车和骑兵抵挡马其顿骑兵的冲击，然后用中路的战象和步兵协同进攻，击溃马其顿方阵。亚历山大意识到，印度军队中央阵营很难从正面攻破，必须先击破敌阵侧翼的骑兵，再步骑协同两面夹击。

于是，亚历山大做出以下部署：马其顿步兵阵列缓慢逼近敌阵，不要立刻接敌；科纳斯指挥2000近卫骑兵移动到马其顿方阵的左边，隐蔽在方阵林立的长矛后面，等到印度骑兵出击以后立刻向其侧后方发起猛攻；亚历山大亲率2000近卫骑兵和1000斯基泰轻骑兵正面攻击印度左翼骑兵。此时马其顿军队依然在印度军队视距以外，波鲁士对这一系列调动毫无察觉。

已近正午，吉达斯浦河畔在六月的骄阳烘烤之下水汽蒸腾，让人视线模糊。位居阵列中央的波鲁士乘坐一头高大的战象，视野最为开阔。波鲁士身躯特别伟健，有如天神下凡一般。他骑在战象上，如同普通骑兵骑在马上一样。他身披传统的印度王族甲胄，除肩部之外全身都在甲片的防护之下。他注意到左前方有数千敌骑迅速逼近，远处隐隐约约可见马其顿步兵阵列向前缓慢移动。波鲁士判断亚历山大将全部骑兵集中在右侧是打算强攻自己的左翼，立刻做出针对性部署：将右翼的骑兵和战车全部调来加强左翼。如此，印度军队在左侧集结了180辆战车和

3600 名骑兵，兵力对比亚历山大占有优势。

　　亚历山大率领 3000 骑兵进至阵列一公里以外时，命令近卫骑兵暂停下来，由 1000 斯基泰轻骑兵率先攻击印度左翼。斯基泰骑兵冲到距离敌阵 200 多米的地方展开队形，开始向印度军队倾泻箭雨。这些中亚草原的游牧民使用著名的复合反曲弓，上弦时通常只有 1.22 米长，拉力可达近 30 公斤，发射 0.6 米长的羽箭，射程可达 400 米。训练有素的轻骑兵每分钟最多可以发射 20 支箭。印度骑兵和战车兵装备的直木短弓射程仅 100 多米，所以印度军队左翼的战车和骑兵短短几分钟之内遭到数万支箭的攒射，毫无还手之力。

　　波鲁士见左翼骑兵伤亡渐增，阵形开始散乱，马上命令他们出击，驱散斯基泰骑兵。这样正中亚历山大下怀。亚历山大派遣斯基泰骑兵攻击敌阵左翼的战术企图，并非杀伤敌人，正是逼迫印度骑兵出击，然后以近卫骑兵聚而歼之。印度骑兵刚刚离开本阵，藏在马其顿方阵左侧的 2000 近卫骑兵在科纳斯的指挥下突然杀出，猛冲印度骑兵的右侧。亚历山大亲率 2000 骑兵迎头痛击。印度骑兵抵挡不住，很快溃退，逃到战象阵列后面躲避。

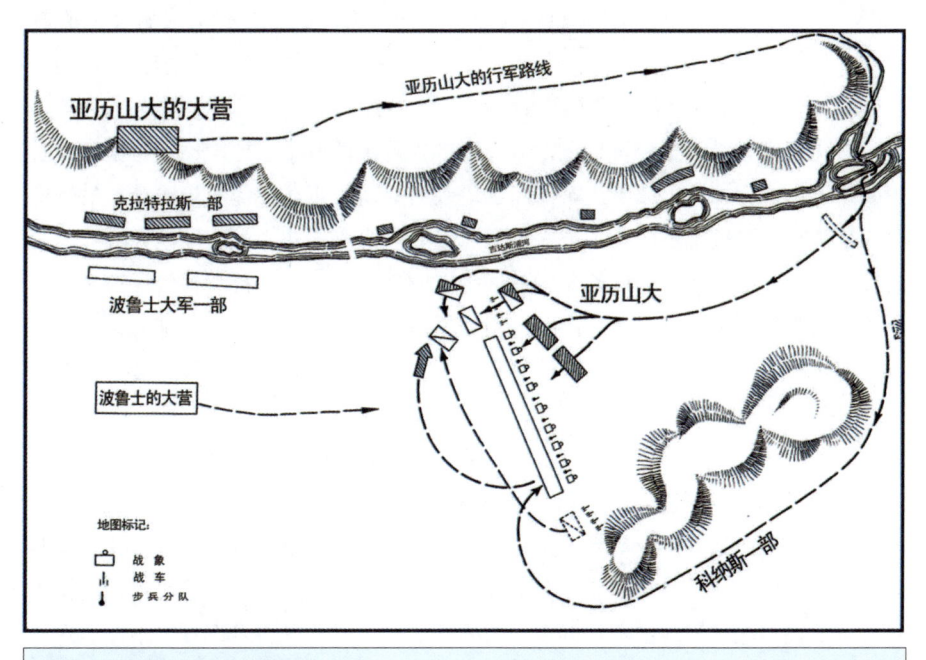

◇　吉达浦斯河之战的战场形势图

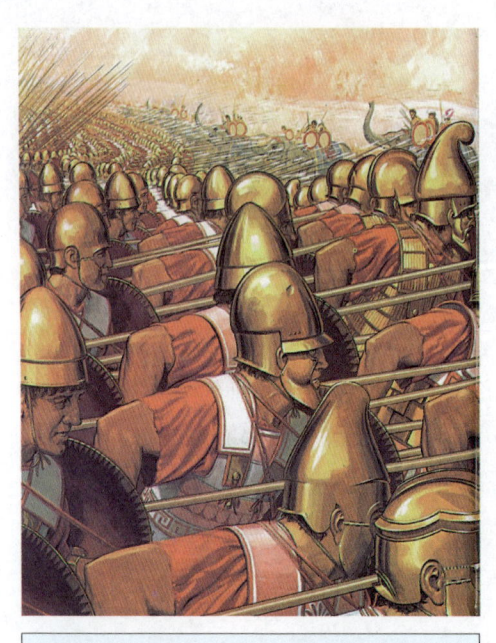

◇ 吉达浦斯河畔，马其顿方阵与战象的对抗

印度军队阵列左侧的战象驭手驱使各自的坐骑迎上去阻击马其顿近卫骑兵。波鲁士看到整个战象阵列被带动起来，不得不下令全线进攻。印度战象个个昂首扬鼻，高声吼叫，迈开大步向马其顿方阵冲来。战象身后一群群印度步兵紧紧跟随。战役至此已经演变成一场混战。

古罗马史学家阿里安记载："这时的战斗不同于以往的任何一次。巨兽冲进密集的步兵阵列，所到之处造成死伤累累。印度骑兵看到步兵已经接敌，也纷纷掉转马头冲向马其顿骑兵。但亚历山大的士兵凭借体力和战术的优势又将他们驱赶回去。" 古罗马史学家科丘斯的描述更加生动："亚历山大部署（在方阵前沿）的游击步兵最擅长狭小空间的格斗，他们围绕着战象勇敢地投掷标枪，专门瞄准象背上的驭手。方阵也大胆逼近，长矛如林向巨兽施加压力。不少游击步兵进攻时靠得太近，惨遭大象践踏。最恐怖的情景是某些身披重甲的步兵被大象用鼻子卷起来扔给背上的印度兵。战况因此胶着，马其顿士兵面对印度战象时而冲锋，时而退却，战斗持续到傍晚都无法分出胜负。马其顿士兵用战斧砍象蹄，用波斯弯刀剁象鼻，什么武器都尝试过了。有些遍体鳞伤的战象狂性大发，冲进自己的部队中间肆意践踏，驭手被甩下来踩死。"

马其顿方阵异常密集，战象左冲右撞，把马其顿阵列撞了个乱七八糟。印度骑兵被马其顿骑兵逼退，只能退到战象阵列那里。这些战象被挤到狭窄的范围内，胡冲乱撞，不管是敌是友都受害不小。挤在战象四周狭窄地带的印度骑兵更是两面受冲击，伤亡更大。很多驭手和战象被打死打伤，有些战象由于厌烦，又无人驾驭，于是在这场混战中不再躲避，仿佛被临头大祸刺激得发了狂，不停地左奔右突，横冲直撞，践踏破坏，不遗余力。马其顿军队则有了回旋余地，越打越灵

活：战象冲来，他们就退；战象一逃，他们就追，一直不断地用标枪投射。印度军队却与此相反，他们夹杂在战象之间往后退，受到战象更大的伤害。

最后连战象也精疲力竭了，开始步步后退。亚历山大命令正面的六个马其顿步兵方阵集合起来，盾牌相联，组成一道移动长城向印度军队冲锋；自己率领4000骑兵从后面和两侧包围敌阵，近卫骑兵一字排开，各自挺矛步步进逼。印度军队阵形早已散乱，人马、战象混杂在一起，面对敌人的四面夹击只能各自为战，虽伤亡惨重，却困兽犹斗。亚历山大下令近卫骑兵让出一个缺口，印度军队这才斗志崩溃，纷纷从缺口仓皇逃生。印度骑兵除极少数逃脱之外，在方阵的进攻下全军覆没。

◇ 马其顿骑兵向战象奋勇冲锋

战役进入尾声，克拉特拉斯的牵制部队渡河前来，接过追击任务。经过八个小时的激战，马其顿官兵也精疲力竭了。吉达斯浦河战役中，印度军队阵亡近2万人，损失骑兵3000人和全部战车。波鲁士的两个儿子和全部将领都战死在吉达斯浦河畔，所有幸存的大象都落到马其顿军队手中。马其顿军队胜利的代价同样非常高昂，阵亡骑兵280人，步兵700人，亚历山大更失去了他的"布西法拉斯"。

波鲁士在战场上的英勇博得了亚历山大的赞赏。波鲁士的连身护甲挡住了大部分投射武器，由于死战不退，拼杀太久，最后波鲁士依然身被九创，双肩受伤尤重，鲜血染红了战袍。他的战象坐骑同样聪慧而英勇，勇敢保护了自己的主人，驱退了一批批来犯之敌。等到发现波鲁士受创多处无法支撑时，为免主人从背上滑落，战象轻轻跪下，用长鼻将主人身上的箭矢拔出。亚历山大不忍杀波鲁士，于是派塔西拉国王盎庇斯前去劝降。盎庇斯骑马来到波鲁士的战象附近，远远在弓箭射程之外停下来。他大喊道："波鲁士，从大象身上下来吧！再逃也无用了！

203

◇ 惨烈的人象搏杀

请你听听亚历山大托我带来的口信!"波鲁士回头一看,原来是他的老仇敌盎庇斯。波鲁士立即拨转象头,朝他冲来,抽出一支标枪用力投过去。盎庇斯拨转马头赶紧跑开,差点就被标枪穿个透心凉。

尽管波鲁士态度如此,亚历山大并不生气。他又派去一个叫迈罗斯的印度人,此人是波鲁士的老朋友。老友相见,波鲁士答应听听迈罗斯带来的口信。当时波鲁士正渴得难受,他先让战象停步,从上边下来,边喝水边听迈罗斯传话。喝完水,恢复了精神,波鲁士让迈罗斯带自己去见亚历山大。

波鲁士跟迈罗斯来到亚历山大面前。亚历山大亲率几名朋友骑马到阵前来迎接。亚历山大把马勒住,欣赏着波鲁士魁伟的身材和天神般的仪表。从波鲁士的神态看来,他并未屈服。相反,这是一个勇士面对着另一个勇士的神态。身为一名国王,在为自己的王国进行了光荣的战斗之后,波鲁士坦然面对着另一个国王。

◇ 死战不降的波鲁士

亚历山大首先开口:"波鲁士,请说出你希望我如何对待你。"

波鲁士昂首回答道:"亚历山大,要像对待一个国王那样对待我。"

亚历山大听到这个回答很是高兴,又说:"波鲁士,我会像你希望的那样做。请你提出你的要求吧。"

波鲁士说:"一切都包括在这唯一的要求之中了。"

亚历山大下令将波鲁士王国的主权交还给他,让他以总督的名义继续统治。而且,亚历山大将征服的附近独立部族的所有土地,共15个邦国、37座城市和数不清的村庄,全部划归他的版图。这正是像对待国王一样的做法。从此之后,波鲁士对亚历山大忠心耿耿。

当然,这更是亚历山大为安抚被征服地区所采取的宽大政治措施。他必须维持当地势力的均衡。出于长治久安考虑,亚历山大唯有尊重旧有的统治者。只不

◇ 亚历山大接受波鲁士投降，图中波鲁士看起来像是伤重被俘

过这样的做法马其顿将士完全无法理解，马其顿阵亡将士更是死不瞑目。

亚历山大还做了最后一件事——他下令在吉达斯浦河畔建起一座城市，取名布西法拉斯。这匹爱驹一生中为亚历山大分担的劳累和危险实在太多了，它永远长眠在了印度。亚历山大尽管失去了布西法拉斯的陪伴，仍然要继续向世界的尽头前行。

第十一章

归乡之途

　　吉达斯浦河战役后，雨季即将来临。印度当地每年 6 月中旬开始进入雨季，届时要渡过印度河三大支流将无比困难。许多将领苦苦相劝，亚历山大始终不为所动。他的大军曾越过险峻的高山和炎热如火的沙漠，对亚历山大来说，雨季又算得了什么？亚历山大集合大军，厚葬阵亡将士，借机向士兵们夸耀印度大陆深处的恒河流域是如何的富庶，无数的珍珠、黄金、象牙和宝石正等着他们去拿，只要他们愿意出发，将来想要多少就可以带回去多少。至此，亚历山大只能完全靠财富的诱惑来提高士气，可见马其顿远征军的士气已经何等低落。

　　大军继续前进，一连渡过几条大河。雨季来了，河水暴涨，波涛汹涌。连山洪也爆发了，洪水淹没了房屋，许多毒蛇爬了出来。马其顿将士们简直没有办法安眠，整个晚上都提心吊胆，不断有士兵被毒蛇咬死。亚历山大还没有与敌人交锋，就必须先与河水决一死战。一条条大河水流湍急，水里遍布棱角尖锐的大石块。暴涨的河水从这些大石块上冲过，浪花飞溅，咆哮如雷。渡河时，连续好几只船在波涛滚滚的河水中失控，在大石头上撞沉，不少马其顿将士葬身急流。

　　马其顿远征军相继渡过了阿塞西尼斯河和希德拉欧提斯河。在渡过希德拉欧提斯河的时候，马其顿远征军遭到了当地部族的强烈抵抗。马其顿将士仅伤者就高达 1200 多人，大部分是被毒箭射伤。伤口的中毒、溃烂和发炎令马其顿将士深感恐惧，事后他们在亚历山大的默许下大肆屠杀，以示报复，先后有1.7万名印度人丧生在马其顿远征军刀下。虽然如此，亚历山大仍然命令士兵们继续前进。

亚历山大一心追求着胜利的光荣，但是对将士们来说，他们梦寐以求的印度的金银财宝此刻已不重要。目前他们所想要的，就是明媚的阳光、清澄的天空、干燥的大地、丰富的食物以及充足的睡眠。疲劳、洪水、下个不停的大雨使他们精疲力竭，他们像僵尸一样一步步往前走，他们对印度的梦想早已飘远了。

希发西斯河近在眼前了。希发西斯河后面便是神秘的恒河，印度的血脉。亚历山大搜集到了更多的情报，得知前面即将到达的是当地格兰达里特人和普雷西人建立的强大邦国。渡过希发西斯河后是一片大沙漠，穿越沙漠需要12天时间。亚历山大兴致勃勃地规划进军路线，可是马其顿远征军的勇气已经到了强弩之末，将士们再也不愿深入印度内陆了。与波鲁士的吉达斯浦河血战让马其顿将士们耗尽了勇气，对方只有3万步兵和4000骑兵，马其顿人费尽九牛二虎之力才赢得了这一战。现在，他们听说格兰达里特人和普雷西人的国王正率领8万骑兵、20万步兵、8000辆战车和6000头战象在恒河河畔等待他们自投罗网。这个阵容实在令亚历山大的将士们感到胆怯。

当马其顿将士们听到亚历山大仍命令他们继续前进的消息时，一个个惊讶得说不出话来。他们已经离家太久，也太远了。他们不知道亚历山大的最终目标究

◇ 行军中的马其顿士兵

竟在哪里。自从八年前离开马其顿，亚历山大已经领军踏过1.8万公里的征程，依然丝毫不见倦意。古典史家认为，亚历山大超人的精力和进取心源于他内心深处的渴望，渴望荣耀和战功，渴望迎接新的挑战，探索和征服未知的世界。亚历山大以天神之子自居，他的部下却都是彻头彻尾的凡人。长年征战累积起来的疲劳和厌倦耗尽了马其顿将士的斗志，蚀骨焚心的思乡之情在军中彻底泛滥开来。

极端的疲劳、恐惧和绝望之下，马其顿将士们不禁反躬自问，自己究竟为何而战？究竟为何而来？付出这么大代价所得到的究竟是什么？远征八年来，一个胜仗接着一个胜仗，长期征战、疲惫不堪的马其顿将士，已经对这些胜仗不感兴趣、甚至感到厌恶了。他们一心只想回家。

亚历山大得知这一情况，颁布命令：以后每征服一个地区，允许士兵们随意掠夺当地居民的财产。尽管如此，将士们一个个都病恹恹的，显然亚历山大的这一套办法丝毫不能奏效。马其顿将士们终于受够了。他们私下里三五成群开了许多次小会，有些强硬派甚至敢冒天下之大不韪，主张坚拒亚历山大的命令，明确拒绝继续前进。

亚历山大照旧召集将领们训话，试图施展宣传鼓动的口才，说服众人回心转意。以前无论面临何等艰难困苦的处境，亚历山大的演说总能燃起将士们胸中的熊熊烈火，他自信此次也不例外。

"马其顿同胞们，远征军的将士们，我明白，你们不再愿意以你们当初的热情跟我去冒险。我把你们召集到这里，是为了说服你们继续前进；不然，便是我被你们说服。

"八年来，我们一起征服了小亚细亚；腓尼基、埃及、叙利亚、美索不达米亚、巴比伦，所有臣服波斯帝国的属国和未曾臣服国度，全部被我们征服；赫卡尼亚海（即里海）、高加索山（即兴都库什山）、巴克特里亚都已属于我们；我们将斯基泰人赶到荒凉的远方；印度河已经在我们的领土上奔流；希达斯皮斯河、阿塞西尼斯河和希德拉欧提斯河都是如此；我们为什么不将希发西斯河彼岸的各部族也并入帝国的版图呢？你们为什么犹豫？是害怕剩下的那些部族阻挡你们的进军？事实你们早已见到了——他们有的主动投降，有的放弃自己的邦国逃跑而留下领土任凭我们处置。我们已经将这些土地交给我们的盟国和主动归顺我们的人。

"人类的征服永无止境，只是供我们征服的土地自有极限。你们问：征服的极限在哪里？我可以回答——在我们到达恒河和东边的大海以前，剩下可供征服的土地已经不多了。你们会发现，东边的大海和赫卡尼亚海是相连的，伟大的海洋包围着整个大地。印度湾和波斯湾、赫卡尼亚海和印度湾都是连成一片的海洋。我们的舰队将从波斯湾起航绕到利比亚，直至赫拉克勒斯石柱，从石柱往北整个利比亚都将是我们的。如果你们现在退缩，希发西斯河彼岸直至东边的大海之间，将留下很多好战的部族；从这一带一直伸展到赫卡尼亚海以北的地区，还有许多好战的部族；离这些地方不远，依然有许多斯基泰部族。如果我们现在撤军返回家园，现在已被我们占领但还未巩固的地区，一定会被那些还未占领的地区鼓动起来造反。如此，我们的伟大征服将付诸东流。届时，或许一切将从头开始，我们将付出更多艰辛，忍受更多苦难。马其顿同胞们，远征军的将士们，你们现在退缩，就是承认自己的失败。我们越过了奈萨和阿尔诺斯山，连赫拉克勒斯都未能攻下的阿尔诺斯山，我们已经攻下来了。再去征服亚洲余下的土地，不过是为伟大的功绩再增添一点小小的光彩而已。想想看，假如我们当初只是坐在马其顿，认为只要不费气力守住我们的家乡，仅仅降服边界上的色雷斯人、伊利里亚人和特利巴利人，还有对我们可能并无多大用处的希腊人，就算够了，那我们怎么能创造出影响人类历史的伟大帝国？

"我经历过你们经历的一切困苦，身受过你所受的一切伤痛。我所征服的土地都是你们的，被任命为各地总督的是你们，战利品也都到了你们手里。唯有征服了全亚洲，才是我们凯旋的时候。我向天神宙斯立誓，当我们征服全亚洲之后，我决不会只是满足你们的要求，你们那时得到的东西将远远超过你对未来最美好的想象。我会允许所有人返回家乡，也许由我自己带领他们返乡。那些愿意留下的人，回乡的战友们将在故乡永远传颂你们的功绩。"

亚历山大讲完这段话后，并没有响起如往常一般的如雷掌声和高声欢呼。他所面对的只是一片静默。马其顿众将一片死寂，全场鸦雀无声。最后，深受亚历山大信任的朋友、骑兵将领科纳斯站了出来。他以低沉稳定的声音勇敢地将将士们内心的话向亚历山大表露了出来：

"陛下，我知道您不愿对马其顿人专横地发号施令，而是要在征得他们同意的基础上，才继续带领他们前进。如果得不到大家的同意，您是不会强迫他们的。我们就此深表感激。我们这些人身为将领，在多年的征战中得到了比别人更高的荣誉、更多的财富。因此，我们比普通士兵更愿帮助陛下完成您的征服大业。所以，我们不应当隐瞒自认为对陛下最真诚的意见。恰恰是因为陛下和跟随陛下从故国

出发的将士们已经创造了许许多多极其伟大的功业,所以陛下才应懂得征服自有其止境。起初,我们这些马其顿人和希腊人跟随您开始远征时,是何其庞大的一支军队。如今,老兵还剩多少人?在巴克特里亚,您看出帖撒利亚人无心再去经历艰险,于是您将他们全部遣散回乡,这事您做得非常正确。但是其余的希腊人和马其顿人呢?有些,您命令他们留在那些以您的名字命名的新建城市里安家落户,但他们并不都是出于自愿留下的;其他希腊人和马其顿人,有多少战死沙场?更多的死于疾病,还有一些因负伤而残废,流落在亚洲各地。当年出发时浩浩荡荡的大军,现在幸存的老兵寥寥无几。剩下来的这些人,当年的体力也都已丧失,旧日的精神则更是消磨殆尽。这些人,没有一个不在想念他们的父母——如果他们的父母还在世的话;没有一个不在想念他们的妻子和儿女;甚至没有一个人不在想念自己的祖国,渴望能回去再看一眼。他们每个人都希望能活下来,带着征战多年获得的财富衣锦还乡,与他们的父母妻儿重逢。不要指望带领不情愿的

◇ 因无心再战而被遣散的帖撒利亚骑兵

人征战,因为他们已经勇气不再。如果陛下认为适当,最好您本人也回乡探望一下您的母亲,料理一下希腊本土的事务,把这许多伟大胜利的果实带回您先辈的神庙。然后,如果您愿意,还可以准备另一次远征,再去进攻东方的那些印度部族。那时,会有年轻的马其顿人和希腊人跟随您一起出征。他们精神饱满,还未亲身经历过战争,对未来抱有希望,战争会激发他们的热忱。他们会以充沛的热情跟随您东征西战。啊,我的陛下!如果一个伟大的人需要知道一件事情,那就是适可而止。马其顿有您这样的统帅,我们这样的将士,不会惧怕任何敌人。但幸运之星不会永驻,厄运来临时没有人可以抗拒。"

这番话说得清楚透彻，却也让亚历山大觉得非常刺耳。科纳斯说完之后静静地坐下来，这时只有稀稀落落几个人拍手，大部分的将领都垂下头来默然流泪。气氛虽然紧张，将士们的心头反倒感觉轻松，长长舒了一口气。终于有人将他们心里的话都说了出来。马其顿将士们千百个不愿意再进军，同时他们仍然爱戴着自己的年轻国王。

亚历山大没想到，自己的朋友和心腹将领居然会成为将士们的喉舌，他一时相当难堪。亚历山大环顾四周，空气几乎要冻结起来。他愤然道："我能找到愿意跟随我征战的人！你们想走就走，不过回乡之后别忘了告诉你们的家人，你们将自己的统帅遗弃在了敌人中间！"

说完，亚历山大回到自己的帐篷里。整整一天，亚历山大拒不接见任何人，连自己的朋友也不见。第二天，第三天，都是如此。他一直等待着，期望这种绝情的态度迫使将士们屈服。然而，整个马其顿大营仍然是死一般的沉寂。很明显，将士们对亚历山大的姿态不再服气，拒绝有任何回心转意的表示。

到了第四天，亚历山大请来祭司阿瑞斯坦德，举行祭祀占卜，意欲渡河。祭祀占卜的结果是"凶"。亚历山大沉默了，将士们总算获胜了。

这次祭祀占卜的结果，可说是现实情况的反映。亚历山大不得不向将士们屈服，却借着占卜作为自己下台阶的依据，这是他巧妙的政治手腕。亚历山大召集将领们开会，他表示自己并不是屈从于部下的意见，而是服从众神的旨意。

亚历山大终于下令停止前进，准备班师回国。这道命令发布之后，马其顿将士们立刻欢呼雀跃，奔走相告，当时的情景不难想象。不过，亚历山大不想循原路班师，他准备沿印度河而下，到印度河的河口看一看，从那里经海路回国。那个地方是亚历山大多年来梦想的一部分，就算离开印度，也要临别一瞥。

马其顿大军首先回师吉达斯浦河。刚抵达吉达斯浦河，为将士们公开直言的科纳斯因水土不服，不幸病逝。亚历山大黯然神伤，尽其力所能及给科纳斯举行了隆重的葬礼。亚历山大将自己的朋友、将领和前来谒见的印度各地使节召集到一起，宣布任命波鲁士为自己迄今征服的全部印度领土的总督。临别之际，亚历山大为印度留下了一个完整而独立的统治格局。

在吉达斯浦河畔，工匠们砍伐树木全力造船，一支规模颇大的船队迅速成型。这些新船仍然带有木材的香味。两个月后，公元前326年11月初，浩浩荡荡的船队开始了新的旅程。马其顿将士们将船装饰得鲜艳夺目，人人都因快要回国而满怀欣喜。印度当地居民纷纷从老远的地方赶来看热闹,马其顿将士们将自己的粮食赠送给当地人。

全部准备就绪了。按照印度的风俗祭祀过河神,亚历山大一声令下,整个船队开始前进。当地人一直跟着船跑了很长一段距离才停下脚步,土著部落民众唱着当地民谣与马其顿将士挥别。不料,船队在半途中遭遇激流,一艘船陷入漩涡中打转,后面的船来不及停下,一艘接一艘连环相撞,连亚历山大自己的座舰也未能幸免。虽然事故造成的损失不大,却为亚历山大的撤军之途蒙上了一层阴影。

马其顿将领尼阿库斯奉命指挥船队顺流而下,另有一部分将士在赫菲斯提昂的率领下沿着吉达斯浦河岸南行。吉达斯浦河汇入亚辛河,后者再汇入印度河。当马其顿大军到达亚辛河时,有探马来报,当地两个敌对邦国正集结军队准备抵抗。其中最强的一个叫作摩拉瓦国,由一个婆罗门僧侣团统治,号称拥有9万步兵、1万骑兵以及900辆战车。摩拉瓦军队以亚辛河畔的摩坦城为中心沿河设防,但摩坦以北有方圆数百里的沙漠,摩拉瓦人认为那是不可逾越的自然

◇ 马其顿军队中的造船工匠

屏障。亚历山大决定穿越沙漠,攻其不备。与从前的战役不同,这一次马其顿军队不再是为了征服,而是为打通撤军回家的道路。

亚历山大派克拉特拉斯领军继续沿河南下,吸引敌人的注意力,自己亲率一支精兵穿越沙漠突袭摩坦城。亚历山大率部急行军一天一夜,穿过沙漠突然出现在摩拉瓦军队的侧背。在奇袭面前,摩拉瓦军队溃不成军,逃进几个要塞固守。亚历山大连续击破亚加拉萨和亚塔里两城,最后兵临摩坦城下。

马其顿投石机很快将摩坦城的外城城墙砸出数个豁口,步兵一拥而入,摩拉瓦军队退入内城要塞死守。亚历山大率领近卫步兵衔尾直追,抵达要塞城下,不等重型器械运上来就下令攻城。近卫步兵将仅有的两架云梯靠上城墙,城上矢石如雨而下,马其顿官兵高举盾牌忙于招架,个个畏缩不前。亚历山大眼看搬云梯

的那些士兵磨磨蹭蹭，索性从旁边的士兵手里夺过一架云梯，自己将云梯架好。亚历山大决定以身作则鼓舞士气，他手持圆盾和短剑，攀援云梯爬上城墙。亚历山大的卫士普塞斯塔斯手持当年从特洛伊城遗址雅典娜庙中取出的圣盾，紧随其后攀上去。还有一名叫利昂那塔斯的卫士跟在他们后边往上爬。

亚历山大爬到城墙垛口处，将盾牌靠在垛口上，把几个摩拉瓦士兵活活推下城，又跳上城墙，手起剑落，把剩下的几个摩拉瓦士兵砍死，清除了那一段城墙上的守敌。近卫步兵们生怕年轻国王出事，都慌忙争着从另一架云梯往上爬，结果硬生生把云梯压折，爬在云梯上的都摔了下来，没有爬上去的也上不去了。

亚历山大回头一望，数百近卫步兵猬集城下，没有一人跟上来。那一刻时间仿佛凝固了，城下的马其顿将士们骇然注视着他们的统帅独自站在城墙顶上，左手持盾牌抵挡着城楼上射下的羽箭，右手挥舞短剑招架摩拉瓦士兵的攻击。有些近卫步兵在城下大声哀求亚历山大跳下城墙，让他们接住。亚历山大没有理会，毅然从城墙上一跃而下，跳进要塞里面敌人聚集的地方。

他落地稳住脚跟，背靠城墙奋力拼杀。有几个摩拉瓦士兵冲过来要跟他肉搏，亚历山大挥动短剑，连扎带砍将他们全部手刃。摩拉瓦守将大胆攻来，被亚历山大一剑捅倒。剑捅进摩拉瓦守将的身体里，一时拔不出来。又有一个摩拉瓦士兵

◇ 孤身涉险，拼死力战

冲了过来，亚历山大顺手举起一块大石头，一下子将那人砸倒在地。又来一个，还是如法解决。阳光映照之下，亚历山大披挂的铠甲闪耀发亮，叮当作响。在惊怖的摩拉瓦士兵们看来，他的身体笼罩着神秘的光芒，甚至能发出闪电。为亚历山大的神威所慑，摩拉瓦士兵不敢再上前了。摩拉瓦士兵纷纷退开，他们远远围成半圆的圈子，不停朝亚历山大放箭。

◇ 马其顿将士死命杀入城中

突然，一支羽箭飞来。这支箭准确而有力，竟然穿透了亚历山大的护胸甲，插入他的肋骨，正扎进他的肺部上方。这一箭的力道太猛，亚历山大的身体向后倒退，最后一膝跪在地上。亚历山大吸了口气，血从伤口涌出来。他还试图继续战斗，保卫自己。可是，当他一呼气，大量稠血狂喷而出。亚历山大头晕目眩，缓缓软倒下去。

卫士普塞斯塔斯和利昂那塔斯死命冲上来。他们挡在亚历山大身前，用特洛伊的圣盾保护亚历山大。四面八方飞来暴雨般的箭矢，普塞斯塔斯和利昂那塔斯不断中箭，咬牙坚持屹立不倒。一个摩拉瓦士兵举起弯刀奔来，想要一刀结果亚历山大的性命。危急时刻，普塞斯塔斯扑在亚历山大身上，用自己的生命替年轻的国王挡下了这一刀。亚历山大从普塞斯塔斯的尸体手中拿过短剑，拼尽力气刺出去，杀死了那个摩拉瓦士兵。危险并没有解除，另一名摩拉瓦士兵绕道侧面，用棍棒猛击亚历山大的颈部。亚历山大无力再战了，他将身体完全靠到城墙上，双眼怒视着敌人，整个人由于失血过多已经几乎昏迷过去。

城下的马其顿将士们如梦初醒，狂叫着冲上前去。紧急关头，他们有的把云梯拆开当工具用，想尽各种应急办法攀登城墙；有的在用土砌起的城墙上钉木楔，抓着木楔吃力地往上爬；有的搭成人梯，踩着战友的肩膀往上冲。登上城墙，眼前的情景让他们爆发出一片哀号，纷纷扑上去用身体挡在亚历山大前面。顷刻之间，

215

◇ 马其顿军医的手术器械

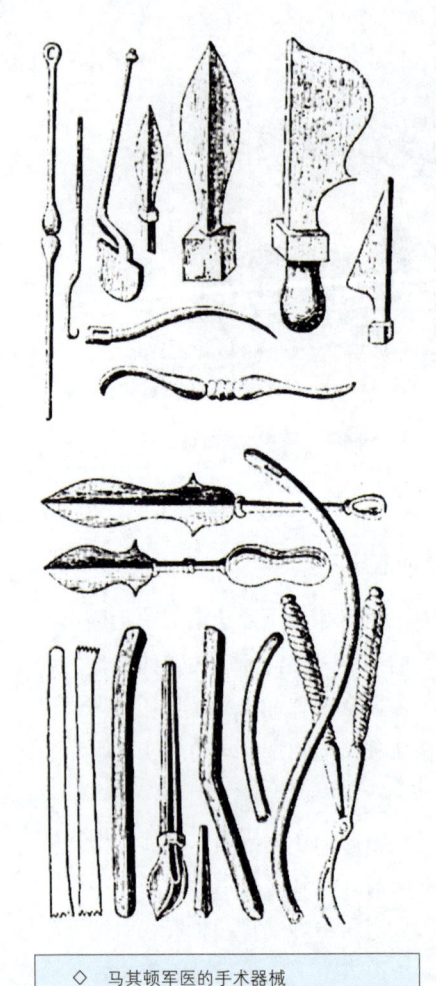

倒在地上的亚历山大周围爆发一场殊死战。接踵而至的马其顿大军主力得知噩耗，如同发狂的猛兽冲向城门，生生用蛮力将门闩撞断，然后一拥而入，见人就杀。混战之中，亚历山大被部下小心地用盾牌抬回大营。

马其顿士兵将要塞里的印度人一个不留地斩尽杀绝，连妇女和孩子也没放过。但屠城减轻不了亚历山大的伤势。他的伤势非常严重，带倒钩的箭头深入肺部，难以取出。军医克里托德莫请示亚历山大，认为需要扩大伤口才能取出箭头，手术过程将极度痛苦。昏迷边缘的亚历山大努力保持神志清醒，坦然应允。

军医克里托德莫和助手们首先费一番手脚将木头箭杆锯断，脱下亚历山大的胸甲，然后剜开伤口附近的皮肉，将伤口扩大，一举把插在肋骨之间的箭头取出。箭头取出以后，亚历山大失血过多，昏迷过去。

旁观的一些马其顿将领以为亚历山大伤重不治，当即号啕大哭。消息很快传遍军营，马其顿大军顿时一片恐慌，陷入瘫痪状态。全军恸哭过后，一想到今后全军统帅谁属的问题，士兵们开始了彻骨的悲观绝望。没有人能与亚历山大相提并论。现在马其顿远征军正处于众多好战部族的重重包围之中，远离故国万里之遥，只有亚历山大能带给全军希望。数万将士感觉自己陷入了无法到达彼岸的迷津之中。失去了亚历山大，仿佛一切都没有了希望。

很快又有消息传来，说亚历山大还活着。将士们不敢轻易相信，谁都不相信他还能活下来，军医克里托德莫亲自出面辟谣也无济于事。又有人送来亚历山大的亲笔信，信里说他不久就会出来与大家见面。多数将士还是不相信，认为那封

信是亚历山大的朋友和将领们伪造的。

为了稳定军心,亚历山大稍微恢复一点,就命人将自己抬到希德拉欧提斯河岸。他乘船顺流而下,到达位于希德拉欧提斯河和阿塞西尼斯河汇流处的马其顿大营。国王的座舰驶近大营时,亚历山大下令将船尾的篷布掀开,让所有将士都能看到自己。将士们还是不相信,他们交头接耳地说,运来的必是亚历山大的尸首。直到最后,座舰靠岸,亚历山大坚持不用人搀扶,站起来向人群挥手时,将士们才爆发出一阵呼喊。有的士兵高举双手感谢苍天,有的士兵远远把手伸向亚历山大。这意外的欢欣使许多人情不自禁地流下眼泪。

将士们把亚历山大抬下船,卫士给他抬来一副担架。亚历山大不要,要他们把自己的马牵来。亚历山大骑到马背上,大家都看到了他,全军掌声雷动,经久不息。河岸和附近的山谷都回响共鸣,震天动地。亚历山大到达自己的御帐旁边,从马上下来,好让将士们看到自己可以走路。将士们从四面八方向他跑来。有的摸他的手,有的摸他的膝盖,有的摸他的衣服,有的在附近注视着他,为他高声祝福。还有些人将正在印度土地上开放的鲜花摘来扔到他身上,有的还编成花环扔过去。将士们莫不对自己的消极行为感到内疚和后悔,发誓将永远与"我们的陛下"共进退。

摩坦城之战成为亚历山大一生中最后一次冲锋陷阵。亚历山大肺部的伤口一直没有完全愈合,每次呼吸都如同刀割一般痛苦万分。此后亚历山大的身体每况愈下,形同废人,不得不永远告别战场。

对于他在此战中英勇到近乎疯狂的表现,后世史学家评价,亚历山大之所以如此奋不顾身,完全是出于赌气和极度失望的心理。与其郁郁寡欢地活着,倒不如在敌人面前光荣地战死。亚历山大这种行为虽勇敢,却显得自暴自弃。他似乎是在一味模仿阿喀琉斯的激情,仅仅追求永恒的光荣,对眼前的事情毫无冷静慎重的考虑。他已经完全忘了自己是大军的统帅。

亚历山大注定不能实现他征服全世界的宏伟志向了。

伤势稍有些好转,亚历山大继续率军沿印度河顺流而下,最后到达河流出海口的三角洲。这一段顺流而下的航程用去了七个月时间,现在已经是公元前325年7月。亚历山大一直试图找出连接印度和波斯的道路,不管是陆路还是海路。所以,这次从印度河口班师,亚历山大决定海陆两方面分头并进,他希望舰队这一路能开辟出人类历史上崭新的航路。这一路由尼阿库斯率领,由海路沿波斯海岸入波斯湾，另一路由亚历山大亲自率领，从陆路返回，反倒担任舰队的支援部队。舰队预定在前方港口停泊，以接受陆路部队提供的粮食补给。

大军一路西行，每走一步，故乡就近一步。谁都没有想到，许多马其顿将士这是在一步步走向死亡，许多人无法活着返乡。

亚历山大的大军向舰队提供了第一次补给，然后进入了伽德罗西亚的沙漠地区。大军在沙漠中耗费了两个月之久，许多将士日后形容，马其顿远征军这些年来在亚洲所经历的一切苦难加在一起，也比不上他们在这片沙漠中所经受的。自古传说，没有任何一支军队曾成功通过这片沙漠。百年前的亚述女王塞米拉米斯举兵反抗波斯帝国失败，率军撤退时曾走过这片沙漠。当地人流传，她的军队走完这片沙漠后，只剩下12个人了。波斯帝国皇帝居鲁士率军经过这片沙漠追击，幸存者只有7人。亚历山大听到这些传说后，胸中豪情再度涌动，一定要跟居鲁士和塞米拉米斯比个高低。况且尼阿库斯的海军舰队距此不远，可望给亚历山大提供一切给养。所以，他决定穿过这片沙漠。

这片沙漠阳光灼热，风沙漫天，连当地的向导都会迷失方向。一路上烈日当空，几无滴水，白天刺眼的阳光使人睁不开眼睛，无边无际的沙漠像大海一样展现在将士们眼前。脚下的沙子既深且烫，踩下去简直像受火刑。更可怕的是流沙，人马一旦陷下去就如同陷入烂泥或无人踩过的积雪里那样，被吞噬得无影无踪。亚历山大不得已在夜间行军，靠着天空中的大熊星座和小熊星座辨认方向。饮水补给的地点间隔越来越远，水源也越来越少。大军为了赶到一个有水的地方，非一鼓作气走很远的路程才行。如果在夜间走完了必须走的路，天亮时到达有水的地方，这还不算太受罪；但如果路程太长，白天还必须继续赶路，亚历山大的大军就要备受酷热和干渴的极度煎熬。

此时的马其顿远征军早已不是当年那支大部分由战斗部队组成的军队。多年的远征中，所有将士都掠取了数额惊人的财富，不少人选择在远征途中与当地女人成婚，有些还生下了孩子。如今，大批妇女儿童随马其顿远征军一起返乡，数量甚至几倍于战斗部队的人数。更不必说，一眼望不到头的辎重车辆紧跟在大军后面，满载着将士们的财物，大大拖慢了行军速度。恐怖的沙漠中，纵使年轻力壮的将士也受不了那种肉体的折磨，那些妇女和儿童的命运可想而知。

许多身体衰弱的人一个个落在队伍后面。有的因为太过疲劳，有的是得了热病，有的是耐不住饥渴，相继掉了队。大家都自顾不暇，没有人会留下来照顾他们、

陪伴他们，只好让他们在沙漠中自生自灭，等待死神的召唤。由于一段段路程大多要在夜间走完，有些人困得要命，躺下就睡。醒来时，如果还有余力，就跟着部队的脚印往前赶。在大批这样的落伍者当中，只有少数得救，多数人则如同沉入大海，消逝在这漫无边际的沙漠之中。

大批人马丧生在茫茫沙漠中，许多满载财物的辎重车辆直接被遗弃在沙漠里。迫不得已之下，马其顿将士们把骡马杀了当食粮。一旦发现水源，将士们会迫不及待地跑去痛饮一番。在严重脱水的情况下，急遽喝下大量的水，结果不少人给当场活活胀死。

部队在行军的间隙停下来休息，几个马其顿士兵从附近一条干涸的河床里找到一个小得可怜的水坑，费了很大劲才从里边淘出一点点水。他们将这仅有的一点水盛进皮囊，用骡子驮着朝亚历山大这边走过来。此时正是中午最热的时候，这几个士兵看到亚历山大渴得厉害，赶忙用头盔装满水捧给他。亚历山大问道："这些水你们是接给谁喝的？"

一个士兵犹豫了一下，说："我们随军的孩子。"

◇　亚历山大谢绝单独喝水，表示要与士兵们同甘共苦

另一个士兵接着道:"即便我们的孩子渴死,只要陛下还活着,这些损失还是可以弥补的。"

亚历山大将头盔接到手里,向四周望了一下。只见所有人都在注视着他,士兵们舔着干裂的嘴唇注视着亚历山大喝水。亚历山大毫不犹豫,一滴水都没有喝,将头盔又递给那几个士兵,说了声:"谢谢。"

士兵有些惊慌:"陛下……"

亚历山大低声说:"如果单单我一个人喝水,会影响大家的士气。"

看到亚历山大克制的精神和恢宏的气概,士兵们一时士气大振,高声欢呼。人群中已经有人开始大喊:"陛下,带我们勇敢前进吧!"

亚历山大点点头,当即上马,策马当先奔驰。士兵们纷纷起身,紧紧跟随。士兵们之间传言道:"有这样一位国王,没有人会在乎疲劳和口渴,因为你不会将自己看成一个会死的凡人!"

这次众神没有眷顾亚历山大,马其顿远征军又遇上另一大灾难。山区原本比平原雨量大。风起云涌,遇到高山阻挡,云层越不过山顶,便化为雨水倾盆而下。因此与印度常有的情形相仿,季风吹来的季节,伽德罗西亚地区暴雨成灾。当时马其顿远征军正在一条小溪旁边宿营——实际上正是因为这里有水才来此宿营的。夜半时分,小溪陡然暴涨。将士们并未看见下雨,洪水却排山倒海而来。随军的妇女儿童大多被山洪席卷而去,亚历山大的御用帐篷以及其中的一切财物均荡然无存。许多在行军中残存下来的骡马牲畜也都被一扫而光。马其顿将士们也是几经挣扎才保住性命,除了武器之外,其他什么都没有了,有些人连武器都丢掉了。许多人在长时间的干渴折磨之后,好容易才看见这喝之不尽的水,当场不管不顾大喝特喝起来,多数人因此送了命。

最终,马其顿远征军慢慢地走出了沙漠,沿着西北方向前进,不久到达伽德罗西亚地区的首府。亚历山大下达紧急补给命令,当地总督赶忙来迎接,送来大批粮食和牲畜。大军在这里充分休养了100天之久,然后亚历山大继续启程。半途之中,亚历山大再度与尼阿库斯的舰队会合。不过,这次是真正的不期而遇。

起初,尼阿库斯的舰队等到东北季风来临,从印度河的港口出海。按照预定计划准备到下一处港口停泊时,当地居民筑起堡垒抵抗,坚决不许舰队靠岸,还袭击他们。舰队只得再度出海,向下一处港口前进。每艘船上只带了10天的粮食和饮水,舰队的粮食补给要依赖亚历山大率领的陆上大军。可是,亚历山大的大

军转入内陆,在沙漠中发生了空前的悲剧,海上的补给也就中断了。缺乏补给的情况下,舰队只能沿着荒凉的海岸自己去寻找食物,困苦情形可想而知。

尼阿库斯率领舰队一面要为生存奋斗,一面还没有忘记探险的任务。沿岸地区过着原始生活的土著们引起了尼阿库斯的注意。这些人以捕鱼为生,而且都是生食;酋长住的小屋非常别致,用鲸鱼的骨头和贝壳很巧妙地建造而成。这些来自地中海的希腊人还第一次在海中见到了鲸鱼,一个个吓得目瞪口呆。他们简直不敢相信世界上还有鲸鱼喷水这样怪异的事情,有些水手们吓得连手里拿的桨都掉了。尼阿库斯告诫部下要镇静,指挥舰队向鲸鱼的方向冲去。滔天巨浪的咆哮声中,尼阿库斯率领水手们高喊口号,如奔赴战场一般,部队的劲头上来了。在信号的统一指挥下,水手们有的拼命敲打器皿,有的提高嗓子大声叫喊,有的将号角吹到震天响,有的用桨拼命在水面上乱拍。鲸鱼被吓退了,一头钻进深水里。不久之后,它们又在舰队后边浮出水面,喷起高高的水柱。整支舰队为这次意外得救而欢声雷动。

经过了饥饿和不安的两个月,水手们仍能维持原有的秩序,这都归功于尼阿库斯临危不乱的沉着和冷静,水手们对他深感信赖。到了12月,波斯湾口的阿拉伯半岛终于出现在眼前。尼阿库斯率水手们登岸,分多路探察情况。他自己带着六名部下往内陆走去。尼亚库斯发现,这片土地除了没有橄榄树之外,酷似故国希腊。突然,他们发现了一个穿着希腊斗篷的人。走近一问,这人竟然会说希腊语。此人说,自己是随亚历山大撤军的马其顿远征军士兵,因为疲劳掉队了,正努力赶上部队。亚历山大本人和马其顿大营就在很近的地方,离海岸只有五天的路程。尼阿库斯百感交集,有的水手当场痛哭失声。

这个消息很快也传到亚历山大耳朵里,他简直不敢相信有这么巧的事情。可是,经过了沙漠的折磨,他所剩的物资几乎成了零。当初答应要给舰队补给的承诺现在无法兑现,亚历山大心中感到非常痛苦,自责不已。亚历山大以为远征的舰队已经全军覆灭,回来的只有尼阿库斯这几个人,他们是奇迹般的幸存者。

亚历山大与尼阿库斯再度相逢了,彼此兴奋异常,恍如隔世。亚历山大简直认不出自己的朋友和舰队统帅,尼阿库斯完全变了样:老长的头发,破烂的衣衫,脸也没有洗,又黄又瘦,上边还有盐渍,这是长期的磨难和失眠造成的。亚历山大屏退左右,将右手放在尼阿库斯的肩上,再也控制不住自己的感情,与尼阿库斯抱头痛哭。

哭了很久，亚历山大才镇静下来说道："你活着回来，这就让我经受得起这场大祸的考验了。不过，舰队和全体官兵究竟是怎样毁灭的？"

尼阿库斯回答："陛下，您的舰队和官兵都安全无恙。我们就是为了亲口向您汇报这个情况才来的。"

亚历山大听了这话，反而哭得更厉害了。这个消息太过出乎意料，哪能一下子相信呢？他总算抑制住自己的情绪，高呼希腊的宙斯与埃及的阿蒙两位神名，请他们做证。亚历山大恳切地说："你知道吗，听说你们平安无事，我比征服了整个亚洲还要高兴百倍！"

为庆祝舰队安全返航并感谢诸神，亚历山大举行了盛大的祭祀活动，还有竞技大会和庆祝游行。游行时，尼阿库斯走在部队的最前列，人们向他抛去鲜花和丝带，以示尊敬。游行完毕，亚历山大对他说："尼阿库斯，这回我不能像过去那样让你去冒险了，我要另派一位统帅将舰队带到苏萨。"

尼阿库斯打断了他的话："我的陛下，我有义务服从您的一切命令。但是，如果您要对我进行恩赐的话，千万别这样做。还是让我把您的舰队统帅当到底，把您的舰队一直平安地带到苏萨为止吧。您并不是在交给我艰难而危险的任务，您这是在把唾手可得的荣誉从我手里抢走送给别人。"

尼阿库斯的忠诚执着、不畏艰险，宛如亚历山大的翻版。最后，他成功地将舰队带回了苏萨，与亚历山大的大军平安会师，完成了这伟大的海上远征壮举。

第十二章

沙丘上的帝国

亚历山大终于回到了波斯故都波斯波利斯。他重新参观了自己当年下令放火焚毁的波斯帝国皇宫，对那时的做法似有悔意。他还拜访了波斯帝国开国皇帝居鲁士的陵墓。得知那里居然被人盗掘，盛怒的亚历山大下令将盗墓贼和看墓人全部处死。

身边的朋友将居鲁士大帝墓碑上的铭文翻译成希腊语念给亚历山大："啊，征服者呐！无论你是何人，来自何处（我知道你一定会来），我是居鲁士，波斯帝国的创建者，亚洲之主冈比西斯的儿子，我请求你以征服者的气度，为我保留这一块葬身之地。"

铭文中透出的命运变幻和人生沧桑之感让亚历山大不禁感慨万千。他想起了自己在印度遇到的几个婆罗门僧侣。平时这几个智者常在野外一片草地上辩论各种问题。那天他们看见亚历山大带着军队来到，便停止争论，只是在各自站着的地方跺脚。亚历山大让通译问他们，跺脚是什么意思。他们回答说："啊，亚历山大大帝，我们每个人在大地上只能占有他脚下踩的这一点地方。您也不过跟别人一样。只不过您不甘于沉寂，远远地离开自己的家乡，在这大地上到处游荡，给自己增添烦恼，也给别人带去苦难。人终归要死去。人死后，在这大地上所能占据的，最多也不过坟墓所占的那一小块土地而已。"

公元前324年春天，亚历山大返回了苏萨，历时十年的伟大远征至此终于可以宣告结束。亚历山大率领大军凯旋，他早就预料自己不会受到热烈欢迎。正如所料，他看到的是无数猜疑的目光和反抗的表情。

这一年的早春仍然带着寒意，亚历山大能够很敏感地从人们的表情中体会出他们的心意。后方的人们谁都没有想到亚历山大会九死一生地返乡。过去，亚历山大时常听到后方政情不稳的消息。当他回来之后，每个地方长官都装出一副忠诚的嘴脸。亚历山大清楚，在自己东征的十年时间里，后方的行政长官们一个个生活腐化，贪赃枉法，无所不为。一些东方省份的总督甚至受人挑唆，鼓励民族自立，在背后反对亚历山大。他们当然不欢迎亚历山大的凯旋，这将使他们不能再胡作非为。

于是，这个春天充满了政治整肃的气氛，23个省份中有14个省份的总督被人检举告发，亚历山大分别予以他们严厉的处罚。亚历山大不禁忆起了帕曼纽，如果他还在的话，后方一定会被他治理得井井有条，绝不会像现在这样毫无法纪可言。继帕曼纽之后，亚历山大提拔了曾经帮他暗杀帕曼纽的克里亚特罗斯。想不到这人竟是一个大奸巨恶，他的专横无道令亚历山大感到痛心。亚历山大对借克里亚特罗斯之手杀掉帕曼纽有些懊悔。不过他马上又安慰自己，不杀帕曼纽，说不定帕曼纽已经把整个后方据为己有了。

借着这番整肃，亚历山大下令解散希腊雇佣军，将他们全部遣散回国。因为远征已经结束，这些雇佣兵已经成为无所事事的流浪汉，这对安定的社会来说极度危险。希腊雇佣军有些是因为希腊诸城邦内战而受到放逐的政治犯，更多的是失去土地的贫苦农民和破产的城市自由民，这些游手好闲的游民原本就是希腊各城邦的社会隐患。将这个令人感到不安的社会集团远远打发到东方去，可说是希腊各城邦支持亚历山大远征的原因之一。

亚历山大的本意是让这些雇佣兵到小亚细亚的希腊殖民城市中去干活谋生，以减少对希腊各城邦的危害；另一方面，亚历山大也希望他们自己的城邦能够让他们返回祖国，恢复从前的身份和地位。对那些流浪多年、随亚历山大出生入死的希腊雇佣军来说，这是一大福音。可是，他的理想与现实政治格格不入。因为如此一来，给希腊各城邦凭空增添了许多麻烦和困扰，比如过去已经没收的政治犯财产如何发还？政治上的摩擦如何消除？更不必说治安和粮食上的负担。最重要的是，亚历山大过去一直向希腊各城邦表示，允许他们有政治上独立自治的自由，

可他现在却露骨地表现出事事干涉的态度。以雅典为首的各城邦对此深表不满，希腊局势又再度暗流汹涌起来。

亚历山大针锋相对，向雅典下令，要求雅典将自己作为神一样来祭祀。慑于亚历山大的威力，加之雅典人一心争取"希腊的自治"，对亚历山大的态度一向富有弹性，对称他为神与否并不在意，所以，在召开过公民大会后，雅典人决定顺着亚历山大的心意称他为神。亚历山大再胜一局。

春天进行的一系列政治整肃到夏天告一段落。为了慰劳连年辛苦的将士们，亚历山大在苏萨举行了著名的集体婚礼。亚历山大以身作则，娶大流士三世的女儿斯塔蒂拉（与其母同名）为皇后，与罗克珊娜并列。许多马其顿将军也娶了波斯显贵的女儿：赫菲斯提昂迎娶了大流士三世的另一个女儿德莉比娣斯，即斯塔蒂拉的妹妹。亚历山大与赫菲斯提昂成了一家人，两人的关系更加亲密，他们的后代将成为真正的血亲。克拉特拉斯迎娶了大流士三世的弟弟奥萨特雷亲王的女儿，托勒密、尼阿库斯等人也纷纷迎娶波斯贵族女子。亚历山大的朋友和将领们，此次与他一起结婚的多达80人。婚礼是波斯式的，场面极尽奢华之能事。这些新郎按顺序摆好座位，大家一起祝酒之后，新娘进来，各自坐在自己的新郎旁边。新郎握住新娘的手，亲吻。亚历山大给每一对新人都赠送了昂贵的礼物。

亚历山大宣布，娶东方女子为妻的马其顿人可以享受免税的权利。在他的鼓励下，与波斯当地女子结婚的马其顿将士有1万多人。对所有结婚的将士，亚历山大均有馈赠。苏萨城中带有浓厚波斯特色的婚宴和婚礼狂欢持续了五天之久，成为一个美丽的"仲夏夜之梦"。

亚历山大希望所有马其顿将士都能迎娶东方女子为妻，使东西方的差别意识逐渐消除，这样才能为亚历山大的世界大帝国孕育出稳定的力量，并产生新的血统。

可惜，亚历山大盼望的事情并没能实现。这些马其顿将士将结婚这件事，只是看作漫长辛苦的军旅生涯之后的安慰与解放而已，并没有认真地将这些波斯新娘当作自己的妻子看待，多半不愿意将她们带回马其顿。这种民族融合婚姻没能产生预期的效果。

亚历山大对将士们说，如果出生的婴儿是男孩的话，一定要到他父亲的国家——马其顿去接受教育。将士们却对自己子女的教育毫不在意，只将其当作一段露水姻缘的副产品。亚历山大命令各地总督挑选3万名亚洲青年送来苏萨，他要亲自教育给马其顿将士们看看。这些青年均年纪相仿，亚历山大称他们为自己的"继承人"。亚历山大命这些年轻人都穿马其顿服装,按马其顿军事制度进行训练,学习希腊的语言和文化。这一来却使马其顿将士很不高兴,他们觉得亚历山大仿佛正在千方百计想把马其顿人踢开。

亚历山大希望马其顿人不再像在腓力二世时代那样目光短浅,不要再局限在马其顿一角,而要具有世界性的眼光和胸襟,朝更宽广的世界和更开放的意识迈进。他始终执着于自己的理想,当马其顿王国和亚历山大理想的世界彼此不能相容的时候,又一次的冲突无可避免地爆发了。

底格里斯河的中游地带有一个小城市叫欧比斯。当年高加米拉战役后,亚历山大曾率军经过这里向巴比伦挺进。公元前324年夏天,亚历山大将马其顿远征军集合在此地。亚历山大向多年来有功的将士颁赐了金冠,免去了将士们所欠的一切债务,然后站上讲坛,宣布了1万名自十年前就与自己相随的马其顿老兵和伤兵的退伍令。亚历山大决定遣返他们回国,发给他们足以令任何人心动的遣散费和退伍金。但是,这些马其顿老兵要的不是金钱,而是亚历山大的一颗心。

◇ 亚历山大帝国的庞大版图

过去，不论亚历山大到哪里东征西讨，老兵们总是忠心耿耿地跟随着"我们的陛下"。在那段时间，他们感到自己的心和亚历山大的心紧紧相连。可现在，亚历山大毫不留情地切断了这段感情。

老兵们由于内心不满而怨声四起，亚历山大身边的书记官记录下了这些将士们愤怒的言语："……你现在不需要我们了，你就轻易地将我们解散，如果你以后还要作战的话，那么你就跟你的父亲一起作战吧！将我们全都清除出军队吧！我们全都回国去！"

亚历山大浑身一震。他心里再清楚不过，所谓"你的父亲"指的不是腓力二世，而是埃及的主神阿蒙。老兵们这是借机公开反对自己东西方融合的政策。而且，亚历山大向来与父亲腓力二世不睦。腓力二世遇刺，亚历山大一直脱不了嫌疑，这件事一直在将士中流传。现在这些事情竟然有井喷之势，绝不能任由势头发展。

亚历山大当即从讲坛上跳下来，亲自用手指点，命令卫士将那些带头扰乱军心的人抓起来，立即押出去处决。当场有13人被处死，在场的其他人个个目瞪口呆，全场鸦雀无声。亚历山大激动地重新回到讲坛上，以反讽的口吻开始即席演讲。这是亚历山大一生中最后一次公开演说：

◇ 马其顿士兵的战盔

"你们提到了我的父亲腓力，这是应该的，也是适当的。父王起初见到你们的时候，你们不过是些走投无路的流浪汉，大多数只穿着一张老羊皮，在小山坡上放几只羊。为了这几只羊，还常常和边界上的伊利里亚人、特利巴利人和色雷斯人打个不休，而且往往吃败仗。后来，是父王叫你们脱下老羊皮，把你们从山里带到平原上，把你们训练成能够对付那些野蛮人的勇猛战士。你们从此才不再相信你们那些小山村的天然防卫能力，而相信了你们自己的勇气。不仅如此，父王还把你们变成城市的居民，用好的法律和风俗把你们变成文明的人。父王使你们当上了原先那些欺压你们、抢劫你们财物和亲人的部族的主人。父王把色雷斯并入了马其顿版图，夺取了交通便利的沿海城镇，给你们的家乡带来了商业。过去，雅典和底比斯一直在伺机毁灭马其顿，后来父王降服了他们。马其顿不但不再向雅典和底比斯交纳贡赋，相反，他们必须得到我们的允许才能生存。现在，我们大家正在分享我的父亲这些功业的成果。"

"我的父亲为你们大家完成的这些崇高的事业，就其本身而言，确实是很伟大的，但跟我的成就相比，不免显得渺小。我从我父亲手里继承下来的，只有几只金杯银碗，还有不到60泰伦的财富。可是他欠的债务却多达500泰伦。在这个数字之外，后来我自己又借了800泰伦。当时我们的国家不可能让大家过舒适的生活。就是从这样一个国家里，我带领你们出发，开始远征……"

亚历山大再度一一细数了自己征服的功绩，列举自己如何与老兵们同甘共苦，指出老兵们人人掠取了丰厚的财富而自己仍一无所有："……在经历了这么多的艰难困苦之后，留给我自己的，除了王位和这项王冠之外，还有什么呢？除了你们已经占有的和我为你们保存的以外，谁也指不出我还有什么财产。我没有为我自己的需要保留什么东西。因为我跟你们吃一样的饭，睡一样的觉——不，比起你们当中有些人，我很难说我跟他们吃的一样，他们吃的比我奢华太多。我还知道，我每天比你们早起，为的是让你们安安静静地多睡一会儿……我的全身没有一处地方没有伤疤……这一切都是为了你们，为了你们的荣誉，为了你们的财富。我带着你们以胜利者的姿态走遍陆地、海洋、河流、山脉和平原……自从我率领你们远征以来，没有一个人是在溃逃中死去……现在，我本来打算把你们当中那些不能再参加战斗的人送回家乡，成为同胞们羡慕的人。但是既然你们都想回家，那你们通通都走吧……你们回家之后，告诉同胞们，就说你们自己总算回了家，但把国王扔下了，把他扔给你们曾经征服过的那些野蛮部族去照顾。你们当众宣布这件事的时候，毫无疑问，这在人世间一定算得上是无上的光荣；在众神看来，也一定够得上是虔诚无比！你们走吧！"

话一说完，亚历山大头也不回地走了。他又一次将自己关在营帐里三天三夜不曾出来，也不与任何人交谈。马其顿将士们感到事态严重，不得不向亚历山大屈服。他们到亚历山大的营帐外，呼唤着亚历山大的名字，许多将士痛哭流涕。他们下定决心不论白天黑夜都不离开，除非亚历山大对他们有怜恤的表示。

亚历山大见和解的机会已经出现，正好利用这个机会再度挽回军心。他也不再坚持，自己走出营帐，与将士们一起哭泣。这是一场无形的战争，亚历山大又赢得了胜利。

为了庆祝这次的和解，亚历山大在欧比斯大摆宴席，与将士们一起欢聚。露天的宴会总共招待了9000名马其顿将士。充当司仪的希腊祭司和波斯僧侣一起主持仪式，亚历山大举杯向战士们致意，希望将来马其顿人与波斯人能够相处得水乳交融。亚历山大和战友们用同一只大杯喝酒，一起高唱胜利之歌。这次宴会中，将士们以亚历山大为中心，围成了三层的同心圆。当然，

◇ 亚历山大青铜塑像

越靠近内侧的位置越重要。亚历山大特别将马其顿人安排在里面，将波斯人安排在外面。马其顿将士们重新感到，亚历山大仍是"我们的陛下"。

老兵们被遣返回国后，欧比斯的气氛变得闲散。亚历山大搬到波斯帝国皇室传统的避暑胜地埃克巴塔那，住进了从前大流士三世的夏宫。时间已经进入初秋，这一年的春天和夏天发生了太多事情，这个时间正好可以轻松休息一下，规划新的探险。亚历山大一直渴望探究海洋的秘密和世界的尽头，他利用这段时间制定了蓝图。他准备进行另一次大规模的远征，海陆双管齐下，从阿拉伯半岛航行到地中海，再穿过红海，探索回到阿拉伯半岛的航路。尼阿库斯的航海报告令亚历山大痴迷，他时常在夏宫中与朋友们讨论未来的航海计划。对于亚历山大来说，这是一个色彩斑斓的梦。

在这期间，赫菲斯提昂病了。亚历山大听说赫菲斯提昂病重，急忙前去探望。但他还是晚去一步，赫菲斯提昂在短短几天之内就不治身亡，亚历山大只看到了赫菲斯提昂冰凉的尸体。后人多将赫菲斯提昂理解为亚历山大的同性恋人，事实上二人的关系中亦有亚历山大对阿喀琉斯的情结。在《伊利亚特》中，阿喀琉斯

在希腊联军里有一个亲密无间的好友帕特罗克拉斯。特洛伊城下,帕特罗克拉斯死于特洛伊王子赫克托尔之手。阿喀琉斯狂怒,他在阵前手刃赫克托尔,为密友报仇,直至最后血洗特洛伊城。在亚历山大的心中,赫菲斯提昂正是自己的帕特罗克拉斯。

亚历山大悲痛过度,失去了理智。他趴在赫菲斯提昂的尸体上痛哭了三天,水米不进,拒绝任何靠近的人。他清醒过来,马上准备复仇和葬礼。亚历山大处死了赫菲斯提昂的主治医生,下令将埃克巴塔那的医药之神阿斯克利皮亚斯的神庙夷为平地。帕特罗克拉斯战死,阿喀琉斯曾将自己的头发剃去,以示哀悼。亚历山大也不惜下令割去所有马匹的鬃毛。他还向埃及的阿蒙神庙派去使者,要求阿蒙神允许自己将赫菲斯提昂当成神来祭祀。

在以自己名字命名的埃及亚历山大港,亚历山大下令修建赫菲斯提昂英雄神庙,一座在城里,一座在法洛斯岛上。他还规定商人们的一切纪念品必须刻上赫菲斯提昂的名字。亚历山大甚至给统治埃及的"大奸巨恶"克里亚特罗斯写信,承诺如果他能将赫菲斯提昂的神庙修建得令自己满意,自己将饶恕他过去和将来的所有过错。

赫菲斯提昂的尸体盛放在金棺中,用埃及防腐香料完好地保存运到巴比伦,一路用了两个月的时间。所有从前曾与赫菲斯提昂吵过架的人纷纷为葬礼献上大量的金钱和赞辞,并在所有场合远远地避开亚历山大本人,以免遭到憎恨。亚历山大亲自修建了赫菲斯提昂的纪念塔,塔顶并肩刻着他们两人的肖像,而在他们之上立着命运女神。亚历山大不惜巨资筹办葬礼,他下令在巴比伦给赫菲斯提昂修造一个极大的火葬台,据说一共花费了1万泰伦。葬礼之上,亚历山大亲自为赫菲斯提昂驾驶灵车。他还下令东方诸国同时举哀,向赫菲斯提昂表示崇敬。

亚历山大没有再派任何人接任赫菲斯提昂的近卫骑兵统领职务。赫菲斯提昂麾下的部队仍以他的名字命名,行军时队伍前头的人要高举他的遗像。亚历山大又倡议为葬礼举行极盛大的竞技大会,排场之大,花钱之多,都是空前的。参加竞赛的人也极多,共有3000人。

然而,这些人不久之后又参加了亚历山大本人的葬礼。

据说,从前亚历山大曾向赫菲斯提昂承诺:"如果帕特罗克罗斯死了,阿喀琉斯会为他复仇,再随他而去。"果然一语成谶。

公元前323年初夏,亚历山大准备要远航阿拉伯了。他将率领庞大的舰队驶

◇ 亚历山大之死

出幼发拉底河，经阿拉伯半岛绕过赫拉克勒斯之柱（即直布罗陀海峡），进入地中海。他以巴比伦为基地，全力建造船只，四处网罗水手和领航员，并将巴比伦建设成可以停泊上千艘船只的大港。到5月底的时候，阿拉伯的远征完全准备妥当，修建扩增之后的巴比伦更是面目一新。亚历山大预定6月4日出发，10月到达亚丁湾的尽头，然后趁着东北季风进入红海，最后到达赫拉克勒斯之柱。他要尽可能实现自己的梦想。

5月29日这天，向众神献祭过后的亚历山大抛开一切烦恼，与朋友们一起饮酒作乐。这位征服了亚洲的大帝，抛却繁琐的宫廷礼仪，亲密而毫无顾忌地与部下们相处。他们回想起这些年来的一场场战役，喀罗尼亚、格拉尼库斯、伊苏斯、高加米拉，还有马不停蹄追击大流士三世的往事。亚历山大率领将士们翻越了白雪皑皑的兴都库什山，穿过了酷热难耐的沙漠，在高山峻岭中经历了一场场苦战，直至远征印度，到达希腊人从来没有梦想过的土地。一幕幕往事历历在目，亚历山大与跟他同生共死的部下们提起这些辉煌往事，内心有说不尽的感慨。

夜色已残，醉意更浓。亚历山大准备回去休息了，可是又禁不住朋友的请求，继续宴饮作乐。他整夜狂欢，第二天又喝了一整天的酒。到6月1日这天，亚历

◇ 残酷的"继业者战争",帝国分裂后诸希腊化国家之间的阋墙之战

山大发觉自己患了热病,也就是恶性疟疾。

由于一生征战,八次身负重伤,这次疟疾引发了亚历山大身体的危机。开始生病的几天里,亚历山大不停地召唤尼阿库斯到自己的病床前,让尼阿库斯讲述航海的经历和见闻。同时,他将尼阿库斯手下的舰队将领也一一召来,给予详细的指示。但几天几夜高烧不止,他的病越来越重了。

亚历山大被迁往河对岸的王宫,依然高烧不退。八天时间,病情越来越恶化,整个王宫中一片死寂,隐藏着巨大的不安。将士们希望见亚历山大最后一面,他们吵吵嚷嚷拥到王宫门口,要求大臣们让他们见一见"我们的陛下"。

这时的亚历山大已经不能说话。将士们一个个鱼贯而入,从他的病床旁经过,亚历山大虽然不能说话,但是他用眼睛向将士们一一致意,一切尽在无言之中。将士们的眼神中表达出对亚历山大的敬慕和爱戴。这是最后的生离死别了。

公元前323年6月10日傍晚,亚历山大与世长辞,年仅33岁。

亚历山大的遗体后来安葬在以他的名字命名的第一座城市——埃及的亚历山大港。据说他只留下一句遗言。当朋友和将领们问他,帝国由谁来继承时,亚历山大艰难地说:"留给最强者。"

在历史上经常可以看到这样的现象：当一个领袖人物过于出色，他的意志和才能远远超过其下属时，他身后留下的总是一个动荡和分裂的世界。亚历山大也不例外。他死后不久，他的庞大帝国就四分五裂了。"留给最强者"，这句遗嘱引发了几十年的战争。从马其顿本土的安提帕特罗斯到埃及的托勒密，亚历山大的将领们群雄并起，为争夺帝国的继承权而刀兵相见。他们之间爆发的数十年无休无止的争斗，史称"继业者战争"。亚历山大的母亲奥林匹娅斯、妻子罗克珊娜和斯塔蒂拉以及儿女们相继被这些将领用作傀儡，然后杀死。战争没有结果，从亚历山大帝国分裂出来的国家在希腊文化的影响下各自走上独立发展的道路。直到数百年后，强大的罗马将它们一一征服，将它们并入另一个世界性强大帝国的版图。

战争总会给人类带来巨大的痛苦和灾难，亚历山大的远征也不例外。但他的征服和庞大帝国让东西方的文明出现了交融，让希腊文明得以东传，使得帝国版图内的相当一部分地区往后出现了长达数百年的文化繁荣。它就像春天泛滥的尼罗河，一路奔腾咆哮，冲毁两岸的土地和房屋。可当洪水消退，沉淀的腐殖土又使当年的庄稼获得丰收。

但这些繁荣的国度最终没能留存下来。有如亚历山大，只有史书上的文字和18座亚历山大城，使人还能想起他过去的光荣。就是这些，也随着斗转星移，慢慢湮没在时间的黄沙之中。

也许，这就是历史。

图书在版编目（CIP）数据

天生王者亚历山大 / 刘啸虎著.--西安: 陕西人民出版社,2015

（战争特典）ISBN978-7-224-11763-9

Ⅰ.①天… Ⅱ.①刘… Ⅲ.①亚历山大大帝（前356～前323）-生平事迹 Ⅳ.①K835.407=2

中国版本图书馆CIP数据核字(2015)第313124号

本书编委会

宋　毅　顾凤娟　曹锦林　曹燕兰　李玉华　宋国胜　李家训　薛　贺　王豫刚
薛　莹　胡　滨　李　巍　景迷霞　周　静　刘啸虎　肖　倩　许天成　张雪琴
王顺君　褚以炜　杨志民　陈　杰　马　千　常　在　李　楠　张子平　张一钡
张捷闻　翁伟力　姜海洋　孙　昊

出 品 人：惠西平
总 策 划：宋亚萍
策划编辑：关　宁　韩　琳
责任编辑：王　倩　王　凌
设计制作：毛小丽　唐懿龙　李　静　杨　博　王　芳　张英利　任晓强
　　　　　张玉民　符媛媛　张　静　任敏玲　张　斌　任海博

天生王者 亚历山大

主　编　宋　毅
作　者　刘啸虎
出版发行　陕西新华出版传媒集团　陕西人民出版社
　　　　　（西安北大街147号　邮编：710003）
印　　刷　陕西金和印务有限公司
开　　本　787mm×1092mm 16开　15印张
字　　数　249 千字
版　　次　2016年4月第1版　2016年4月第1次印刷
书　　号　ISBN 978-7-224-11763-9
定　　价　45.00 元